Schnitt*punkt* 10

Mathematik
Baden-Württemberg
Lehrerband

von
Rainer Maroska
Achim Olpp
Claus Stöckle
Hartmut Wellstein

Ernst Klett Verlag
Stuttgart Düsseldorf Leipzig

Dieses Werk folgt der reformierten Rechtschreibung und Zeichensetzung.

1. Auflage 1 7 6 5 4 | 2005 2004 2003 2002

Alle Drucke dieser Auflage können im Unterricht nebeneinander benutzt werden, sie sind untereinander unverändert. Die letzte Zahl bezeichnet das Jahr des Druckes.

Redaktion: Steffen Kernstock, Kirchheim / Teck
Zeichnungen: Wissenschaftliche Publikationstechnik Kernstock, Kirchheim / Teck
Umschlaggestaltung: Manfred Muraro, Ludwigsburg
Satz: Wissenschaftliche Publikationstechnik Kernstock, Kirchheim / Teck
Druck: W. Röck GmbH Druck + Medien, Weinsberg.
ISBN 3-12-741103-0

Inhalt

I Quadratische Funktionen. Quadratische Gleichungen 7

II Trigonometrie 61

III Trigonometrische Funktionen 89

IV Pyramide. Kegel 111

V Pyramidenstumpf. Kegelstumpf 133

VI Sachrechnen (Wiederholung) 159

Vorwort

Jeder „Schnittpunkt“-Band wird nach demselben Grundschema aufgebaut. Die verschiedenen Lerninhalte des Lehrplans sind auf die **Kapitel** aufgeteilt. Der Unterricht kann gemäß dieser Anordnung durchgeführt werden, jedoch ist auch eine andere Reihenfolge denkbar und steht im Ermessen der Fachlehrerin oder des Fachlehrers.

Jedes Kapitel ist dann wiederum in einzelne **Lerneinheiten** aufgeteilt, die methodisch und didaktisch aufeinander abgestimmt sind. Als Hilfe für Lehrer/-innen und Schüler/-innen findet man in jeder Lerneinheit bestimmte Grundelemente der Aufbereitung des jeweiligen Lerninhalts.

Mit ein paar **Einstiegsaufgaben** soll die Möglichkeit geboten werden, entweder an Bekanntes anzuknüpfen, also Vorwissen, Voraussetzungen wieder beim Schüler ins Gedächtnis zurückzurufen oder aber in einem offenen Unterrichtsgespräch das neue Thema vorzubereiten. Diese Aufgaben sind als Anregungen gedacht und können neben anderen Ideen eingesetzt werden. Die Überleitung zur zentralen Aussage der Lerneinheit besteht in einem **Lehrtext (Informationstext)**. Hier soll in einer für den Schüler verständlichen Sprache, so dass er eventuell auch selbständig nacharbeiten kann, der mathematische Inhalt hergeleitet und erarbeitet werden. Rechenverfahren werden erklärt, Begriffe erläutert, mathematische Gesetzmäßigkeiten bewiesen oder plausibel gemacht.

Ein abschließender **Kasten** fasst das nötige Merkwissen der Lerneinheit in übersichtlicher und prägnanter Form zusammen. In den **Beispielen** werden die wichtigsten Aufgabentypen vorgestellt und Musterlösungen angeboten. In diesem „Muster“ können die Schülerinnen und Schüler beim selbständigen Lösen von Aufgaben nachschlagen, sei es beim Üben im Unterricht oder zu Hause. Auch die häufig zu hörende Schülerfrage „Wie schreibe ich die Lösung auf?“ findet hier eine Antwort. Außerdem helfen zusätzliche Hinweise, typische Schwierigkeiten und Fehlerbilder zu vermeiden. Das ist auch der Ort, wo wichtige Sonderfälle angesprochen werden.

Der **Aufgabenteil** bietet eine reichhaltige Auswahlmöglichkeit. Den Anfang bilden stets Routineaufgaben zum Einüben der Rechenfertigkeiten und des Umgangs mit dem geometrischen Handwerkzeug. Sie sind nach Schwierigkeitsgrad gestuft. Natürlich kommen das Kopfrechnen und Überschlagsrechnen dabei nicht zu kurz. Eine Fülle von Aufgaben mit Sachbezug bieten interessante und altersgemäße Informationen und verknüpfen so nachvollziehbar Alltag und Mathematik.

Angebote ...
... von Spielen, zum Umgang mit „schönen Zahlen“ und geometrischen Mustern, für Knobeleien, ...
Kleine Exkurse, die interessante Informationen am Rande der Mathematik bereithalten und zum Rätseln, Basteln und Nachdenken anregen. Sie können im Unterricht behandelt oder von Schülerinnen und Schülern selbständig bearbeitet werden. Sie sollen auch dazu verleiten, einmal im Mathematikbuch zu schmökern.

Den Vermischten Aufgaben schließt sich eine **Themenseite** an. Hier wird ein Thema aus der Umgebung der Schülerinnen und Schüler mathematisch untersucht. Sie sind so konzipiert, dass sie in ein bis zwei Schulstunden behandelt werden kann. Neben den dazugehörigen Rechenaufgaben bieten sich hier Ansätze für umfassendere Diskussionen. Im Lehrerband werden teilweise zu den Themenseiten die Zielsetzung, methodische Hinweise und Lösungen der Beispielaufgaben gegeben.

Der **Rückspiegel** liefert am Ende jedes Kapitels Aufgaben, die sich in Form und Inhalt an möglichen Klassenarbeiten orientieren. Er gibt den Schülerinnen und Schülern die Möglichkeit, die wichtigsten Inhalte des Kapitels zu wiederholen. Die Lösungen befinden sich am Ende des Schülerbuches.

Am Ende des Buches befinden sich 33 Seiten mit Aufgaben zur **Prüfungsvorbereitung**. Die Lösungen befinden sich ebenfalls am Ende des Schülerbuches.

Hinweise zur Differenzierung

Im Unterricht ist es immer wieder notwendig, bezüglich des Lerntempos und des Leistungsniveaus zu differenzieren. Hier bietet das Buch sehr viele Möglichkeiten.

Die im Lehrerband grau unterlegten Aufgabenziffern **1** bedeuten, dass es sich hier um Einstiegsaufgaben zur jeweiligen Lerneinheit handelt.

In jeder Aufgabenreihe ist eine kleinschrittige Stufung des Schwierigkeitsgrades zugrunde gelegt, so dass mit dem Fortschreiten in der Aufgabensequenz auch die Anforderungen erhöht werden.

Zusätzliche Hinweiszeichen bei den Lösungen weisen auf Aufgaben mit deutlich gehobenem Schwierigkeitsgrad ✳ und sehr schwierige Aufgaben ✳✳ oder Aufgaben mit hohem Arbeitsaufwand ✎ hin. Diese Aufgaben sollten nicht, oder nur nach entsprechender Aufbereitung durch den Lehrer und die Lehrerin, als Hausaufgaben gegeben werden. Andererseits eignen sich gerade diese Aufgaben besonders gut zur inneren Differenzierung im Rahmen des Unterrichts.

Eine Vielzahl von Aufgaben in direkt vorgegebener oder in Form eines Lösungswortes vorgegebener Lösung eignen sich für das eigenständige Arbeiten von Schülerinnen und Schülern. Auf der einen Seite haben diese Aufgaben einen sehr hohen Anforderungscharakter für alle Schülerinnen und Schüler, andererseits können die etwas schnelleren damit arbeiten, und für den Lehrer und die Lehrerin bleibt Zeit für die intensive Betreuung der anderen.

Zusätzliches Übungsmaterial wird auf der Randspalte ❐ angeboten, wobei hier in erster Linie viele einfache Aufgaben zur Verfügung stehen. Außerdem bieten die Vermischten Aufgaben, die nochmals einen Querschnitt und einige Lerneinheiten verbindende Aufgabentypen beinhalten, einen weiteren Fundus an Übungsmaterial.

Die roten Karten im Schülerbuch greifen besondere Schülerfehler auf und sollen die Gefahren an diesen Stellen für die Schülerinnen und Schüler deutlich machen.

Aufgrund dieser vielen Möglichkeiten zur Differenzierung wurde auf weitere Kennzeichnungen im Schülerbuch verzichtet, zumal auch die Schüler dieser Altersstufe damit oft überfordert scheinen. Eine gezielte Steuerung durch den Lehrer und die Lehrerin erscheint aus lernpsychologischer und pädagogischer Sicht sinnvoller.

Auf die Angabe mancher offensichtlicher Lösungen, vor allem auch im Bereich der Geometrie, wurde bewusst verzichtet.

I Quadratische Funktionen. Quadratische Gleichungen

Bei einem Sreifzug durch die Geschichte der Mathematik wird man feststellen, dass die Ägypter in der Lösung geometrischer und arithmetischer Probleme ihre mathematischen Schwerpunkte gesetzt hatten. Jedoch auch ihnen waren bereits einfache quadratische Gleichungen und deren Lösungen bekannt. Die Babylonier hingegen waren bereits zu ihrer Zeit wahre Könner beim Lösen quadratischer Gleichungen. So findet man etwa auf einer Keilschrifttafel des 20. Jahrhunderts vor Christus, die heute im British Museum in London zu bewundern ist, die folgende Aufgabe:

„Die Fläche und die Seite meines Quadrats und den dritten Teil der Seite meines Quadrats habe ich addiert, und $\frac{55}{60}$ ist es".

Weitere Aufgaben dieser erwähnten Keilschrifttafel finden wir im Schülerbuch auf Seite 42, Aufgabe 34.

Die griechische Mathematik orientierte sich sehr stark an geometrischen Fragestellungen. Bei Diophant von Alexandria (ca. 250 n. Chr.) tauchen jedoch quadratische Gleichungen auf, ein Lösungsverfahren wird allerdings nicht vorgestellt.

Auch aus China und Indien sind über 1 000 Jahre alte Aufgaben, die auf quadratische Gleichungen führen, bekannt. Brahmagupta (um 650 n. Chr.) verwendet zur Lösung der Gleichung $ax^2 + bx = c$ bereits die Formeln

$$x = \frac{\sqrt{4ac + b^2} - b}{2a} \quad \text{bzw.} \quad x = \frac{\sqrt{ac + \left(\frac{b}{2}\right)^2} - \frac{b}{2}}{a},$$

die der heute gebräuchlichen a, b, c-Formel entsprechen.

Al-Chwarizmi, der klassische Begründer der Algebra, beschreibt in einem seiner Werke die Lösung der Gleichung $x^2 + 10x = 39$.

„Das Quadrat und zehn seiner Wurzeln sind gleich 39, d. h. wenn du zu einem Quadrat zehn Wurzeln addierst, so wird das zusammengenommen gleich 39. Die Auflösung besteht darin, dass du die Anzahl der Wurzeln halbierst, was in diesem Falle 5 macht; dann multiplizierst du dieses in sich selbst, so kommen 25 heraus. Hierauf addierst du dieses zu 39, das macht 64; daraus ziehst du die Quadratwurzel, das ist 8, und subtrahierst davon die Hälfte der Anzahl der Wurzeln, nämlich 5, so bleibt der Rest 3; und das ist die Wurzel des Quadrates, welches du suchst, und das Quadrat ist 9."

Michael Stiefel beschreibt 1544 in seiner Arithmetica integra die AMASIAS-Regel mit der sich quadratische Gleichungen der Form $x^2 = \pm px \pm q$ lösen lassen.

1. Anfange mit der Anzahl der Wurzeln, halbiere sie.	$\pm\frac{p}{2}$
2. Multipliziere diese Hälfte mit sich.	$\left(\frac{p}{2}\right)^2$
3. Addiere oder Subtrahiere wie es das Vorzeichen von q verlangt.	$\left(\frac{p}{2}\right)^2 \pm q$
4. Itzo die Quadratwurzel zieh.	$\sqrt{\left(\frac{p}{2}\right)^2 \pm q}$
5. Addiere oder Subtrahiere $\pm\frac{p}{2}$ wie es das Vorzeichen verlangt.	$\sqrt{\left(\frac{p}{2}\right)^2 \pm q} \pm \frac{p}{2}$

François Viète (1540 – 1603) gelingt mit der Entdeckung seines nach ihm benannten Satzes eine gewisse Abrundung der Betrachtungen gemischt-quadratischer Gleichungen. Ob Physik, Astronomie oder Ingenieurwissenschaften – in allen Bereichen besitzen die quadratischen Gleichungen und deren Anwendungen heutzutage eine enorme Bedeutung.

Dies gilt in gleichem Maße für die quadratischen Funktionen, deren Vergangenheit nicht ganz so geschichtsträchtig wie die der Gleichungen erscheint, wenngleich bereits bei Apollonius (262 – 190 v. Chr.) folgende Problemstellung zu finden ist:

$\overline{PQ}^2 = \frac{1}{a} \cdot \overline{SQ}$

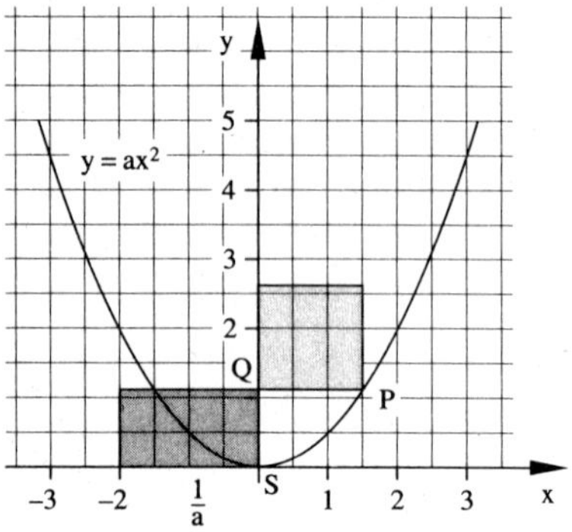

Auf ihn geht auch die Wortschöpfung Parabel zurück.

Bei Bauwerken, technischen Anlagen oder Versuchen sowie Flugkurven besitzen die Parabeln und ihre Eigenschaften in der heutigen Zeit eine bedeutende und nicht mehr wegzudenkende Rolle.

Auf Seite 15 im Schülerbuch finden wir folgende Abbildungen:

Oben links:	Babylonische Keilschrifttafel (ca. 1900 v. Chr.) British Museum, London
Mitte links:	Parabolantenne
Unten links:	Olympiasiegerin Heike Henkel beim Hochsprung in der Fosbury-Flop-Technik.

1 Lineare Funktionen

Seite 16

1

Zeit (in s)	0	10	20	30	40	50	60
Treibstoff (in t)	870	800	730	660	590	520	450

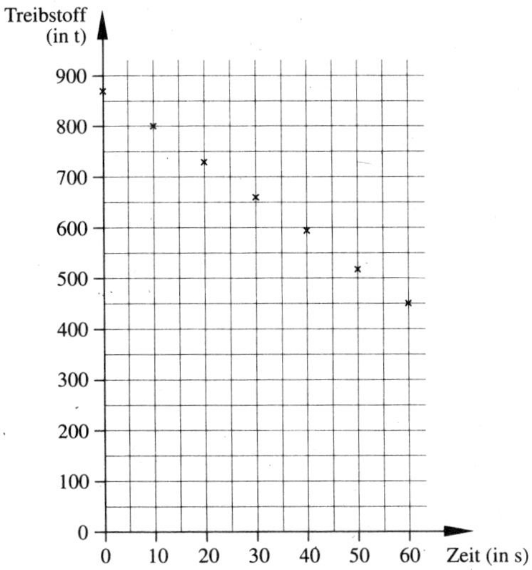

Empfehlenswerte Einteilung auf den Achsen:

Rechtsachse: 1 cm ≙ 10 s
Hochachse: 1 cm ≙ 100 t Treibstoff

2

Der abgewickelte Zylindermantel ist ein Rechteck mit der Breite b = 6 cm und der Länge a = (2π · 2) cm = 12,6 cm.

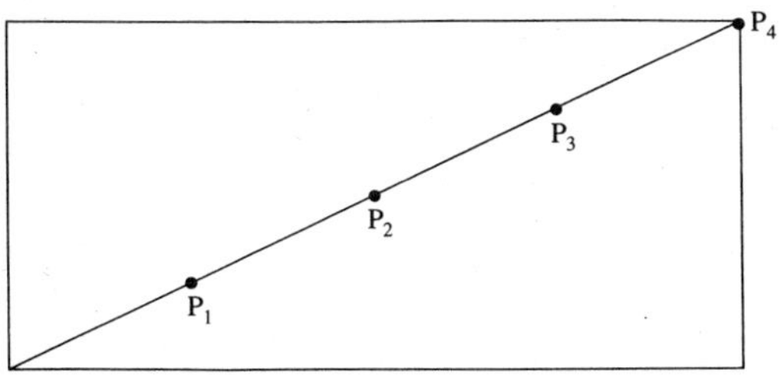

Die Punkte P_1 bis P_4 liegen auf der Rechtecksdiagonalen der Mantelfläche und unterteilen diese in jeweils gleich große Abschnitte. Die Schraubenlinie beschreibt dabei eine Gerade.

Seite 17

❒ ??? Randspalte

Es bestehen folgende Zuordnungen:

Oberes Gefäß — mittleres Schaubild
Mittleres Gefäß — oberes Schaubild
Unteres Gefäß — unteres Schaubild

3

a)

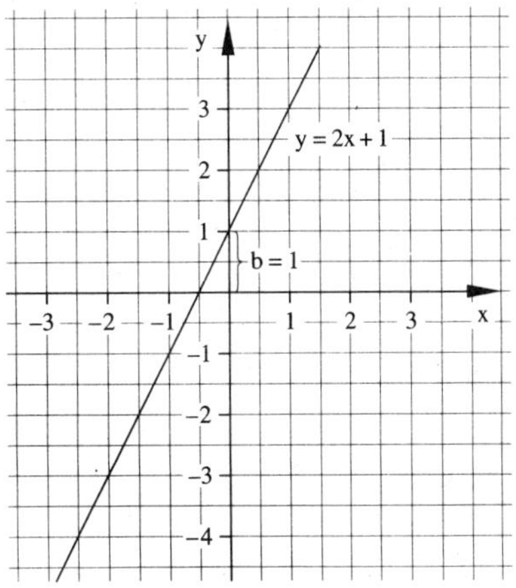

b)

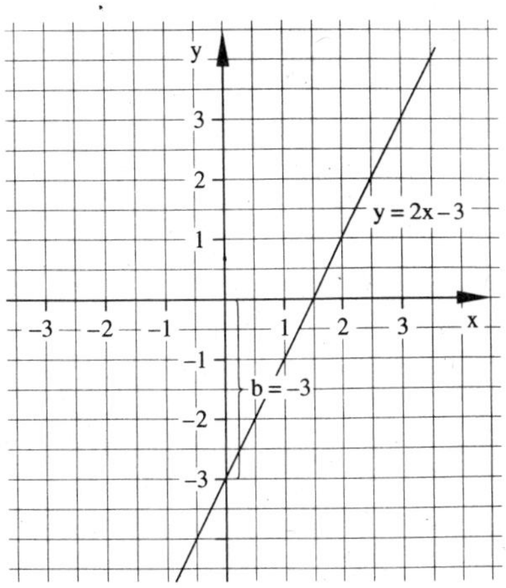

c)

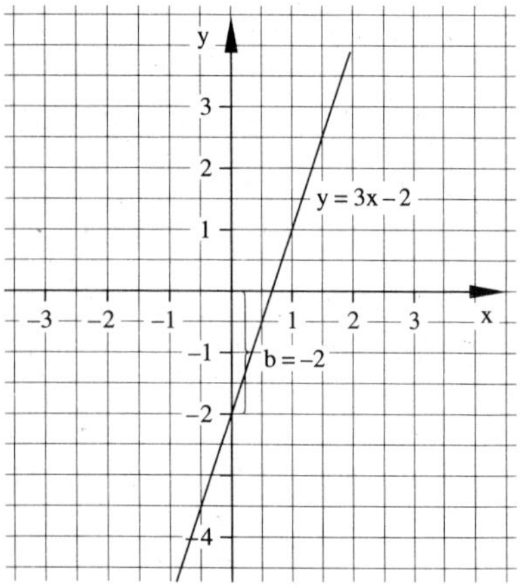
y
x
y = 3x − 2
b = −2

d)

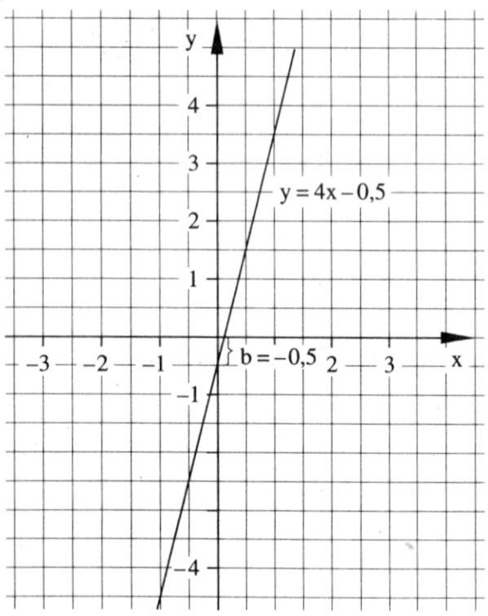
y
x
y = 4x − 0,5
b = −0,5

e)

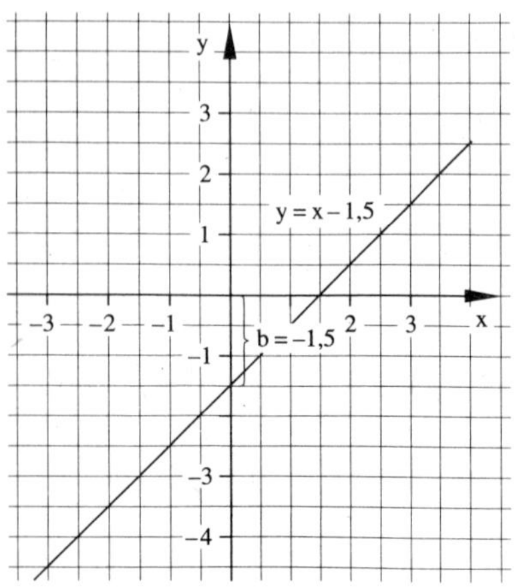
y
x
y = x − 1,5
b = −1,5

f)

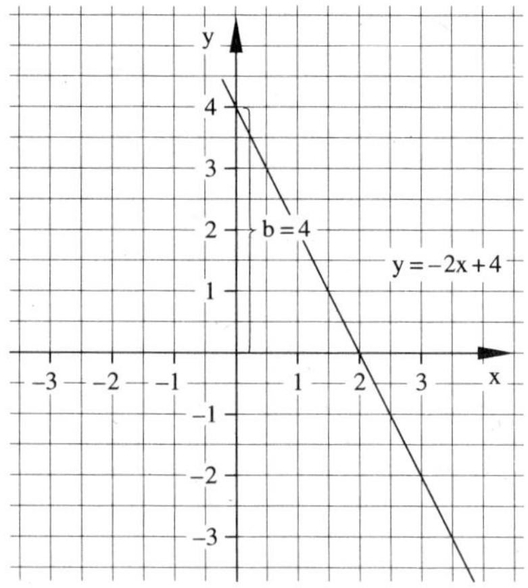
y
x
y = −2x + 4
b = 4

g)

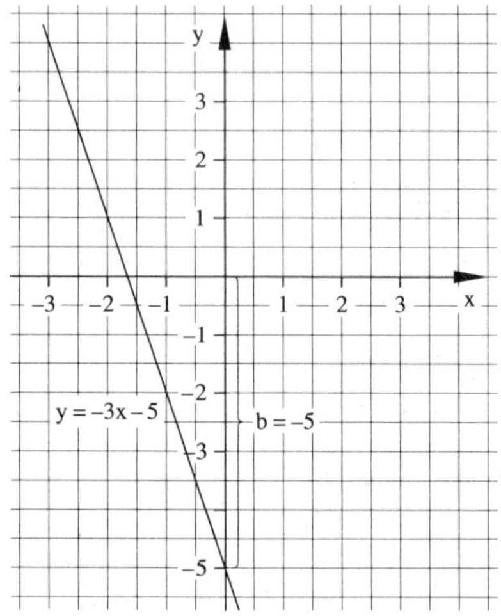
y
x
y = −3x − 5
b = −5

h)

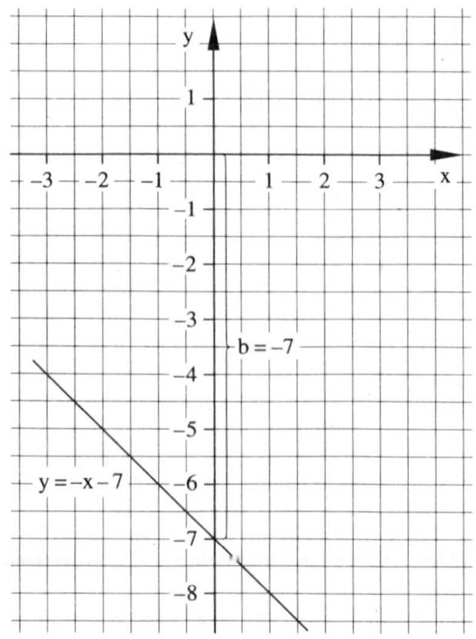
y
x
y = −x − 7
b = −7

4

a)

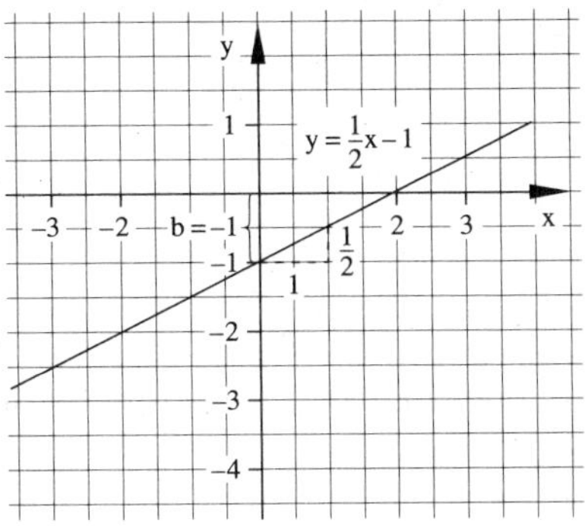
$y = \frac{1}{2}x - 1$
b = –1

b)

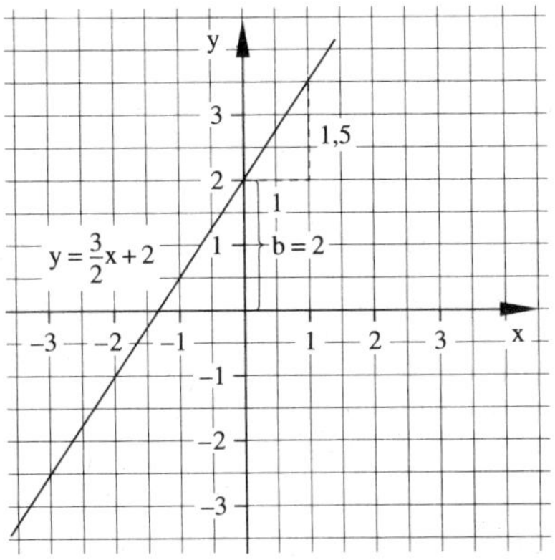
$y = \frac{3}{2}x + 2$
b = 2
1,5

c)

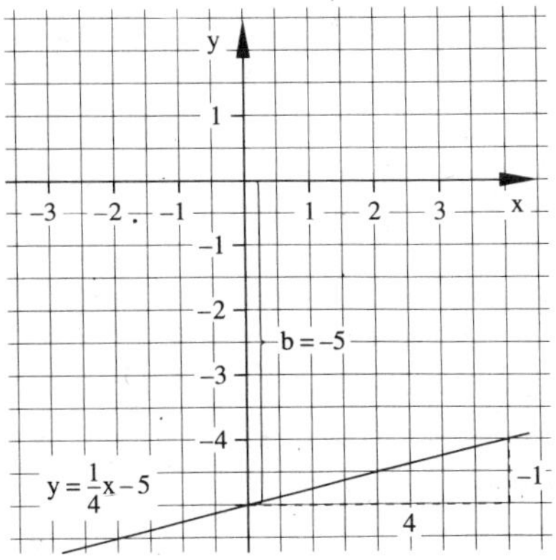
$y = \frac{1}{4}x - 5$
b = –5

d)

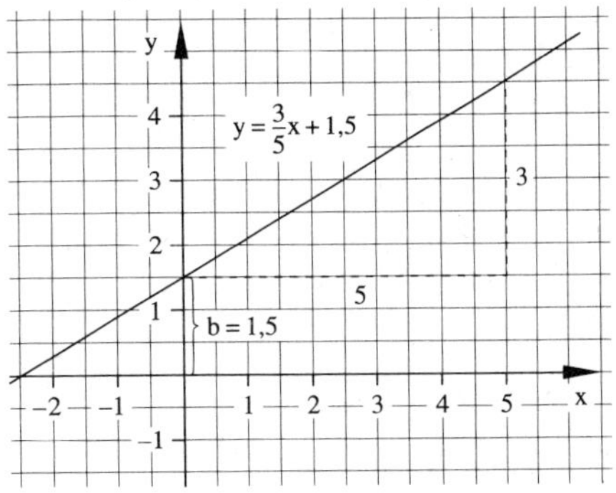
$y = \frac{3}{5}x + 1,5$
b = 1,5

e)

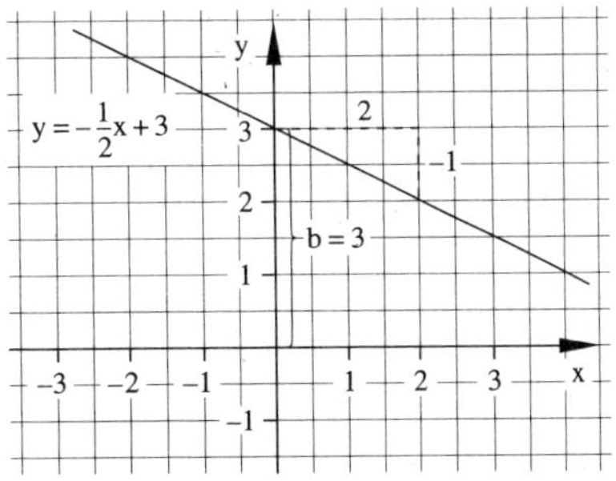
$y = -\frac{1}{2}x + 3$
b = 3

f)

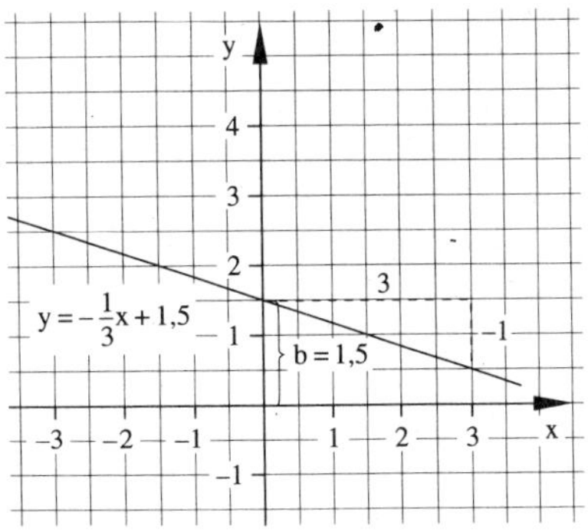
$y = -\frac{1}{3}x + 1,5$
b = 1,5

g)

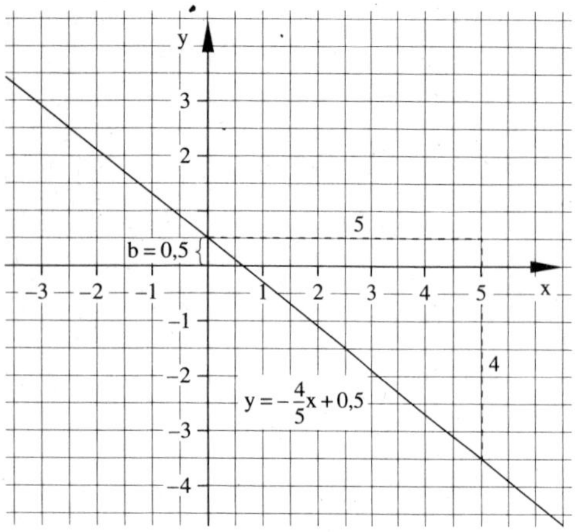

h)

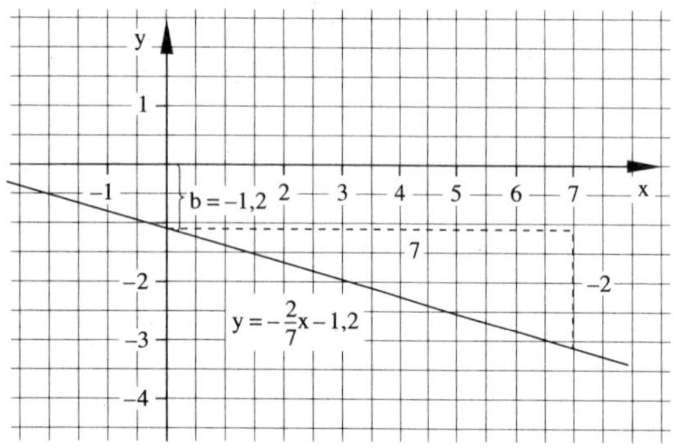

5

g_1: $y = 2x + 1$

g_2: $y = -2x - 3$

g_3: $y = \frac{1}{2}x + 3$

g_4: $y = -\frac{1}{2}x - 1{,}5$

g_5: $y = 3x - 4$

g_6: $y = -\frac{3}{2}x + 1{,}5$

g_7: $y = \frac{2}{3}x - 0{,}5$

g_8: $y = -\frac{4}{5}x + 3{,}5$

g_9: $y = \frac{3}{5}x - 3{,}5$

6

a)

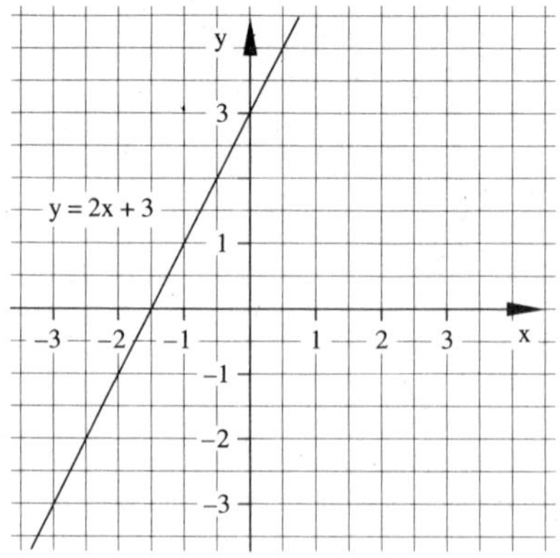

b)

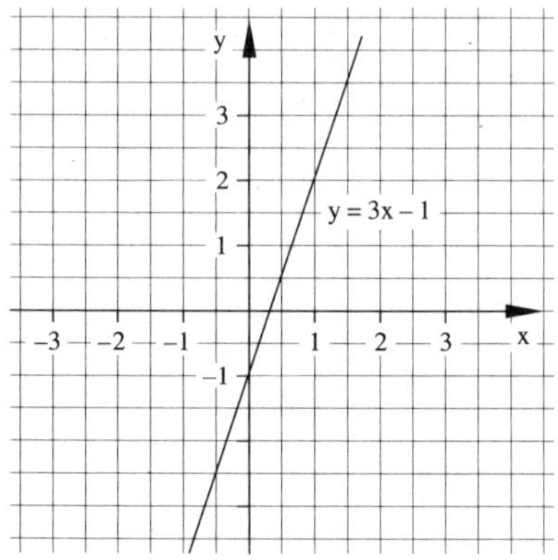

c)

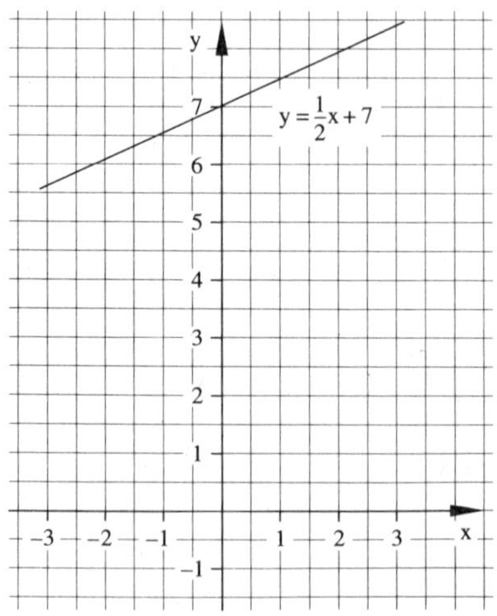

d)

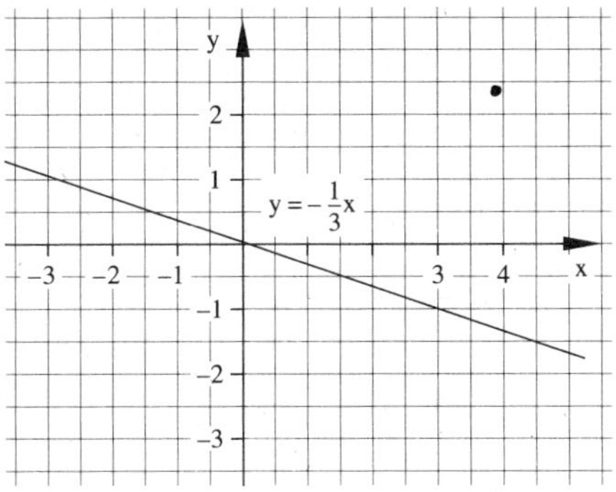

e)

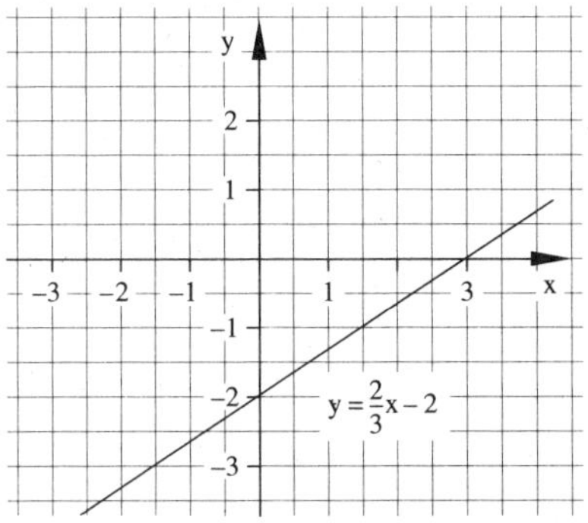

f)

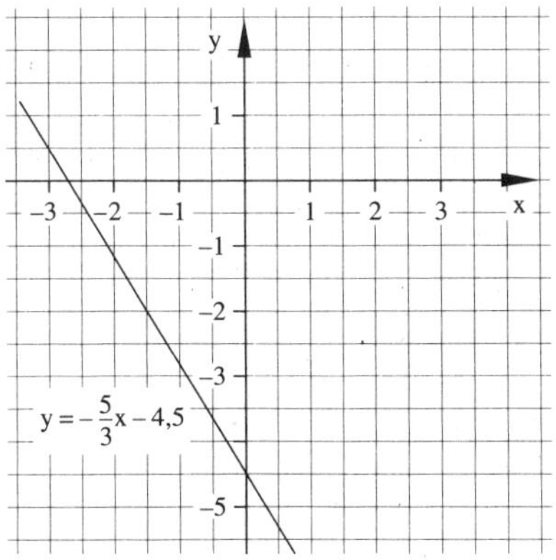

7

a) $y = x + 1$

b) $y = 2x - 4$

c) $y = \frac{1}{2}x + 1$

d) $y = -x + 1$

e) $y = \frac{3}{5}x - 3$

f) $y = -\frac{3}{4}x - 3$

8

a) $P_1(5|13)$; $P_2(2|7)$

b) $P_1(-4|18)$; $P_2(-1{,}6|6)$

c) $P_1(-6|0)$; $P_2(-27|-14)$

d) $P_1(-4{,}5|1)$; $P_2(7{,}2|-5{,}5)$

9

a) Die zugehörige Funktionsgleichung lautet:

$y = -\frac{1}{2}x + 3$

Schnittpunkt mit der x-Achse: $P(6|0)$
Schnittpunkt mit der y-Achse: $Q(0|3)$

b) Die zugehörige Funktionsgleichung lautet:
$y = 2x + 7$

Schnittpunkt mit der x-Achse: $P(-3{,}5|0)$
Schnittpunkt mit der y-Achse: $Q(0|7)$

c) Die zugehörige Funktionsgleichung lautet:

$y = \frac{2}{3}x + 4$

Schnittpunkt mit der x-Achse: $P(-6|0)$
Schnittpunkt mit der y-Achse: $Q(0|4)$

d) Die zugehörige Funktionsgleichung lautet:

$y = -\frac{4}{5}x - 12$

Schnittpunkt mit der x-Achse: $P(-15|0)$
Schnittpunkt mit der y-Achse: $Q(0|-12)$

10

a) $x = 3$ b) $x = 1$

c) $x = \frac{4}{5}$ d) $x = 2$

e) $x = 25$ f) $x = -3{,}5$

2 Lineare Gleichungssysteme

Seite 18

1

Die etwas lustig eingekleidete Bewegungsaufgabe soll den gemeinsamen Punkt zweier Geraden problematisieren. Dieser Schnittpunkt lässt sich anhand einer Zeichnung ermitteln: P(6|6)

Eike ist dann 4 Minuten unterwegs, während Kim 2 Minuten länger „auf Tour" ist.

Ermittelt man die beiden Funktionsgleichungen, ist eine rechnerische Lösung ebenso möglich.

Kim:	$y = x$
Eike:	$y = 1{,}5x - 3$
Also	$x = 1{,}5x - 3$
	$x = 6$
und somit	$y = 6$.

2

Die drei linearen Gleichungssysteme, die an der Tafel stehen, sollen die in Klasse 8 (hoffentlich) erlernten Lösungstechniken in Erinnerung rufen.

(1)	$y = 2x - 3$ $y = 3x - 2$	Gleichsetzungsverfahren	$x = -1$ $y = -5$
(2)	$4x - y = 5$ $y = 3x - 2$	Einsetzungsverfahren	$x = 3$ $y = 7$
(3)	$5x + 3y = -7$ $x - 3y = -5$	Additionsverfahren	$x = -2$ $y = 1$

Seite 19

3

a) $x = 2;\ y = 11$ b) $x = 1;\ y = -1$

c) $x = 4;\ y = 3$ d) $x = -1;\ y = -2$

e) $x = 2;\ y = -1$ f) $x = 5;\ y = -\frac{1}{2}$

4

a) $x = 2;\ y = -3$ b) $x = 4;\ y = 1$

c) $x = \frac{1}{2};\ y = 2$ d) $x = 3;\ y = 2$

e) $x = -3;\ y = -1$ f) $x = -1;\ y = 1$

5

a) $x = 2;\ y = 3$ b) $x = -1;\ y = 2$

c) $x = -2;\ y = 1$ d) $x = 6;\ y = 5$

e) $x = 8;\ y = 3$ f) $x = -5;\ y = \frac{1}{2}$

6

a)

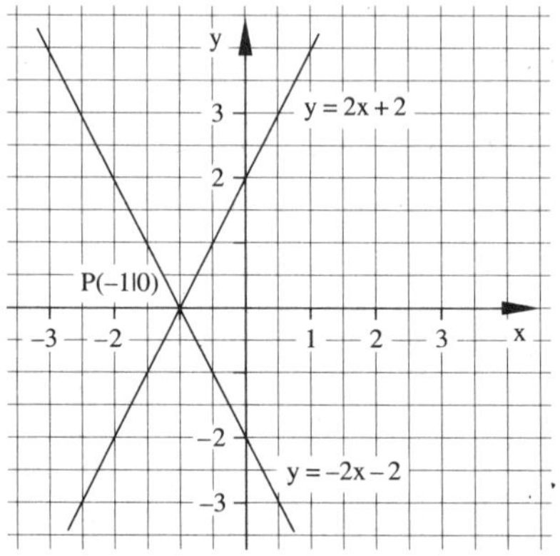

$x = -1$
$y = 0$

b)

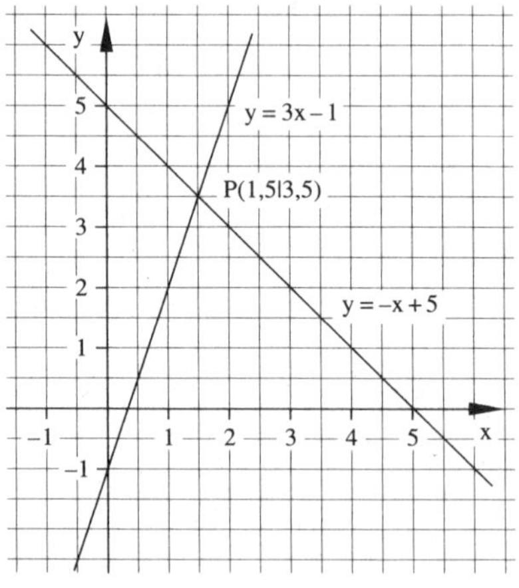

$x = 1{,}5$
$y = 3{,}5$

c)

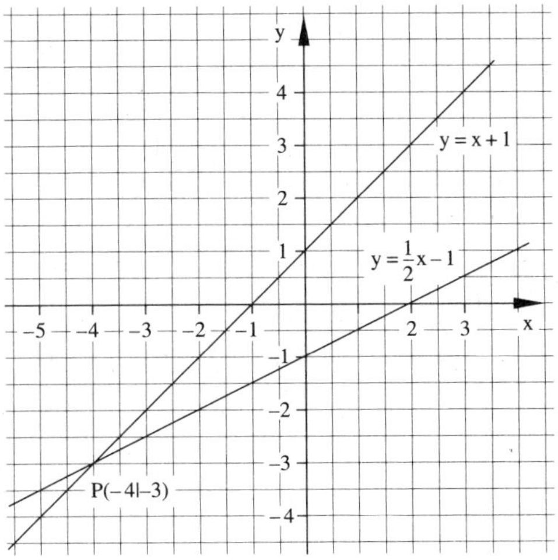

x = −4
y = −3

d)

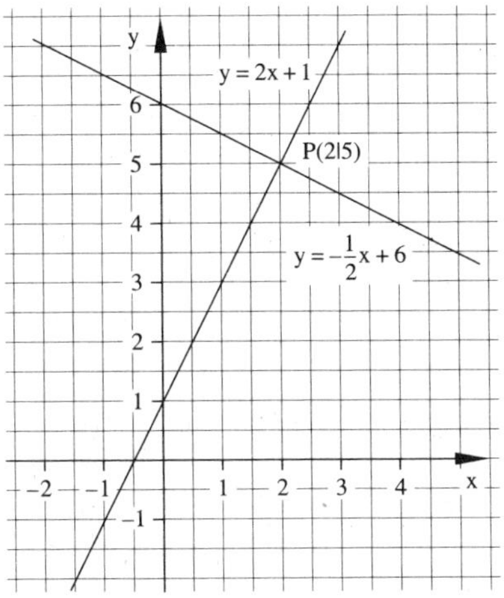

x = 2
y = 5

e)

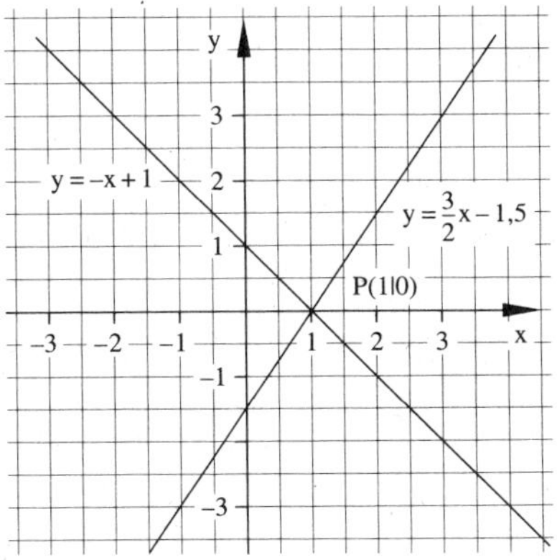

x = 1
y = 0

f)

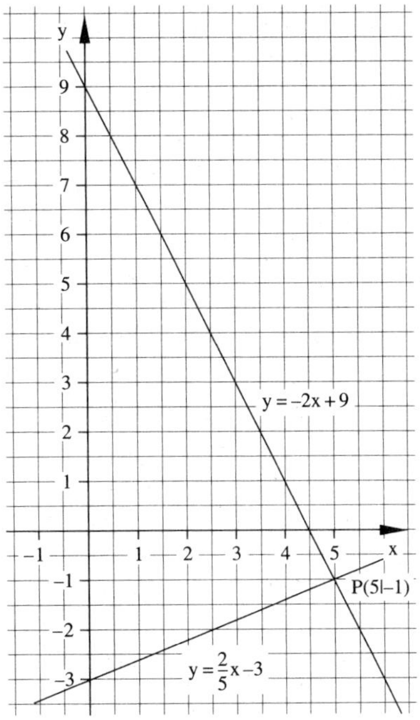

x = 5
y = −1

g)

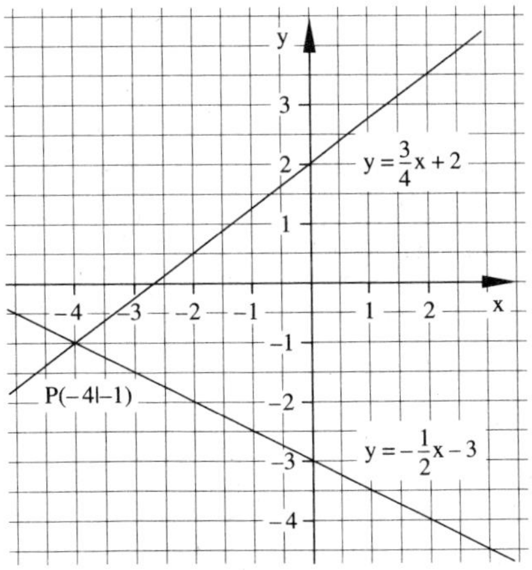

x = −4
y = −1

h)

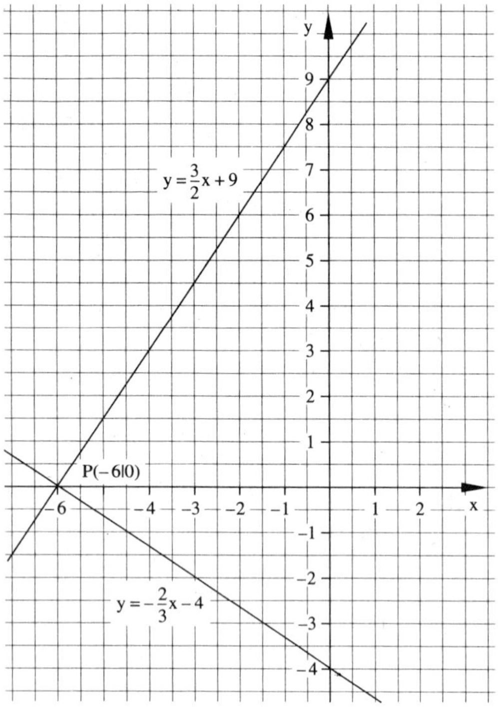

$x=-6$
$y=0$

7

a) $x = 4$; $y = 5$ b) $x = 1$; $y = 6$

c) $x = 2{,}5$; $y = 4{,}5$ d) $x = -2$; $y = 2$

e) $x = 1$; $y = 2$ f) $x = 1$; $y = -1$

g) $x = 3{,}5$; $y = 3{,}5$ h) $x = 5$; $y = 2$

Als Lösungsfigur ergibt sich ein Pfeil.

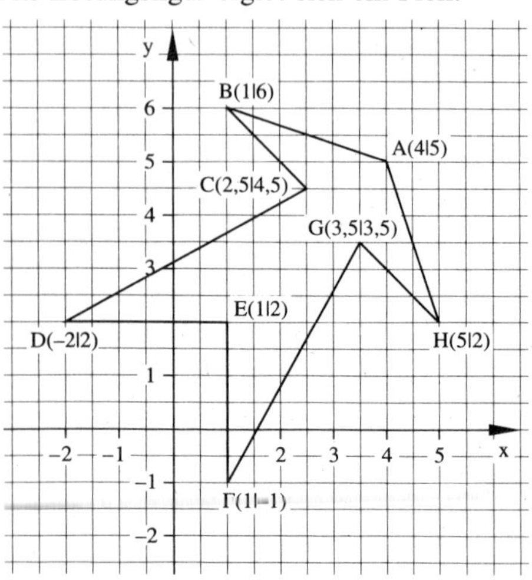

Seite 20

8

a) $x = 9$; $y = 5$ b) $x = -8$; $y = 3$

c) $x = 2$; $y = -1$ d) $x = \frac{1}{2}$; $y = -\frac{3}{2}$

e) $x = 0{,}2$; $y = 1{,}2$ f) $x = -\frac{1}{3}$; $y = \frac{1}{2}$

Das Lösungswort heißt somit FERIEN.

9

a) $x = 2$; $y = 6$ b) $x = 4$; $y = -1$

c) $x = 2$; $y = 3$

10 ✶

a)
$$6x - 3y = -15$$
$$x - 8y = -10$$
$$x = -2$$
$$y = 1$$

b)
$$9x - 46 = 10y + 30$$
$$25y + 94 = 12x - 54$$
$$x = 4$$
$$y = -4$$

c)
$$xy - 4x + 3y - 9 = xy - 2x$$
$$2xy - 2x + 5y + 5 = 2xy + 6y - 6$$
$$x = 3$$
$$y = 5$$

d)
$$8xy + 6x - 4y - 3 = 8xy - 7y$$
$$3x - xy + 15 - 5y = 18x - xy$$
$$x = 2$$
$$y = -3$$

e)
$$16y + 48 - 2xy - 6x = 2x - 2xy$$
$$4xy + x + 2 = 4xy + 6y$$
$$x = 10$$
$$y = 2$$

Summe der x-Werte und y-Werte der Lösungen:

$(-2) + 1 + 4 + (-4) + 3 + 5 + 2 + (-3) + 10 + 2 = 18$

11

a) $y = x + 3$

b) $y = 2x - 5$

c) $y = -3x + 6$

d) $y = -\frac{2}{3}x - 3$

12 ✳

a)
$$\begin{aligned} 2x + 4y &= 22 \\ x + 5y &= 20 \end{aligned}$$
$x = 5$
$y = 3$

b)
$$\begin{aligned} 2x + y &= 6 \\ 6y + 16 &= x \end{aligned}$$
$x = 4$
$y = -2$

c)
$$\begin{aligned} 2x - 4 &= 3y - 12 + 12 \\ 2x + 10 &= 5y + 10 \end{aligned}$$
$x = 5$
$y = 2$

d)
$$\begin{aligned} 4x - 4 - 12 &= 3y - 24 \\ 3x + 3 &= 2y \end{aligned}$$
$x = 7$
$y = 12$

e)
$$\begin{aligned} 3x + 3y + 2x - 2 &= 24 \\ 6x - 9y - 10y + 2x &= -6 \end{aligned}$$
$x = 4$
$y = 2$

f)
$$\begin{aligned} x + 2y - 8 &= 20y - 12x \\ 2x - y + x + y &= 12y - 3x \end{aligned}$$
$x = 2$
$y = 1$

13 ✳

a)
$$\begin{aligned} 11x - 12 + 20y &= 24 - 40y - 13x \\ 26x - 40y + 70 &= 25y - 99 - 13x \end{aligned}$$
$x = -2$
$y = 1{,}4$

b)
$$\begin{aligned} x^2 + 2x + 1 - y^2 + 6y - 9 &= x^2 - y^2 - 4 \\ 6x - 2xy - 25 &= 2y - 2xy + 7 \end{aligned}$$
$x = 5$
$y = -1$

c)
$$\begin{aligned} x^2 - 6x + 9 - x^2 - x + 6 &= 1 - 7y \\ x^2 - 4x + 4 - y^2 + 2y - 1 &= x^2 - y^2 - 9 \end{aligned}$$
$x = 4$
$y = 2$

d)
$$\begin{aligned} 9y^2 + 15y - 3xy - 5x - 9y^2 + 6y - 1 &= 52 - 3xy \\ 6x^2 - 3xy - 9 - 12x - 4x^2 - 2x^2 + 3xy + 11y &= 0 \end{aligned}$$
$x = 2$
$y = 3$

14

Die Punkte A und B liegen auf der Geraden mit der Gleichung $y = \frac{1}{2}x + 2$.
Die Punkte B und C liegen auf der Geraden mit der Gleichung $y = -\frac{3}{5}x + 5$.
Die Punkte C und A liegen auf der Geraden mit der Gleichung $y = 6x - 20$.

15

a) Unendlich viele Lösungen ($L = \mathbb{R} \times \mathbb{R}$)

b) Eine Lösung: $x = 8$; $y = 6$

c) Eine Lösung: $x = 0$; $y = 0$

d) Keine Lösung ($L = \{\ \}$)

16

a) Ansatz:
$$\begin{aligned} x - y &= 8 \\ 3x - 5y &= 6 \end{aligned}$$
Die beiden Zahlen lauten 17 und 9.

b) Ansatz:
$$\begin{aligned} x + y &= 7 \\ x &= \tfrac{y-1}{2} \end{aligned}$$
Die gesuchte Zahl lautet 25.

3 Die quadratischen Funktionen $y = x^2 + c$ und $y = (x - d)^2$

Seite 21

1

Gestützt auf die Lehrplaninhalte Klasse 9 soll hier das Verschieben der Normalparabel $y = x^2$ auf der y-Achse nochmals aufgegriffen werden.

Es bestehen folgende Zuordnungen:

$y = x^2 - 3$ ⇒ rote Parabel
$y = x^2 + 2$ ⇒ grüne Parabel
$y = x^2$ ⇒ blaue Parabel

2

Wertetabelle

x	−3	−2	−1	0	1	2	3
$y = (x - 3)^2$	36	25	16	9	4	1	0
$y = (x + 2)^2$	1	0	1	4	9	16	25

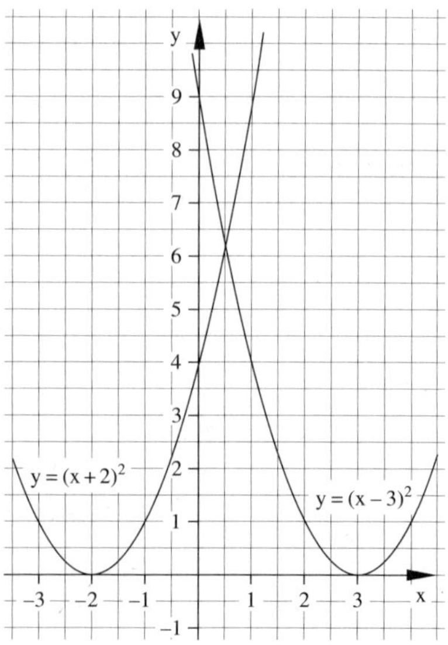

Als Schaubilder erhält man auf der x-Achse verschobene Normalparabeln.

Die Parabel mit der Gleichung $y = (x - 3)^2$ hat den Scheitel S(3|0).

Die Parabel mit der Gleichung $y = (x + 2)^2$ hat den Scheitel S(−2|0).

Seite 22

3

a) S(0|2)
b) S(0|−3,5)
c) S(0|4,8)
d) S(0|−0,7)

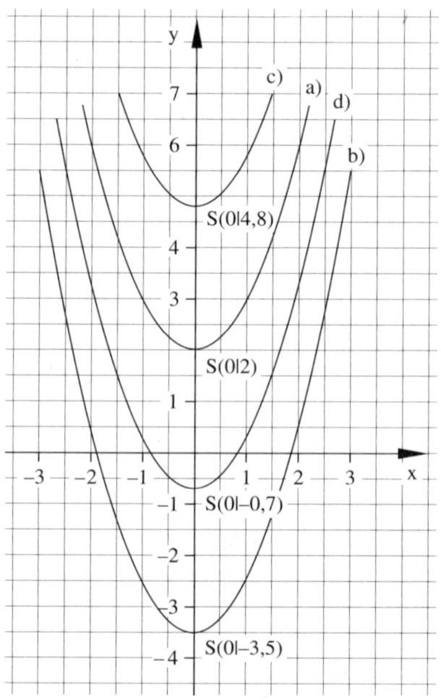

4

A ⇒ c) $y = x^2 - 4$
B ⇒ d) $y = (x + 3)^2$
C ⇒ b) $y = (x - 4)^2$
D ⇒ a) $y = x^2 + 3$

5

a) $y = (x - 6)^2$; S(6|0)

b) $y = (x + 4)^2$; S(−4|0)

c) $y = x^2 + 2$; S(0|2)

d) $y = x^2 - 5$; S(0|−5)

6

a) $y = x^2 + 5$ b) $y = x^2 - 7$

c) $y = x^2 - 1{,}5$ d) $y = (x - 8)^2$

e) $y = (x + 6)^2$ f) $y = (x - 3{,}5)^2$

7

$x^2 + 10x + 25 = (x + 5)^2$

$x^2 - 3x + 2{,}25 = (x - 1{,}5)^2$

$x^2 - 18x + 81 = (x - 9)^2$

$x^2 - 7x + 12{,}25 = (x - 3{,}5)^2$

$x^2 - 5x + \frac{25}{4} = \left(x - \frac{5}{2}\right)^2$

$x^2 + \frac{1}{2}x + \frac{1}{16} = \left(x + \frac{1}{4}\right)^2$

$x^2 - 50x + 625 = (x - 25)^2$

$x^2 + x + \frac{1}{4} = \left(x + \frac{1}{2}\right)^2$

8

a) $y = (x - 1)^2$; S(1|0)

b) $y = (x - 3)^2$; S(3|0)

c) $y = (x + 4)^2$; S(−4|0)

d) $y = (x + 1{,}5)^2$; S(−1,5|0)

e) $y = (x - 0{,}5)^2$; S(0,5|0)

f) $y = (x - 2{,}5)^2$; S(2,5|0)

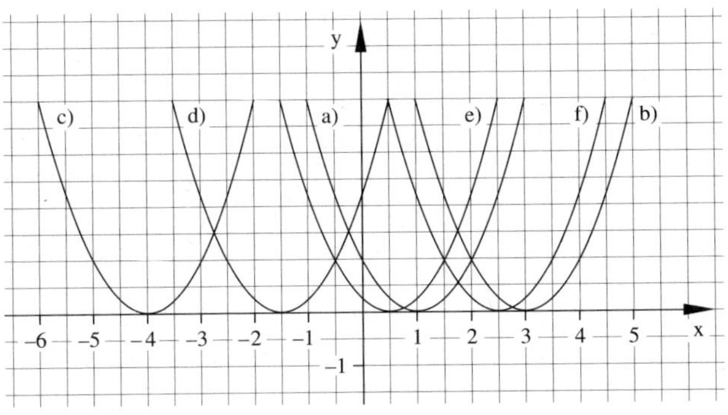

Seite 23

9

A liegt auf p_2.

B liegt auf p_3.

C liegt auf p_4.

D liegt auf p_1.

10

a) $\sqrt{20}$ LE ≈ 4,5 LE b) $\sqrt{90}$ LE ≈ 9,5 LE

c) 2,7 LE d) 6,7 LE

11

a) $\sqrt{20}$ LE ≈ 4,5 LE b) $\sqrt{272}$ LE ≈ 16,5 LE

c) 2,7 LE d) 0,6 LE

12

a) $\sqrt{650}$ LE ≈ 25,5 LE b) $\sqrt{20}$ LE ≈ 4,5 LE

c) $\sqrt{272}$ LE ≈ 16,5 LE d) $\sqrt{272}$ LE ≈ 16,5 LE

13

$\overline{P_1P_2} = \sqrt{2}$ LE ≈ 1,4 LE

$\overline{P_2P_3} = \sqrt{10}$ LE ≈ 3,2 LE

$\overline{P_3P_4} = \sqrt{26}$ LE ≈ 5,1 LE

Länge des Streckenzuges von P_1 bis P_4: 9,7 LE

$\overline{P_1P_4} = \sqrt{90}$ LE ≈ 9,5 LE

Streckendifferenz: 9,7 LE – 9,5 LE = 0,2 LE

14

a) $N_1(2|0)$; $N_2(-2|0)$ b) $N_1(3|0)$; $N_2(-3|0)$

c) $N_1(1{,}5|0)$; $N_2(-1{,}5|0)$ d) $N_1(3{,}5|0)$; $N_2(-3{,}5|0)$

e) $N_1\left(\frac{7}{2}|0\right)$; $N_2\left(-\frac{7}{2}|0\right)$ f) $N_1\left(\frac{8}{5}|0\right)$; $N_2\left(-\frac{8}{5}|0\right)$

15

a)

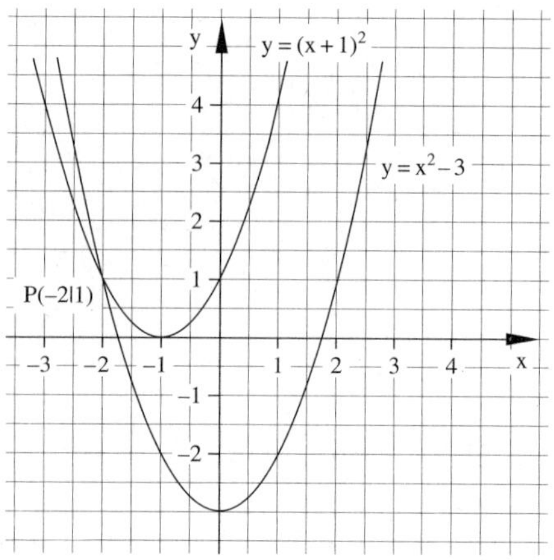

Gleichsetzen ergibt:

$x^2 - 3 = (x + 1)^2$

$x^2 - 3 = x^2 + 2x + 1$

$x = -2$

Somit gilt: $y = (-2)^2 - 3 = 1$

b)

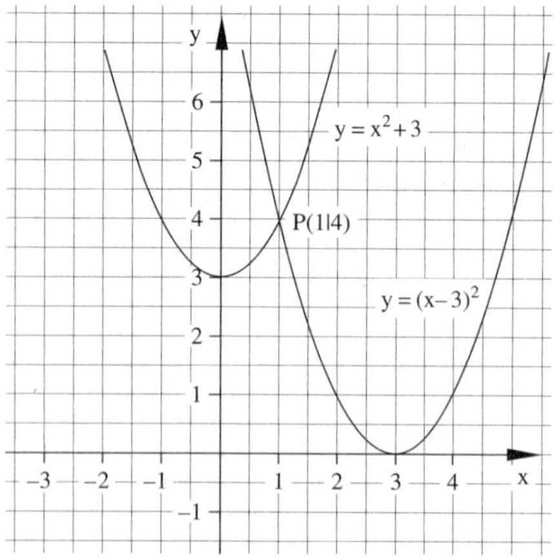

Gleichsetzen ergibt:

$x^2 + 3 = (x - 3)^2$

$x^2 + 3 = x^2 - 6x + 9$

$x = 1$

Somit gilt: $y = 1^2 + 3 = 4$

c)

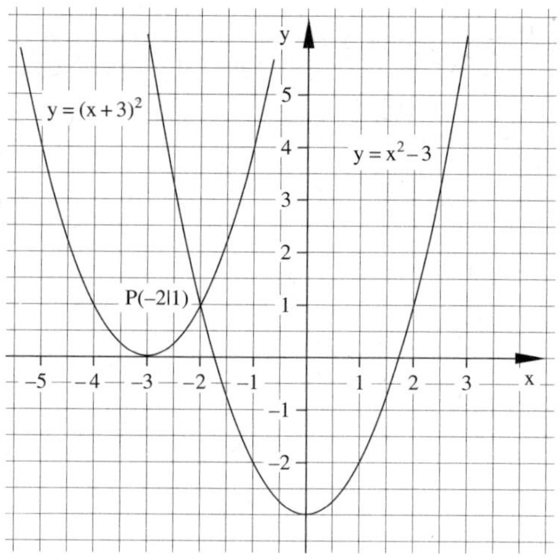

Gleichsetzen ergibt:

$(x + 3)^2 = x^2 - 3$

$x^2 + 6x + 9 = x^2 - 3$

$x = -2$

Somit gilt: $y = (-2)^2 - 3 = 1$

d)

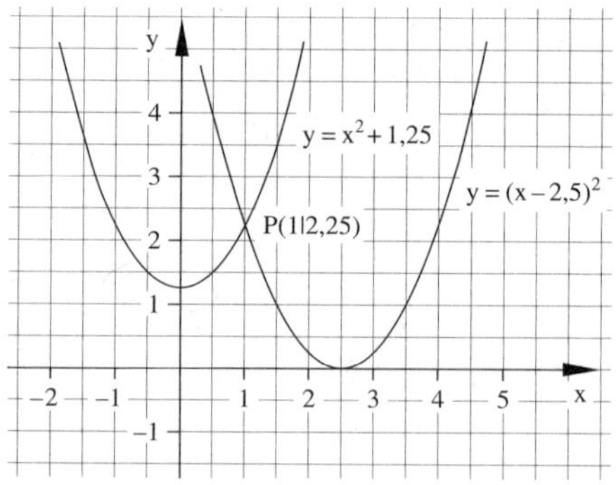

Gleichsetzen ergibt:

$x^2 + 1{,}25 = (x - 2{,}5)^2$

$x^2 + 1{,}25 = x^2 - 5x + 6{,}25$

$x = 1$

Somit gilt: $y = 1^2 + 1{,}25 = 2{,}25$

e)

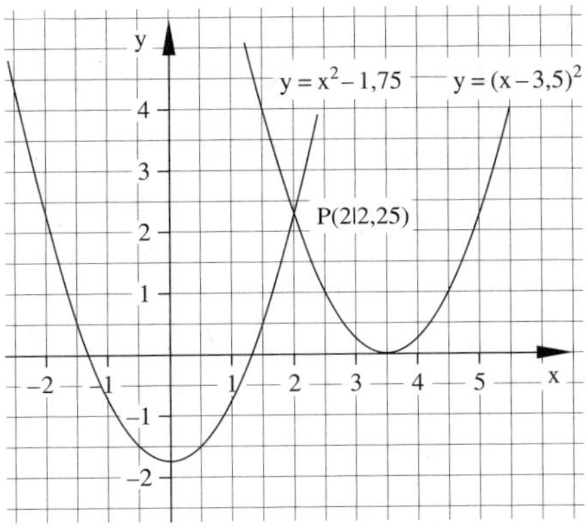

Gleichsetzen ergibt:

$x^2 - 1{,}75 = (x - 3{,}5)^2$

$x^2 - 1{,}75 = x^2 - 7x + 12{,}25$

$x = 2$

Somit gilt: $y = 2^2 - 1{,}75 = 2{,}25$

f) Die Aufgabe ist zeichnerisch nur mit anderem Maßstab lösbar.

Rechnerische Lösung:

$(x - 0{,}5)^2 = x^2 - 7{,}75$

$x^2 - x + 0{,}25 = x^2 - 7{,}75$

$x = 8$

Für y gilt damit: $y = 8^2 - 7{,}75 = 56{,}25$

16

a) P(3|4) b) P(0,5|12,25)

c) P(3|16) d) P(−0,5|4)

e) P(−0,7|5,4) f) P(4|1)

17 ✎ ✳

a)

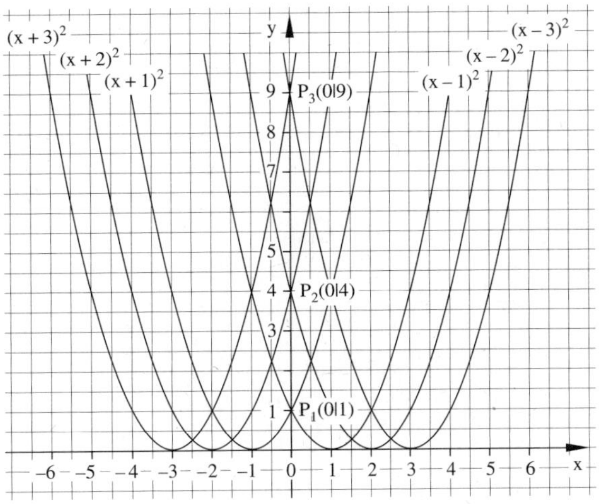

Die Schnittpunkte der Parabelpaare liegen auf der y-Achse.

b)

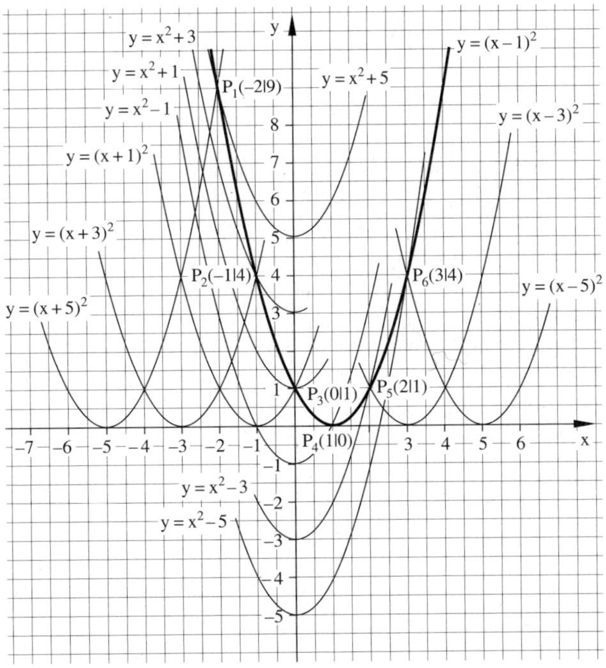

Die Schnittpunkte P_1 bis P_6 der Parabelpaare liegen alle auf der Parabel mit der Gleichung $y = (x - 1)^2$. Der tiefste Punkt ist der Scheitelpunkt $S(1|0) = P_4$.

4 Die quadratische Funktion $y = (x - d)^2 + c$

Seite 24

1

x	−3	−2	−1	0	1	2	3
$y = x^2 + 2$	11	6	3	2	3	6	11
$y = (x - 1)^2$	16	9	4	1	0	1	4
$y = (x - 1)^2 + 2$	18	11	6	3	2	3	6

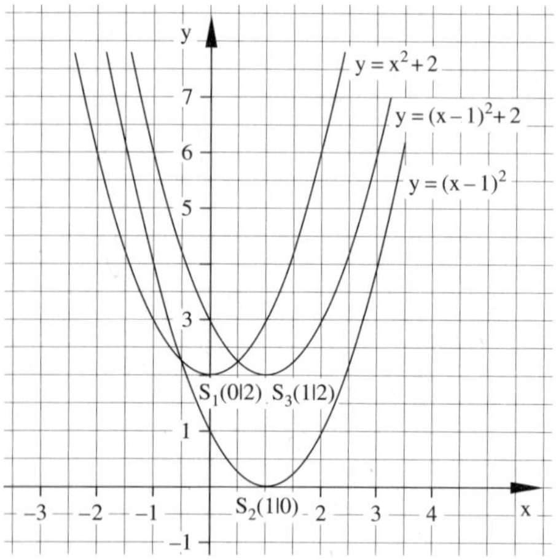

Die Scheitelpunkte von $y = x^2 + 2$ bzw. $y = (x - 1)^2$ erhält man durch Verschieben der Normalparabel auf der y-Achse um 2 Einheiten nach oben bzw. auf der x-Achse um 1 Einheit nach rechts.

Den Scheitel von $y = (x - 1)^2 + 2$ erhält man durch Verschiebung der Normalparabel $y = x^2$ um 1 Einheit nach rechts und 2 Einheiten nach oben.

2

Die Funktionsgleichung $y = x^2 - 2x + 3$ stimmt mit der Gleichung $y = (x - 1)^2 + 2$ überein.
Man erhält also ebenfalls als Schaubild eine verschobene Normalparabel (vgl. Aufgabe 1).

Seite 25

❒ ??? Randspalte

linkes Auge: $y = (x + 2)^2 + 2$
rechtes Auge: $y = (x - 2)^2 + 2$
Nase: $y = x^2$
Mund: $y = \frac{4}{9}x^2 - 2$

3

a) S(2|3) b) S(−1|2)
c) S(−3|−6) d) S(4|−7)
e) S(−5|−8) f) S(1|−1)

4

a) $y = (x - 3)^2 + 2$; S(3|2)
b) $y = (x + 5)^2 - 4$; S(−5|−4)
c) $y = (x - 2{,}5)^2 - 4{,}5$; S(2,5|−4,5)
d) $y = (x + 1{,}5)^2 + 6{,}5$; S(−1,5|6,5)

5

a) S(−2|1) b) S(3|−2)
c) S(4|2) d) S(−1|−9)

6

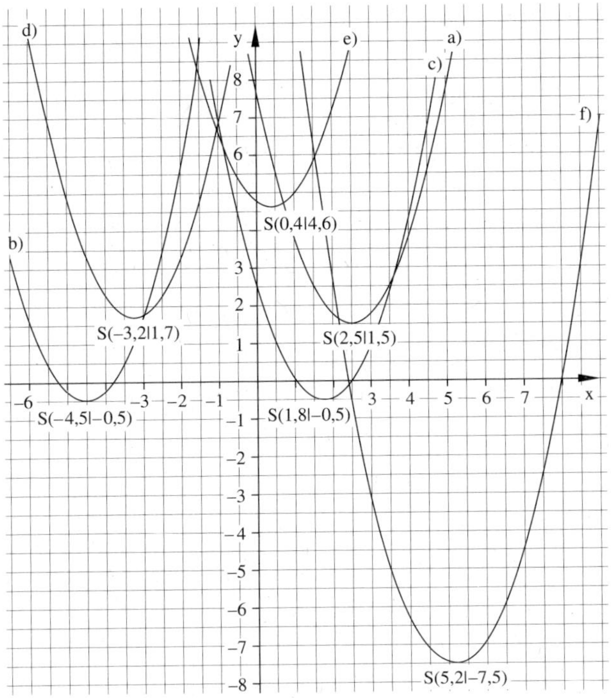

a) $y = (x - 3)^2 + 2$

b) $y = (x - 4)^2 - 3$

c) $y = (x + 2)^2 + 1$

d) $y = (x + 3)^2 - 6$

e) $y = x^2 + 1$

f) $y = (x + 5)^2$

7

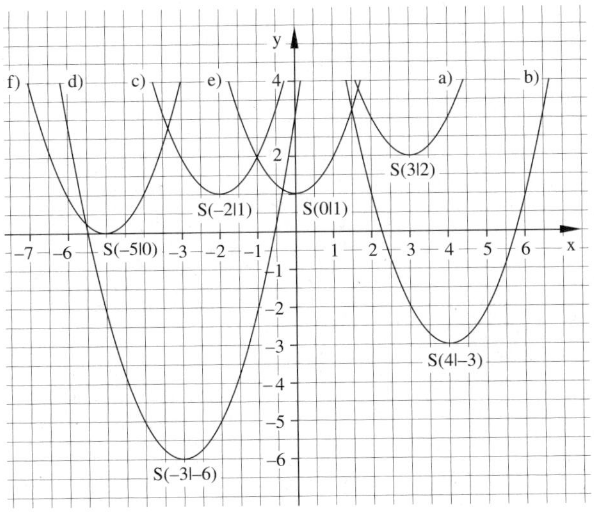

8

$x^2 + 2x + 2 = (x + 1)^2 + 1$

$x^2 + 4x + 8 = (x + 2)^2 + 4$

$x^2 - 2x + 3 = (x - 1)^2 + 2$

$x^2 - 6x - 1 = (x - 3)^2 - 10$

$x^2 + 10x + 10 = (x + 5)^2 - 15$

$x^2 - 3x - 1{,}25 = (x - 1{,}5)^2 - 3{,}5$

$x^2 + 5x + 7{,}25 = (x + 2{,}5)^2 + 1$

$x^2 - 14x - 1 = (x - 7)^2 - 50$

Seite 26

9

A $\Rightarrow$ c) $y = x^2 - 2x - 1 = (x - 1)^2 - 2$

B $\Rightarrow$ e) $y = x^2 - 3x + 4{,}25 = (x - 1{,}5)^2 + 2$

C $\Rightarrow$ b) $y = x^2 + 6x + 4 = (x + 3)^2 - 5$

D $\Rightarrow$ d) $y = x^2 - 8x + 17 = (x - 4)^2 + 1$

E $\Rightarrow$ f) $y = x^2 + x - 3{,}75 = (x + 0{,}5)^2 - 4$

F $\Rightarrow$ a) $y = x^2 + 4x + 7 = (x + 2)^2 + 3$

10

a) $y = (x + 1)^2 - 4$

b) $y = (x - 2)^2 - 1$

c) $y = (x + 3)^2 - 6$

d) $y = (x - 4)^2 + 3$

e) $y = (x + 2{,}5)^2 - 1{,}5$

f) $y = (x - 0{,}5)^2 + 5{,}5$

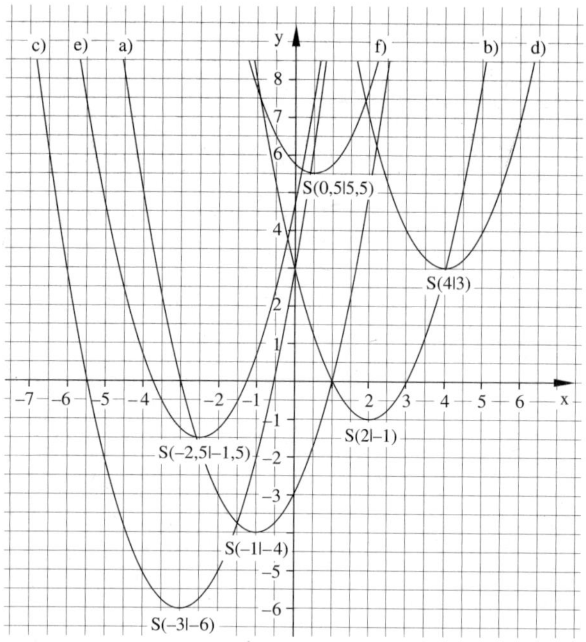

11

$y = x^2 - 10x + 32 \Rightarrow S(5|7)$

$y = x^2 + 16x + 57 \Rightarrow S(-8|-7)$

$y = x^2 - 18x + 75 \Rightarrow S(9|-6)$

$y = x^2 + 6x - 1 \Rightarrow S(-3|-10)$

12

P(7|6) liegt auf p_5.

P(5|114) liegt auf p_3.

P(2|−4) liegt auf p_2.

P(−3|56) liegt auf p_1.

P(−6|−5) liegt auf p_4.

13

a) $y = x^2 + 6x + 10$

b) $y = x^2 - 4x + 6$

c) $y = x^2 - 2x - 4$

d) $y = x^2 + 9x + 18{,}25$

14

a) $y = x^2 - 4x + 5$; S(2|1)

b) $y = x^2 - 4x + 7$; S(2|3)

c) $y = x^2 + 6x + 11$; S(−3|2)

d) $y = x^2 - 2x - 1$; S(1|−2)

e) $y = x^2 + 8x + 13$; S(−4|−3)

15

a)

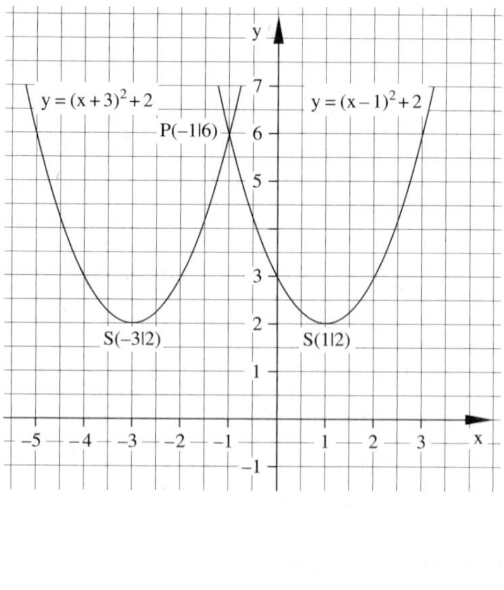

b)

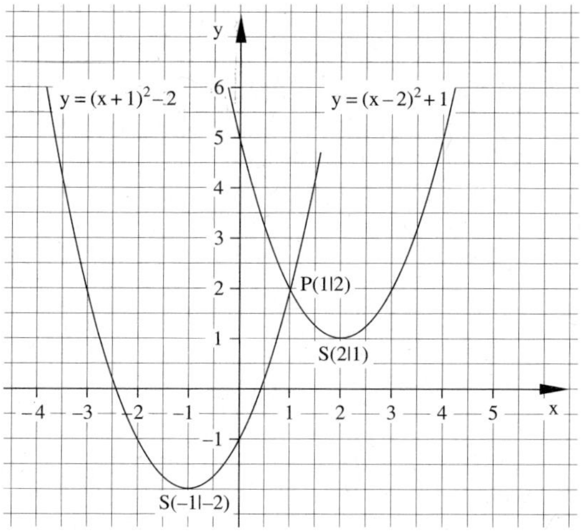
y = (x + 1)² – 2
y = (x – 2)² + 1
P(1|2)
S(2|1)
S(–1|–2)

c)

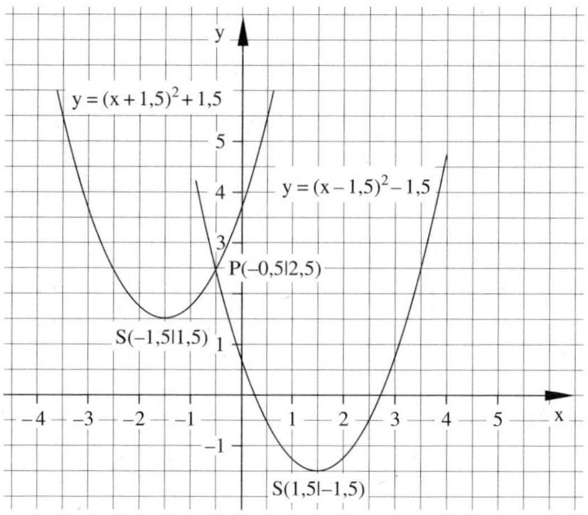
y = (x + 1,5)² + 1,5
y = (x – 1,5)² – 1,5
P(–0,5|2,5)
S(–1,5|1,5)
S(1,5|–1,5)

d)

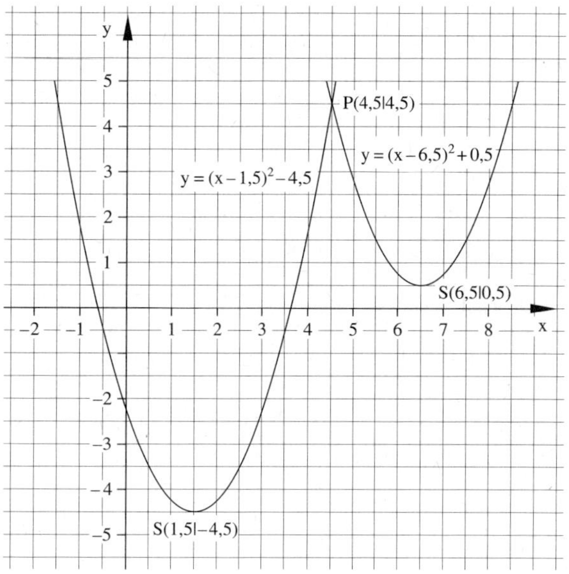
P(4,5|4,5)
y = (x – 6,5)² + 0,5
y = (x – 1,5)² – 4,5
S(6,5|0,5)
S(1,5|–4,5)

e)

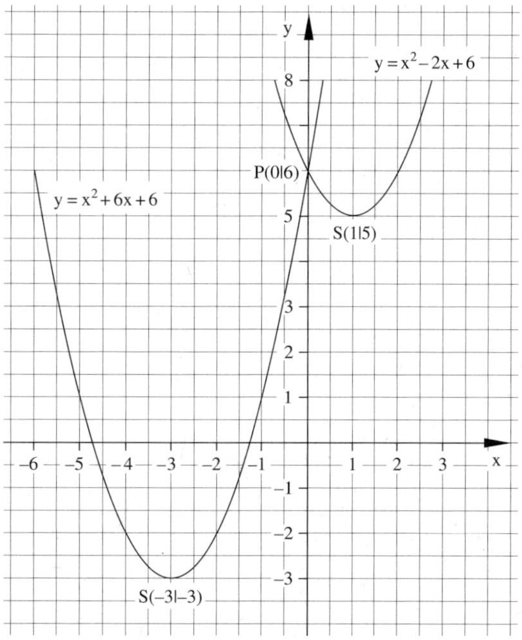
y = x² – 2x + 6
P(0|6)
y = x² + 6x + 6
S(1|5)
S(–3|–3)

f)

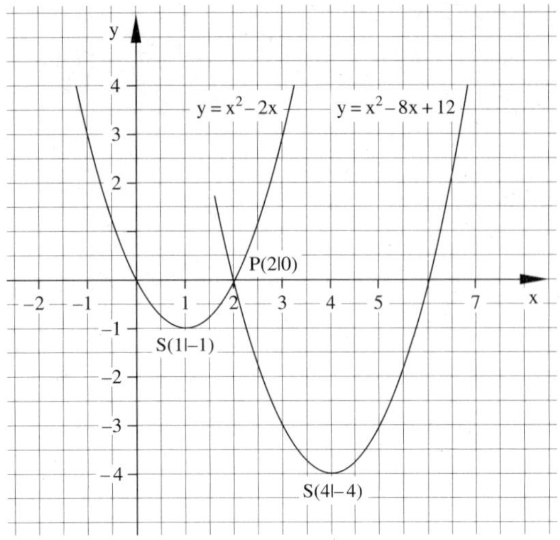

Alle durch einen Punkt

Über dieses hier dargestellte Beispiel hinaus gibt es eine Vielzahl von Möglichkeiten, Parabelscharen zu untersuchen. Im Anschluss sind noch einige erwähnt, die auch einen gewissen grafischen „Reiz“ beinhalten.

Beispielsweise: $y = (x - 1)^2 + 1$

oder $y = (x - 3)^2 - 3$

oder $y = (x + 1)^2 - 3$

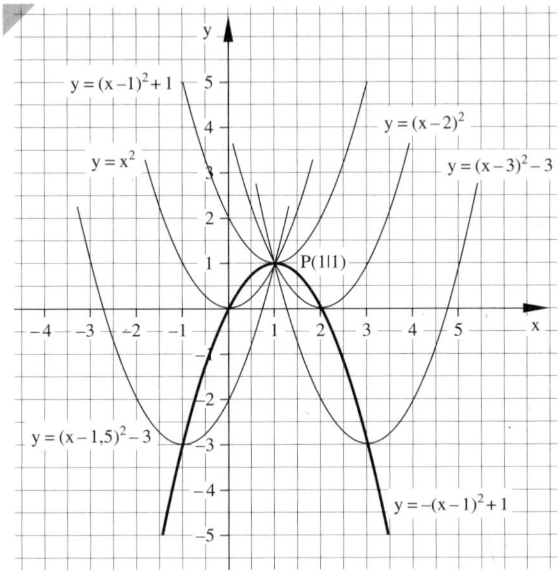

Die Scheitelpunkte der Parabeln liegen selbst wieder allesamt auf einer Parabel, der nach unten geöffneten, verschobenen Normalparabel mit der Gleichung $y = -(x - 1)^2 + 1$.

Eine Schülerantwort für die anzugebende Regel könnte etwa so aussehen:

1. Parabelgleichung: $y = (x - 1)^2 + 1$
   $\downarrow +1 \quad \downarrow -1$
2. Parabelgleichung: $y = (x - 0)^2 + 0$
   $\downarrow +1 \quad \downarrow -3$
3. Parabelgleichung: $y = (x + 1)^2 - 3$
   $\downarrow +1 \quad \downarrow -5$
4. Parabelgleichung: $y = (x + 2)^2 - 8$
   $\downarrow +1 \quad \downarrow -7$
5. Parabelgleichung: $y = (x + 3)^2 - 15$

$\vdots \qquad \vdots$

Ergänzungen:

- Alle Scheitelpunkte der Parabelschar

  $\vdots$

  $y = x^2 + 4x$

  $y = x^2 + 2x$

  $y = x^2$

  $y = x^2 - 2x$

  $\vdots$

  $y = x(x + 2a)$ (allgemein)

  liegen auf der gespiegelten Normalparabel $y = -x^2$.
- Alle Scheitelpunkte der Parabelschar $y = (x - 2)(x - a)$ liegen auf der gespiegelten und verschobenen Normalparabel p: $y = -(x - 2)^2$.
- Alle Scheitelpunkte der Parabelschar $y = (x - 2a)(x - a)$ liegen auf der Parabel p: $y = -\frac{1}{9}x^2$.
- Alle Scheitelpunkte der Parabelschar $y = (x - 3a)(x - a)$ liegen auf der Parabel p: $y = -\frac{1}{4}x^2$.

Mit ein wenig Geschick lassen sich noch weitere solcher Beispiele finden.

Im übrigen sei hier auf die Box auf S. 44 „Wo ist der Scheitel?“ verwiesen.

5 Gemischt-quadratische Gleichung. Grafische Lösung

Seite 27

1

Es werden alle Gleichungen grafisch gelöst.

Zur Gleichung $x^2 - 1 = 0$ gehört die oberste Kurve $y = x^2 - 1$.
Zur Gleichung $x^2 = 2$ gehört das zweitoberste Schaubild $y = x^2 - 2$.
Die dritte Gleichung $2x^2 = 8$ hat als grafisches Pendant die unterste Kurve und zum zweituntersten Graph gehört die Gleichung $\frac{1}{2}x^2 - 3 = 0$.

Die Lösungen sind jeweils an den Schnittpunkten mit der x-Achse abzulesen.

Am besten lässt man die zugehörigen Graphen zeichnen und vergleicht die Schnittpunktkoordinaten mit den Lösungen der Gleichungen.

2

x-Werte der Schnittpunkte mit der x-Achse:

Für $y = (x - 2)^2$: $x = 2$

Für $y = (x - 2)^2 - 1$: $x_1 = 3$, $x_2 = 1$

Für $y = (x - 2)^2 - 4$: $x_1 = 4$, $x_2 = 0$

Für $y = (x - 2)^2 - 9$: $x_1 = 5$, $x_2 = -1$

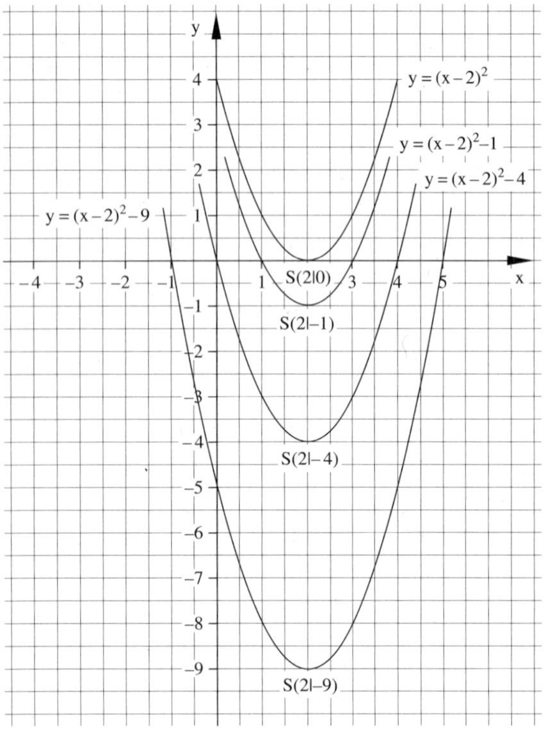

Setzt man beispielsweise $x = 5$ in $y = (x - 2)^2 - 9$ ein, erhält man:

$y = (5 - 2)^2 - 9 = 9 - 9 = 0$

$y = 0$ stellt die x-Achse dar.

Seite 28

❐ ??? Randspalte

Da die Gerade die Parabel schneidet, jedoch keine Tangente der Parabel und auch nicht senkrecht ist, gibt es zwei Schnittpunkte und somit zwei Lösungen.

3

a)

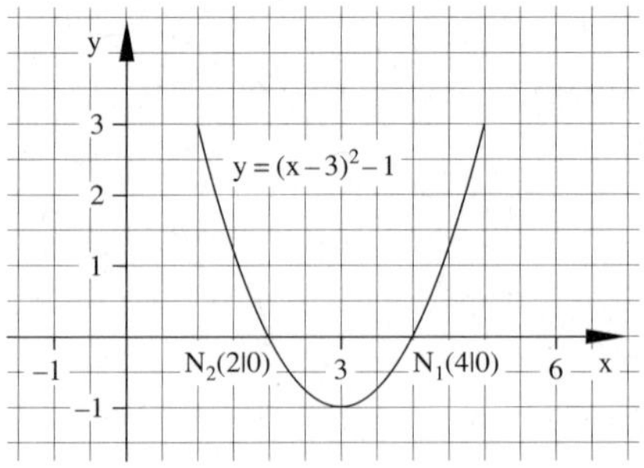

$x_1 = 4$; $x_2 = 2$

b)

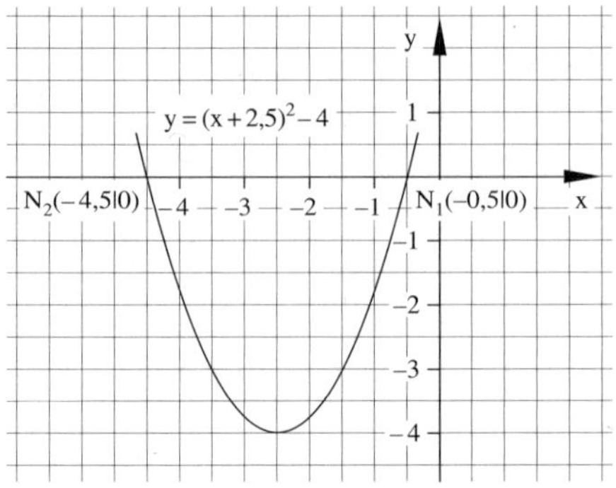

$x_1 = -0{,}5$; $x_2 = -4{,}5$

c)

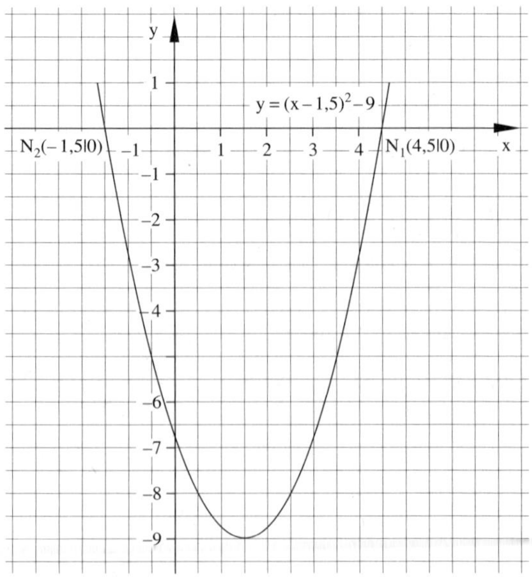

$x_1 = 4{,}5$; $x_2 = -1{,}5$

d)

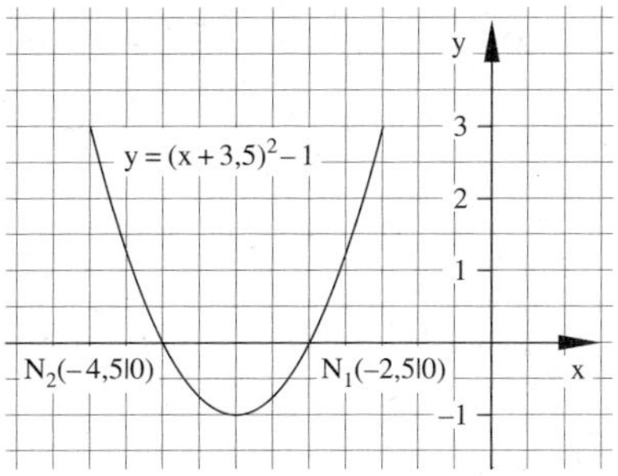

$x_1 = -2{,}5$; $x_2 = -4{,}5$

e)

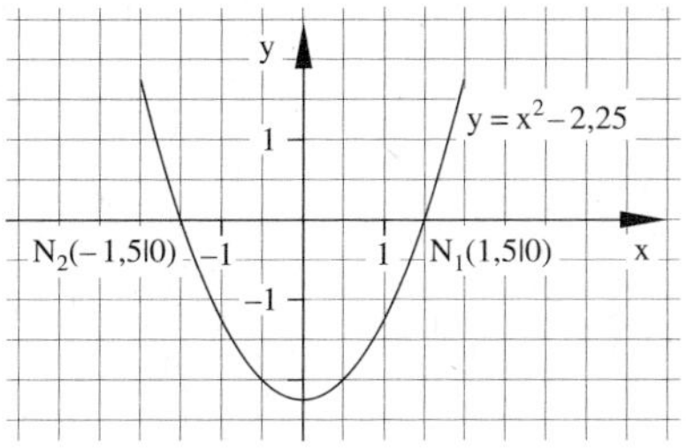

$x_1 = 1{,}5$; $x_2 = -1{,}5$

f)

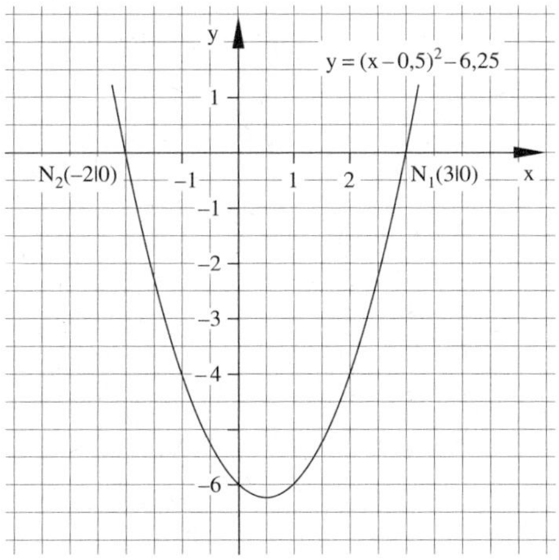

$x_1 = 3$; $x_2 = -2$

4

a)

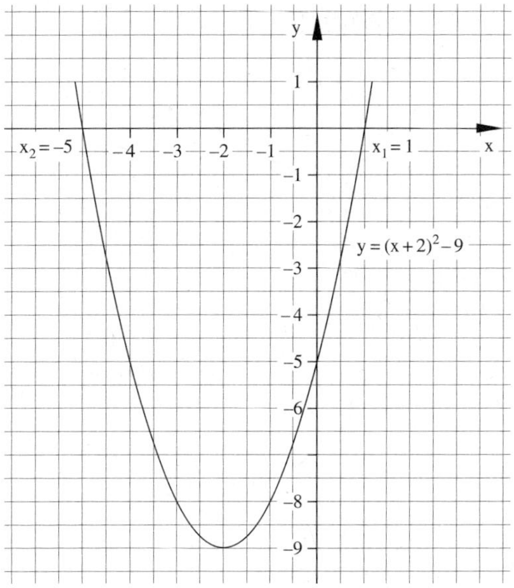

b)

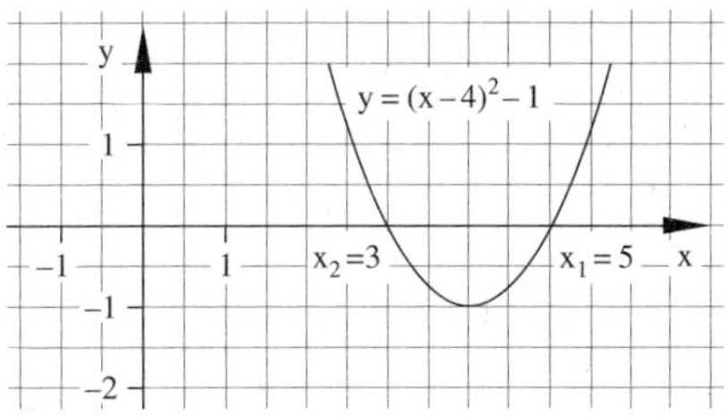

c)

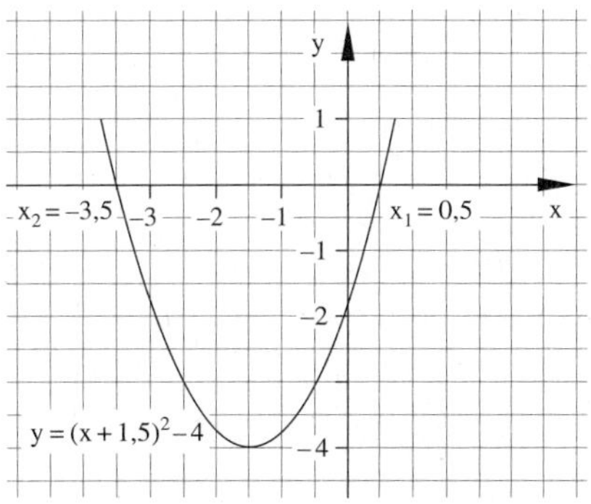

d)

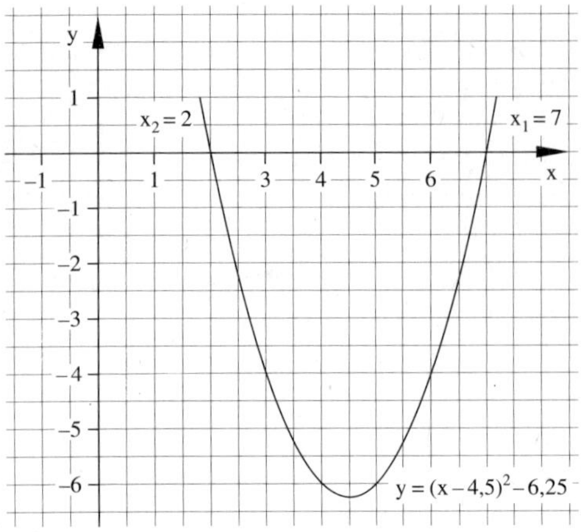

e)

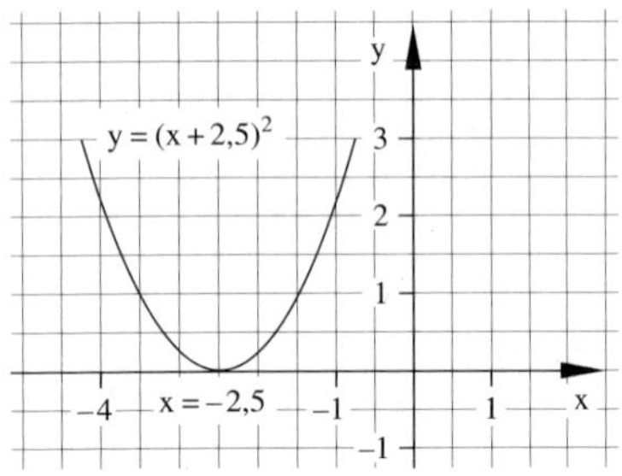

f)

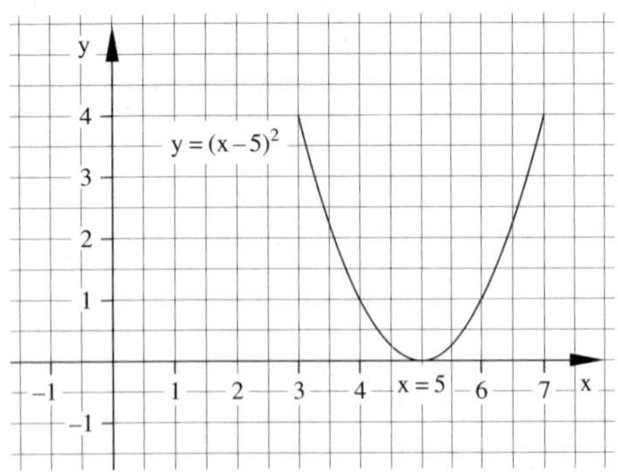

5

a)

$$x^2 + 2x - 3 = 0$$
$$x^2 + 2x + 1 - 4 = 0$$
$$(x + 1)^2 - 4 = 0$$

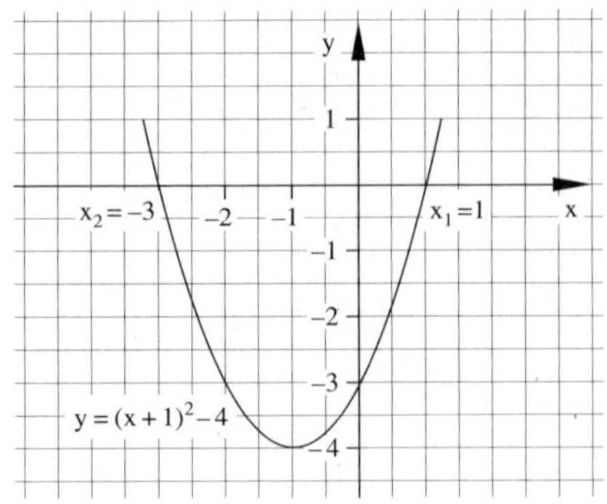

b)

$$x^2 + 2x - 8 = 0$$
$$x^2 + 2x + 1 - 9 = 0$$
$$(x + 1)^2 - 9 = 0$$

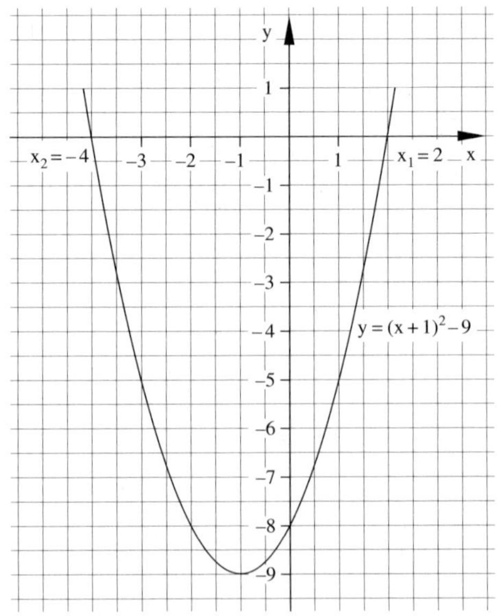

c) $6x - 1 = 4 + x^2$

$x^2 - 6x + 5 = 0$

$(x - 3)^2 - 4 = 0$

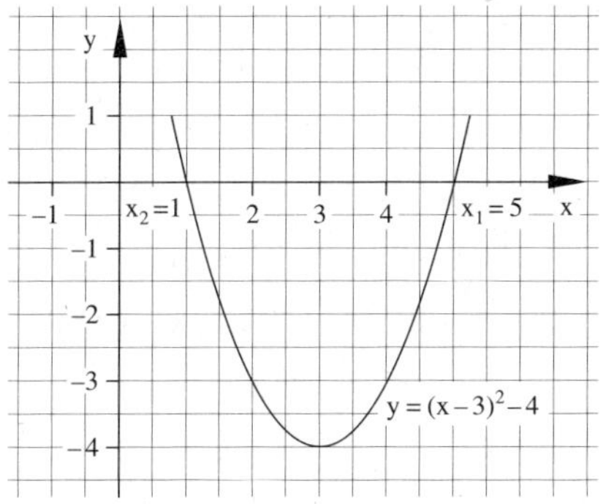

d) $4x + 1 = x^2 + 1$

$x^2 - 4x = 0$

$(x - 2)^2 - 4 = 0$

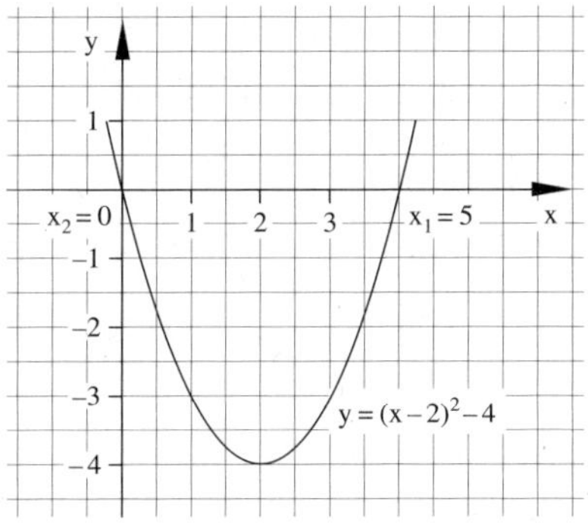

e) $x^2 - 3x + 1{,}25 = 0$

$x^2 - 3x + 2{,}25 - 1 = 0$

$(x - 1{,}5)^2 - 1 = 0$

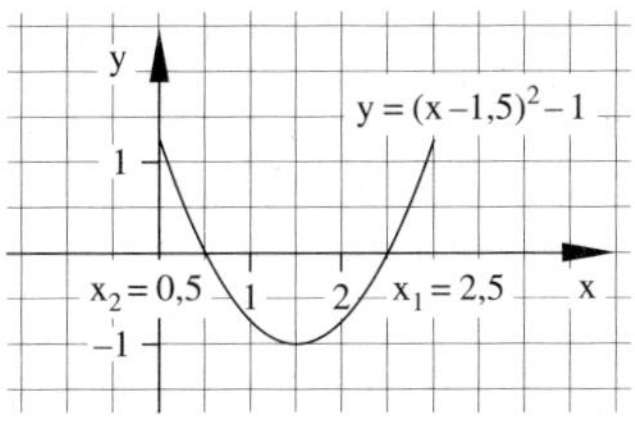

f) $x^2 = 2 - x$

$x^2 + x - 2 = 0$

$(x + 0{,}5)^2 - 2{,}25 = 0$

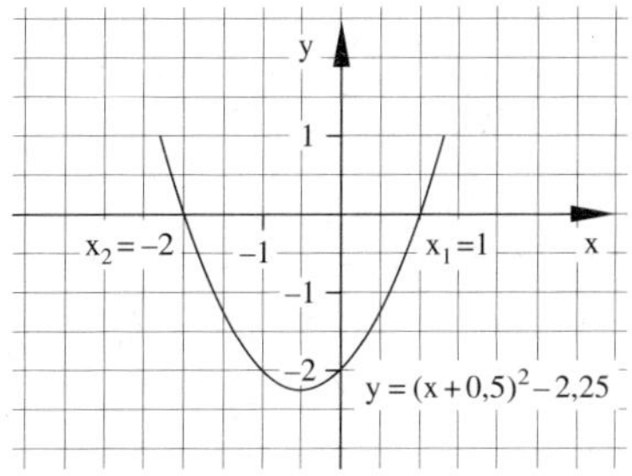

6

a) $2x^2 + 12x + 16 = 0$

$x^2 + 6x + 8 = 0$

$(x + 3)^2 - 1 = 0$

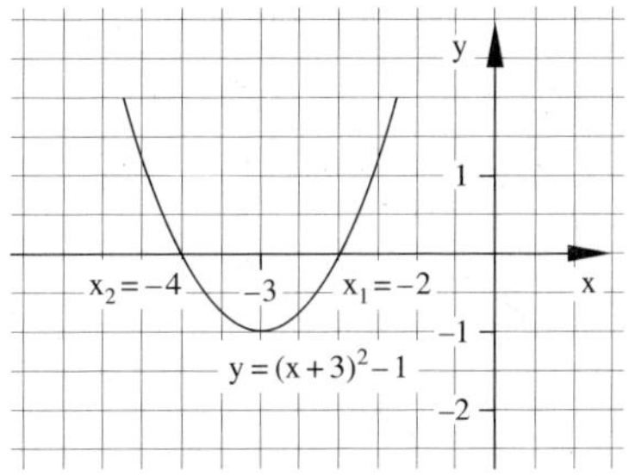

b) $3x^2 + 18x + 15 = 0$

$x^2 + 6x + 5 = 0$

$(x + 3)^2 - 4 = 0$

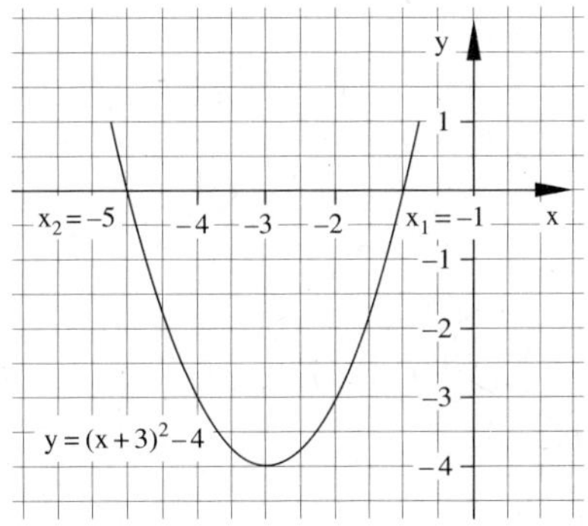

c) $4x^2 + 5 = 12x$

$x^2 - 3x + 1{,}25 = 0$

$(x - 1{,}5)^2 - 1 = 0$

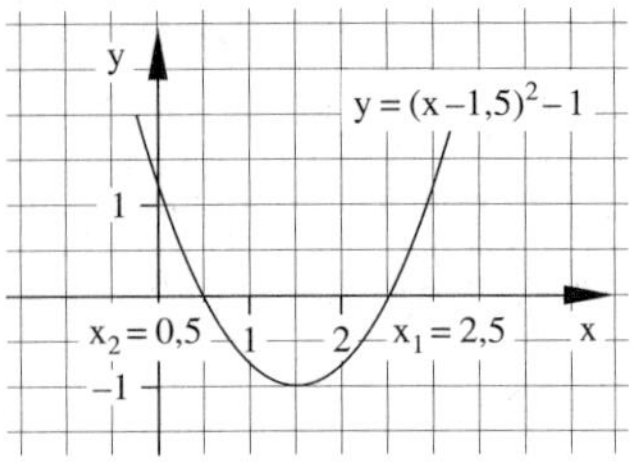

d) $7x^2 + 7x = 14$

$x^2 + x - 2 = 0$

$(x + 0{,}5)^2 - 2{,}25 = 0$

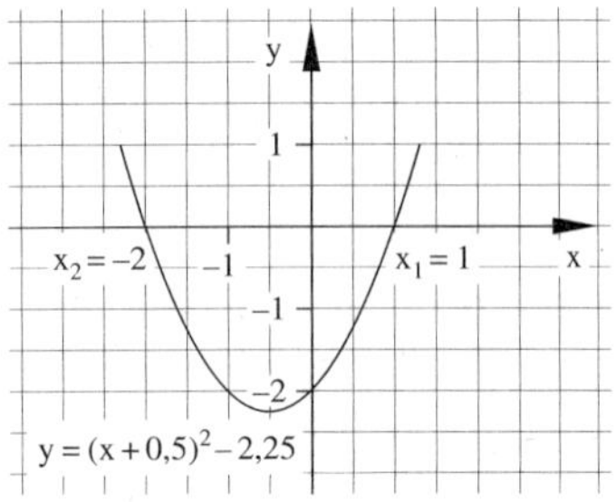

e) $\frac{1}{2}x^2 - \frac{7}{2}x + 3 = 0$

$x^2 - 7x + 6 = 0$

$(x - 3{,}5)^2 - 6{,}25 = 0$

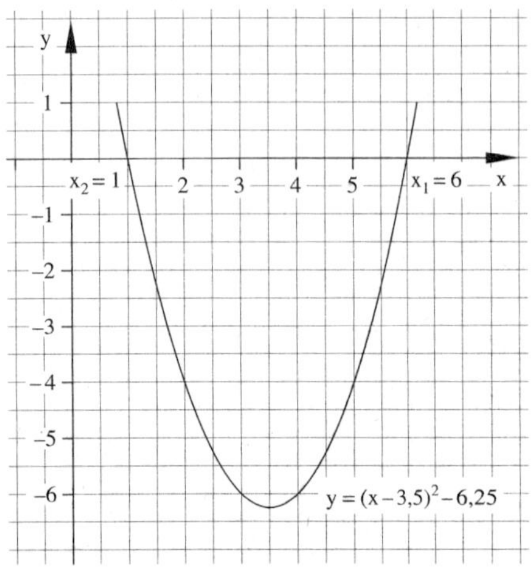

f) $x = \frac{7}{12} - \frac{1}{3}x^2$

$x^2 + 3x - \frac{7}{4} = 0$

$(x + 1{,}5)^2 - 4 = 0$

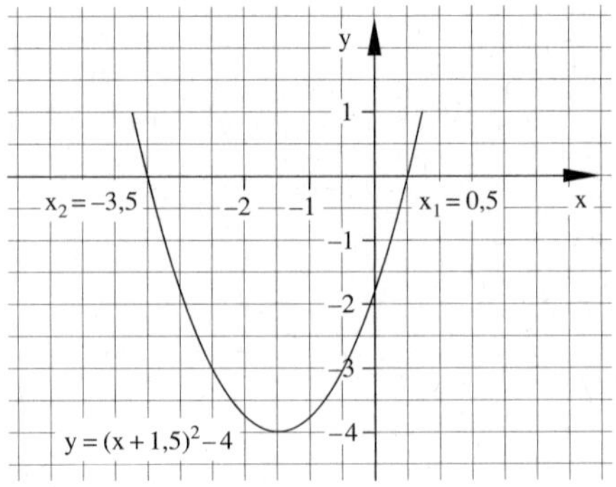

7

a)

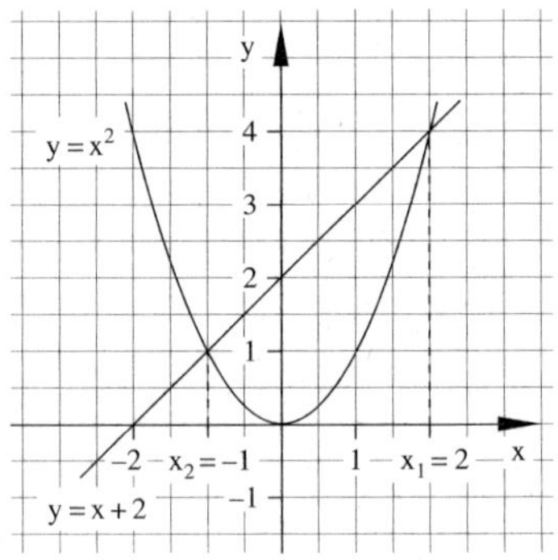

b)

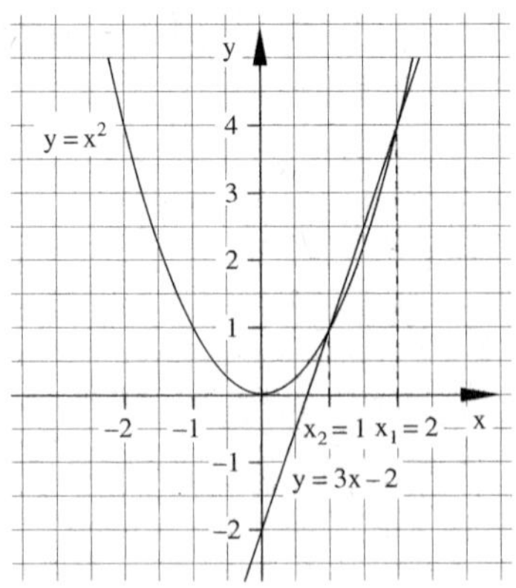

c)

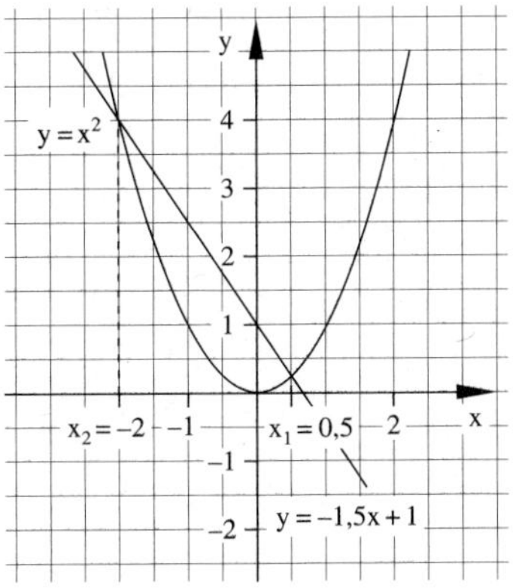

$x^2 + 1{,}5x - 1 = 0$

$x^2 = -1{,}5x + 1$

d)

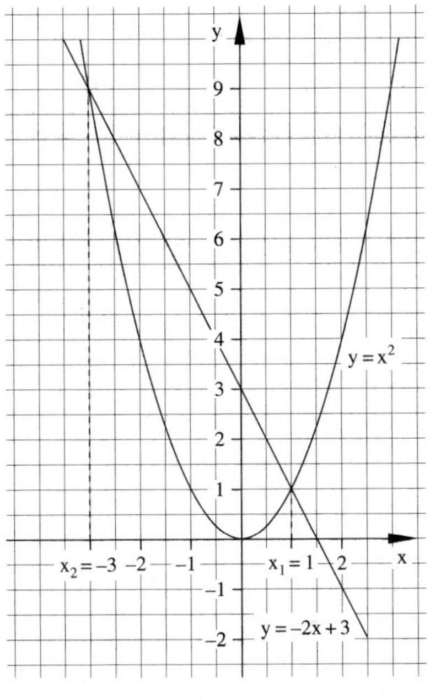

$3 - x^2 = 2x$

$x^2 = -2x + 3$

e)

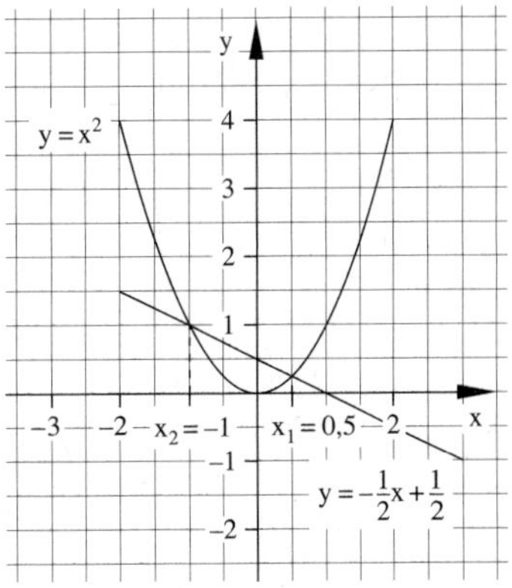

$x^2 + \frac{1}{2}x - \frac{1}{2} = 0$

$x^2 = -\frac{1}{2}x + \frac{1}{2}$

f)

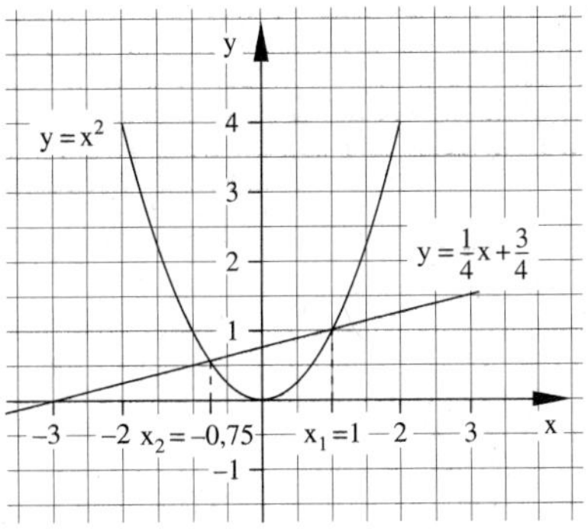

$-\frac{1}{4}x = \frac{3}{4} - x^2$

$x^2 = \frac{1}{4}x + \frac{3}{4}$

8

a) Zur Lösung dieser Gleichung bietet sich die verschobene Normalparabel an.

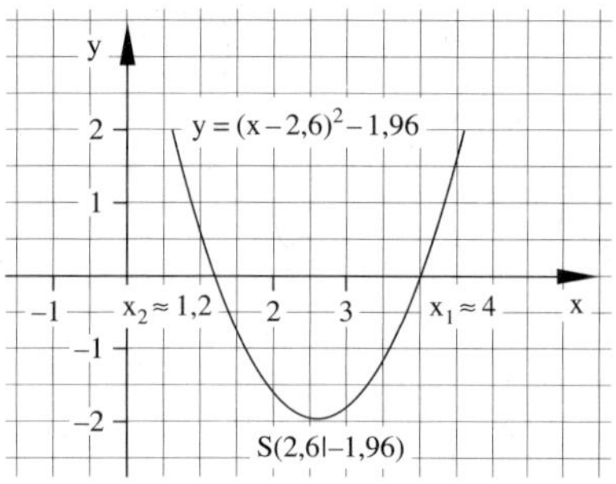

Probe für $x_1 = 4$: $4^2 - 5,2 \cdot 4 + 4,8 = 0$

$16 - 20,8 + 4,8 = 0$

$0 = 0$

Probe für $x_2 = 1,2$: $1,2^2 - 5,2 \cdot 1,2 + 4,8 = 0$

$1,44 - 6,24 + 4,8 = 0$

$0 = 0$

b) Für diese Gleichung bietet sich das Verfahren mit Gerade und Parabel an.

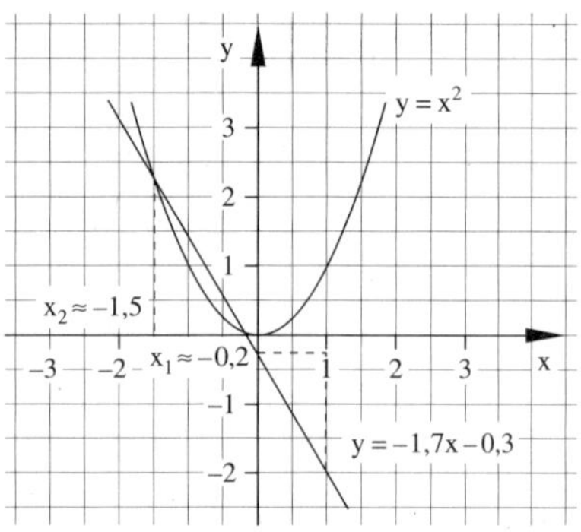

Probe für $x_1 = -0,2$: $(-0,2)^2 + 1,7 \cdot (-0,2) + 0,3 = 0$

$0,04 - 0,34 + 0,3 = 0$

$0 = 0$

Probe für $x_2 = -1,5$: $(-1,5)^2 + 1,7 \cdot (-1,5) + 0,3 = 0$

$2,25 - 2,55 + 0,3 = 0$

$0 = 0$

c) Am besten verwendet man wieder Parabel und Gerade.

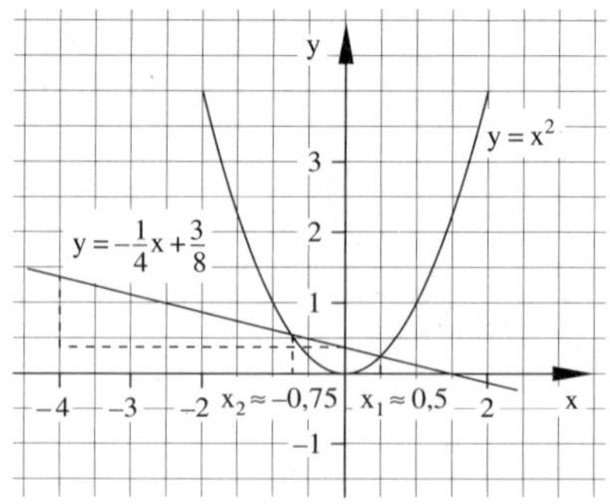

Probe für $x_1 = 0,5$: $0,5^2 + \frac{1}{4} \cdot 0,5 - \frac{3}{8} = 0$

$0,25 + 0,125 - 0,375 = 0$

$0 = 0$

Probe für $x_2 = -0,75$: $(-0,75)^2 + \frac{1}{4} \cdot (-0,75) - \frac{3}{8} = 0$

$0,5625 - 0,1875 - 0,375 = 0$

$0 = 0$

d) Auch hier lässt sich die Gleichung am ehesten mit Parabel und Gerade lösen.

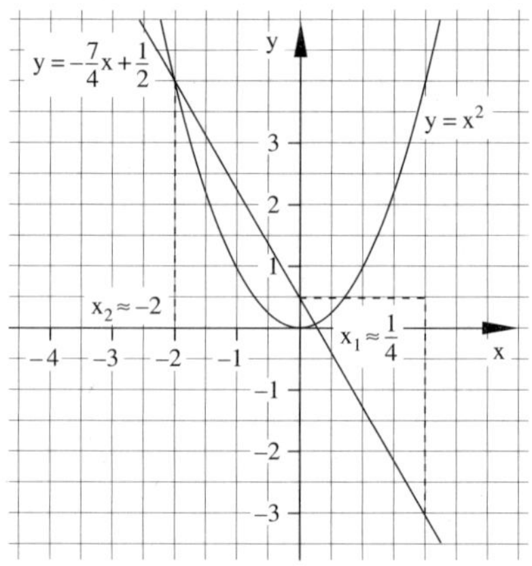

Probe für $x_1 = \frac{1}{4}$: $\left(\frac{1}{4}\right)^2 = \frac{1}{2} - \frac{7}{4} \cdot \frac{1}{4}$

$\frac{1}{16} = \frac{1}{2} - \frac{7}{16}$

$\frac{1}{16} = \frac{1}{16}$

Probe für $x_2 = -2$: $(-2)^2 = \frac{1}{2} - \frac{7}{4} \cdot (-2)$

$4 = \frac{1}{2} + \frac{7}{2}$

$4 = 4$

9

a) Die Lösungen lauten:

$x_1 = 3$

$x_2 = -1$

Das Schaubild gehört zur Funktionsgleichung $y = (x - 1)^2 - 4$.

Die quadratische Gleichung heißt also: $(x - 1)^2 - 4 = 0$.

Probe für $x_1 = 3$: $(3 - 1)^2 - 4 = 0$; $4 - 4 = 0$

Probe für $x_2 = -1$: $(-1 - 1)^2 - 4 = 0$; $4 - 4 = 0$

b) Die Lösungen lauten:

$x_1 = -1$

$x_2 = -3$

Die zugehörige quadratische Gleichung heißt: $(x + 2)^2 - 1 = 0$.

Probe für $x_1 = -1$: $(-1 + 2)^2 - 1 = 0$; $1 - 1 = 0$

Probe für $x_2 = -3$: $(-3 + 2)^2 - 1 = 0$; $1 - 1 = 0$

c) Die Lösungen lauten:

$x_1 = 2$

$x_2 = -4$

Die zugehörige quadratische Gleichung heißt: $(x + 1)^2 - 9 = 0$.

Probe für $x_1 = 2$: $(2 + 1)^2 - 9 = 0$; $9 - 9 = 0$

Probe für $x_2 = -4$: $(-4 + 1)^2 - 9 = 0$; $9 - 9 = 0$

d) Die Lösungen lauten:

$x_1 = 3{,}5$

$x_2 = -0{,}5$

Die zugehörige quadratische Gleichung heißt: $(x - 1{,}5)^2 - 4 = 0$.

Probe für $x_1 = 3{,}5$: $(3{,}5 - 1{,}5)^2 - 4 = 0$; $4 - 4 = 0$

Probe für $x_2 = -0{,}5$: $(-0{,}5 - 1{,}5)^2 - 4 = 0$; $4 - 4 = 0$

10 ✳

Da der Scheitel einer Parabel auf der Symmetrieachse der Parabel liegt, hat der x-Wert des Scheitels von beiden Lösungen dieselbe Entfernung.

Das arithmetische Mittel der Lösungen einer quadratischen Gleichung stimmt also stets mit dem x-Wert des Scheitels der zugehörigen verschobenen Normalparabel überein. Dies lässt sich mit Hilfe der Lösungsformel auch algebraisch begründen.

$$\frac{x_1 + x_2}{2} = \frac{\left(-\frac{p}{2} + \sqrt{\left(\frac{p}{2}\right)^2 - q}\right) + \left(-\frac{p}{2} - \sqrt{\left(\frac{p}{2}\right)^2 - q}\right)}{2} = \frac{-\frac{p}{2} - \frac{p}{2}}{2} = -\frac{p}{2}$$

Für die Funktionsgleichung gilt:

$y = x^2 + px + q$

$y = x^2 + px + \left(\frac{p}{2}\right)^2 + q - \left(\frac{p}{2}\right)^2$

$y = \left(x + \frac{p}{2}\right)^2 + q - \frac{p^2}{4}$

Also erhält man $S(-\frac{p}{2} | q - \frac{p^2}{4})$

6 Lösungsformel

Seite 29

1

Gleichgültig welches der beiden Verfahren zur grafischen Lösung der quadratischen Gleichung verwendet wird, in beiden Fällen lässt die Zeichenungenauigkeit keine genaue Lösung zu.

Man erhält die Funktionsgleichung $y = (x - 1)^2 - 1{,}5625$

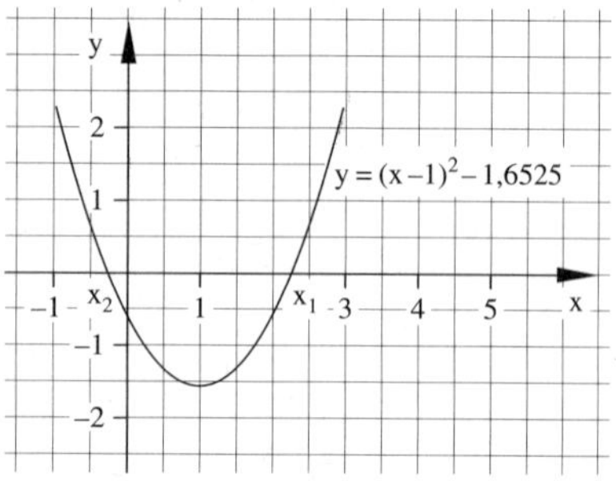

Je nach Genauigkeit der abgelesenen Werte erhält man beim Einsetzen in die Gleichung Abweichungen oder nicht.

Fazit:
Das zeichnerische Lösungsverfahren reicht nicht aus.

2

$x_1 = 10;\ x_2 = -10$
$x_1 = 6;\ x_2 = -6$
$x_1 = 4;\ x_2 = -4$
$x_1 = 8;\ x_2 = -8$
$x_1 = 3;\ x_2 = -3$

Seite 30

3

a) $L = \{7; -1\}$ b) $L = \{-1; -7\}$
c) $L = \{2; -16\}$ d) $L = \{21; -3\}$
e) $L = \{2; -1\}$ f) $L = \{-1; -2{,}6\}$
g) $L = \left\{0; -\frac{1}{2}\right\}$ h) $L = \left\{1; -\frac{1}{4}\right\}$

4

a) $L = \{3; -7\}$ b) $L = \{-3; -7\}$
c) $L = \{17; 1\}$ d) $L = \{11; 9\}$
e) $L = \{1{,}5; -4{,}5\}$ f) $L = \{1{,}1; -0{,}1\}$
g) $L = \{-0{,}8; -1{,}2\}$ h) $L = \{1{,}1; -0{,}9\}$
i) $L = \{-2; -5\}$ j) $L = \left\{\frac{25}{8}; -\frac{19}{8}\right\}$

5

a) $p = 6$, $q = 10$ b) $p = -5$, $q = 7$
c) $p = 3$, $q = -8$ d) $p = -2$, $q = -10$

6

a) $L = \{-1; -7\}$ b) $L = \{-2; -5\}$
c) $L = \{1; -3\}$ d) $L = \{8; -3\}$
e) $L = \{11; -1\}$ f) $L = \{18; 4\}$

7

a) $L = \{-5; -6\}$ b) $L = \{18; -1\}$
c) $L = \{-\frac{1}{2}; -2\}$ d) $L = \{5; 0{,}2\}$
e) $L = \{-0{,}4; -0{,}6\}$ f) $L = \{0{,}2; -0{,}1\}$

Seite 31

❐ ??? Randspalte

Für $\left(\frac{p}{2}\right)^2$ gilt: $\left(\frac{2\,000\,000}{2}\right)^2 = 1\,000\,000^2$
$= 10^{12}$

Hierfür verwendet der Taschenrechner die Exponentialdarstellung. Die Subtraktion der Zahl 1 in der Diskriminante wirkt sich beim Rechnen mit dem Taschenrechner nicht aus, da er automatisch rundet.

Für $D = 10^{12} - 1$ zeigt der Taschenrechner das Ergebnis 10^{12}.

8

a) $L = \{-1; -5\}$ b) $L = \{4; -7\}$
c) $L = \{8; -3\}$ d) $L = \{4; -2\}$
e) $L = \{10; -8\}$

9

a) $L = \{4; -13\}$ b) $L = \{5; -4\}$
c) $L = \{7; 3\}$ d) $L = \{2{,}5; -2\}$
e) $L = \{10; -7\}$

10

a) $L = \{3; -5\}$ Lösungsbuchstabe M
b) $L = \{9; -5\}$ Lösungsbuchstabe O
c) $L = \{5; -1\}$ Lösungsbuchstabe B
d) $L = \{-1; -7\}$ Lösungsbuchstabe I
e) $L = \{-3; -4\}$ Lösungsbuchstabe L
f) $L = \{3; 1\}$ Lösungsbuchstabe E

Das Lösungswort heißt M O B I L E.

11

a) $L = \{-2; -4\}$ b) $L = \{10; -5\}$
c) $L = \{6; -3\}$ d) $L = \{-1{,}5; -3\}$
e) $L = \{-1; -4\}$ f) $L = \{3; -2\}$

12

a) $x_1 \approx 0{,}53$, $x_2 \approx -6{,}93$ b) $x_1 \approx 13{,}69$, $x_2 \approx 5{,}21$
c) $x_1 \approx 7{,}32$, $x_2 \approx -0{,}57$ d) $x_1 \approx -0{,}43$, $x_2 \approx -0{,}69$

13 ✳

a) $L = \{1 + \sqrt{2}; 1 - \sqrt{2}\}$ b) $L = \{\frac{1}{3}; -\frac{2}{5}\}$
c) $L = \{\frac{1}{3}; \frac{1}{6}\}$ d) $L = \{3\sqrt{3}; -\sqrt{3}\}$

14

Das Lösungspaar $x_1 = 7$; $x_2 = 1$
gehört zur Gleichung $(x - 5)(x - 3) = 8$.

Das Lösungspaar $x_1 = 1$; $x_2 = -9$
gehört zur Gleichung $(x + 5)(x + 3) = 24$.

Das Lösungspaar $x_1 = 6$; $x_2 = -4$
gehört zur Gleichung $(x - 5)(x + 3) = 9$.

Das Lösungspaar $x_1 = 2$; $x_2 = -4$
gehört zur Gleichung $(x + 5)(x - 3) = -7$.

15 ✳

a) $L = \{3; 1\}$ b) $L = \{3; -5\}$
c) $L = \{3; -0{,}5\}$ d) $L = \{5; -1\}$
e) $L = \{5; -7\}$

16 ✳

a) $x^2 - 14x + 49 = 4x + 32$
$\Rightarrow x^2 - 18x + 17 = 0$
$L = \{17; 1\}$

b) $x^2 - 8x + 16 - 3x + 3 = 1$
$\Rightarrow x^2 - 11x + 18 = 0$
$L = \{9; 2\}$

c) $4 + 4x + x^2 - x^2 + 14x - 49 = x^2$
$\Rightarrow x^2 - 18x + 45 = 0$
$L = \{15; 3\}$

d) $25x^2 - 30x + 9 - 9x^2 + 24x - 16 = 13x^2 + 17$
$\Rightarrow x^2 - 2x - 8 = 0$
$L = \{4; -2\}$

e) $2x^2 - 4x + 14x - 28 - x^2 + 6x - 9 - 20 = 0$
$\Rightarrow x^2 + 16x - 57 = 0$
$L = \{3; -19\}$

f) $4x^2 + 20x + 25 + 9x^2 + 36x$
$+36 + x^2 - 4x + 4 = 1 - 4x + 4x^2$
$\Rightarrow x^2 + 5{,}6x + 6{,}4 = 0$
$L = \{-1{,}6; -4\}$

17 ✳

a) $x^2 + 4x + 4 - 2x^2 - x + 6x + 3 = -3$

$\Rightarrow \quad x^2 - 9x - 10 = 0$

$L = \{10; -1\}$

b) $x^2 - 3x + 3x = 12 - x$

$\Rightarrow \quad x^2 + x - 12 = 0$

$L = \{3; -4\}$

c) $25x - 3x^2 + 12x - 12 = -42 + 28x$

$\Rightarrow \quad x^2 - 3x - 10 = 0$

$L = \{5; -2\}$

d) $4x^2 - 4x + 1 - 2x^2 + 12x - 18$

$-x^2 - 6x + 2 = 0$

$\Rightarrow \quad x^2 + 2x - 15 = 0$

$L = \{3; -5\}$

18 ✳

a) $x(x - 3) = 0$ $L = \{3; 0\}$

b) $2x(x + 3) = 0$ $L = \{0; -3\}$

c) $x(x - 5) = 0$ $L = \{5; 0\}$

d) $x(2x - 1) = 0$ $L = \left\{\frac{1}{2}; 0\right\}$

e) $2x(2x + 7) = 0$ $L = \{0; -3{,}5\}$

f) $x(x + 2)(x - 2) = 0$ $L = \{2; 0; -2\}$

19 ✎

a) $\frac{1}{5}(9x^2 - 42x + 49 - 5x^2 - 50x - 125 + 16x^2 + 72x + 81)$

$= 3x^2 - 5x + 3$

$\Rightarrow x^2 + x - 2 = 0$

$L = \{1; -2\}$

b) $x^2 - x + \frac{1}{4} - \frac{1}{2}x^2 + \frac{3}{4}x - \frac{9}{32} + \frac{1}{2}x^2 - \frac{1}{2}x + \frac{3}{4}x - \frac{3}{4} = \frac{7}{32}$

$\Rightarrow x^2 - 1 = 0$

$L = \{1; -1\}$

Seite 33

❒ ??? Randspalte

Für die jeweils genannten Anforderungen gibt es mehrere Möglichkeiten.

Beispiel für 2 Lösungen:

$x^2 + (-5)x + 4 = 0$

$x^2 - 5x + 4 = 0$

$x_1 = 4$

$x_2 = 1$

Beispiel für 1 Lösung:

$x^2 - 6x + 9 = 0$

$x_1 = x_2 = 3$

Beispiel für keine Lösung:

$x^2 + (-2)x - (-7) = 0$

$x^2 - 2x + 7 = 0$

$x_{1,2} = 1 \pm \sqrt{1^2 - 7}$, also $D < 0$

20

a) $D = 5^2 - (-11) = 36$

$D > 0 \Rightarrow$ 2 Lösungen ($x_1 = 11$; $x_2 = -1$)

b) $D = (-3)^2 - 10 = -1$

$D < 0 \Rightarrow$ keine Lösung

c) $D = \left(-\frac{3}{7}\right)^2 - \frac{3}{14} = -\frac{3}{98}$

$D < 0 \Rightarrow$ keine Lösung

d) $D = \left(\frac{2}{9}\right)^2 - \frac{4}{81} = 0$

$D = 0 \Rightarrow$ 1 Lösung

21 ✳

a) $a = 4$ b) $a = -9$

c) $a = 12{,}25$ d) $a = 11$

e) $a = 27$ f) $a = 1$ oder $a = -1$

22 ✳

a) $a = 3$ oder $a = -3$
b) $a = 7$ oder $a = -7$
c) $a = 6$ oder $a = -6$
d) $a = 4$ oder $a = -4$
e) $a = 18$ oder $a = -18$
f) $a = 24$ oder $a = -24$

23 ✳

a) $k = 0$
b) $k = 0$
$k = 5$
c) $k = 1$
d) $k = 11$
$k = 5$

24 ✳

Ansatz: $x_{1,2} = -6 \pm \sqrt{6^2 - k}$

Für k lassen sich somit einsetzen:

$k = 0$
$k = 11$
$k = 20$
$k = 27$
$k = 32$
$k = 35$
$k = 36$

Alle natürlichen Zahlen, die größer als 36 sind, ergeben eine negative Diskriminante, also keine Lösung.

25 ✳ ✎

a) $L = \{-6\}$
b) $L = \{\ \}$
c) $L = \{4; -4\}$
d) $L = \{\ \}$
e) $L = \left\{1; -\frac{37}{9}\right\}$

Der Satz von Vieta

$x^2 - 4x + 3 = 0$
$x_1 = 3$
$x_2 = 1$

$x^2 - 5x + 4 = 0$
$x_1 = 4$
$x_2 = 1$

$x^2 - 6x + 5 = 0$
$x_1 = 5$
$x_2 = 1$

$x^2 - 7x + 6 = 0$
$x_1 = 6$
$x_2 = 1$

Gemäß dem Satz von Vieta erhalten wir:

$x_1 + x_2 = -p$ bzw. $x_1 \cdot x_2 = q$

Der Vieta'sche Satz lässt sich leicht zeigen.

$$x_1 + x_2 = \left(-\frac{p}{2} + \sqrt{\left(\frac{p}{2}\right)^2 - q}\right) + \left(-\frac{p}{2} - \sqrt{\left(\frac{p}{2}\right)^2 - q}\right) = -\frac{p}{2} - \frac{p}{2} = -p$$

$$x_1 \cdot x_2 = \left(-\frac{p}{2} + \sqrt{\left(\frac{p}{2}\right)^2 - q}\right) \cdot \left(-\frac{p}{2} - \sqrt{\left(\frac{p}{2}\right)^2 - q}\right) = \left(-\frac{p}{2}\right)^2 - \left(\sqrt{\left(\frac{p}{2}\right)^2 - q}\right)^2 = \frac{p^2}{4} - \left(\frac{p^2}{4} - q\right) = q$$

$-p = x_1 + x_2 = 2 + 5 = 7$
$q = x_1 \cdot x_2 = 2 \cdot 5 = 10$

Gleichung: $x^2 - 7x + 10 = 0$

$-p = x_1 + x_2 = (-2) + 5 = 3$
$q = x_1 \cdot x_2 = (-2) \cdot 5 = -10$

Gleichung: $x^2 - 3x - 10 = 0$

$-p = x_1 + x_2 = 2 + (-5) = -3$
$q = x_1 \cdot x_2 = 2 \cdot (-5) = -10$

Gleichung: $x^2 + 3x - 10 = 0$

$-p = x_1 + x_2 = (-2) + (-5) = -7$
$q = x_1 \cdot x_2 = (-2) \cdot (-5) = 10$

Gleichung: $x^2 + 7x + 10 = 0$

$-p = x_1 + x_2 = \left(\frac{1}{2} + \frac{1}{2}\sqrt{5}\right) + \left(\frac{1}{2} - \frac{1}{2}\sqrt{5}\right) = 1$

$q = x_1 \cdot x_2 = \left(\frac{1}{2} + \frac{1}{2}\sqrt{5}\right) \cdot \left(\frac{1}{2} - \frac{1}{2}\sqrt{5}\right)$

$= \left(\frac{1}{2}\right)^2 - \left(\frac{1}{2}\sqrt{5}\right)^2 = \frac{1}{4} - \frac{5}{4} - 1$

Die Gleichung heißt somit: $x^2 - x - 1 = 0$

Probe für die Gleichung $x^2 - 5x - 84 = 0$

$-p = x_1 + x_2 = 12 + (-7) = 5$

$\Rightarrow p = -5$

$q = x_1 \cdot x_2 = 12 \cdot (-7) = -84$

Probe für die Gleichung $x^2 + 15x - 100 = 0$

$-p = x_1 + x_2 = 5 + (-20) = -15$

$\Rightarrow p = 15$

$q = x_1 \cdot x_2 = 5 \cdot (-20) = -100$

Aus $x^2 + 12x + 35 = 0$ erhält man
$p = -12$ bzw. $q = 35$
Mit $35 = x_1 \cdot x_2$ und $x_1 = -7$ ergibt sich:

$35 = (-7) \cdot x_2$

$x_2 = -5$

Die zweite Lösung von $x^2 + 12x + 35 = 0$ ist somit $x_2 = -5$.

Die Zerlegung in Linearfaktoren soll von den Schülerinnen und Schülern lediglich durch Probieren gefunden werden. Eine kleine Hilfe zum Auffinden der Linearfaktoren könnte das Zerlegen des Summanden q in die möglichen Produkte sein.

a) $x^2 - 8x + 15 = 0$
$(x - 5)(x - 3) = 0$
$x_1 = 5$
$x_2 = 3$

b) $x^2 - 2x - 24 = 0$
$(x - 6)(x + 4) = 0$
$x_1 = 6$
$x_2 = -4$

c) $x^2 + 3x + 2 = 0$
$(x + 1)(x + 2) = 0$
$x_1 = -1$
$x_2 = -2$

d) $x^2 - x - 12 = 0$
$(x - 4)(x + 3) = 0$
$x_1 = 4$
$x_2 = -3$

Seite 34

Quadratische Funktionen

26

a) $N_1(5|0)$; $N_2(1|0)$

b) $N_1(4|0)$; $N_2(-2|0)$

c) $N_1(-1|0)$; $N_2(-9|0)$

d) $N_1\left(\frac{1}{2}|0\right)$; $N_2\left(-\frac{3}{2}|0\right)$

e) $N_1(-0{,}2|0)$; $N_2(-1|0)$

f) $N_1\left(\frac{3}{2}|0\right)$; $N_2(0|0)$

27

a) $x_1 = 10$, $x_2 = 4$

b) $x_1 = -3$, $x_2 = -7$

c) $x_1 = 4$, $x_2 = 3$

d) $x_1 = 7$, $x_2 = -8$

e) $x_1 = 1$, $x_2 = -\frac{3}{7}$

f) $x_1 = 0{,}1$, $x_2 = -2{,}5$

28

a) $x^2 - 5 = 2x + 3$

$\Rightarrow x^2 - 2x - 8 = 0$

$x_1 = 4$

$x_2 = -2$

Somit gilt: $y_1 = 11$, $y_2 = -1$

Schnittpunkte: $P(4|11)$; $Q(-2|-1)$

Anmerkung:
Mit $y = x^2 - 5$ und $y = 2x + 3$ ist das Schaubild schlecht zu zeichnen.
Mit der Geraden g mit $y = 2x - 2$ ist es besser; die Schnittpunkte sind dann $P(3|4)$; $Q(-1|-4)$.

b) $(x - 3)^2 = -2x + 6$

$\Rightarrow x^2 - 4x + 3 = 0$

$x_1 = 3$

$x_2 = 1$

Somit gilt: $y_1 = 0$, $y_2 = 4$

Schnittpunkte: $P(3|0)$; $Q(1|4)$

c) $x^2 + 4x + 1 = \frac{1}{2}x + 1$

$\Rightarrow x^2 + 3{,}5x = 0$

$x_1 = 0$

$x_2 = -3{,}5$

Somit gilt: $y_1 = 1$

$y_2 = -0{,}75$

Schnittpunkte: P(0|1); Q(−3,5|−0,75)

d) $x^2 - x + \frac{1}{4} = -x + \frac{1}{2}$

$\Rightarrow x^2 - \frac{1}{4} = 0$

$x_1 = \frac{1}{2}$

$x_2 = -\frac{1}{2}$

Somit gilt: $y_1 = 0$

$y_2 = 1$

Schnittpunkte: $P\left(\frac{1}{2}|0\right)$; $Q\left(-\frac{1}{2}|1\right)$

29

a) $(x + 3)^2 = 2x^2 + 2$

$\Rightarrow x^2 + 6x + 9 = 2x^2 + 2$

$\Rightarrow x^2 - 6x - 7 = 0$

$x_1 = 7$

$x_2 = -1$

Somit gilt: $y_1 = 100$

$y_2 = 4$

Schnittpunkte: P(7|100); Q(−1|4)

b) $x^2 - 2x + 4 = 3x^2$

$\Rightarrow x^2 + x - 2 = 0$

$x_1 = 1$

$x_2 = -2$

Somit gilt: $y_1 = 3$

$y_2 = 12$

Schnittpunkte: P(1|3); Q(−2|12)

c) $\left(x - \frac{1}{2}\right)^2 + 1 = \frac{1}{2}x^2 + 2{,}75$

$\Rightarrow x^2 - 2x - 3 = 0$

$x_1 = 3$

$x_2 = -1$

Somit gilt: $y_1 = 7{,}25$

$y_2 = 3{,}25$

Schnittpunkte: P(3|7,25); Q(−1|3,25)

30

a) $x^2 + 2 = x^2 - 2x + 5$

$\Rightarrow x = 1{,}5$

$y = 4{,}25$

Ein gemeinsamer Punkt: P(1,5|4,25)

b) $(x + 3)^2 - 5 = 2x^2 - 3$

$\Rightarrow x^2 - 6x - 7 = 0$

$x_1 = 7$

$x_2 = -1$

Somit gilt: $y_1 = 95$

$y_2 = -1$

Zwei gemeinsame Punkte: P(7|95); Q(−1|−1)

c) $x^2 - 4x + 3 = -x^2 + 1$

$\Rightarrow x^2 - 2x + 1 = 0$

$x_1 = x_2 = 1$

Somit gilt: $y_1 = y_2 = 0$

Ein gemeinsamer Punkt: P(1|0)

31

a) $x_1 = 4$, $x_2 = 2$

b) $x_1 = 1$, $x_2 = -5$

c) $x_1 = 1{,}5$, $x_2 = -4{,}5$

32 ✳

a) Berührbedingung: $(x - 3)^2 + 2 = 2x - 5$

$\Rightarrow x^2 - 8x + 16 = 0$

$x = 4$

Für y gilt: $y = 2 \cdot 4 - 5$

$y = 3$

Berührpunkt: T(4|3)

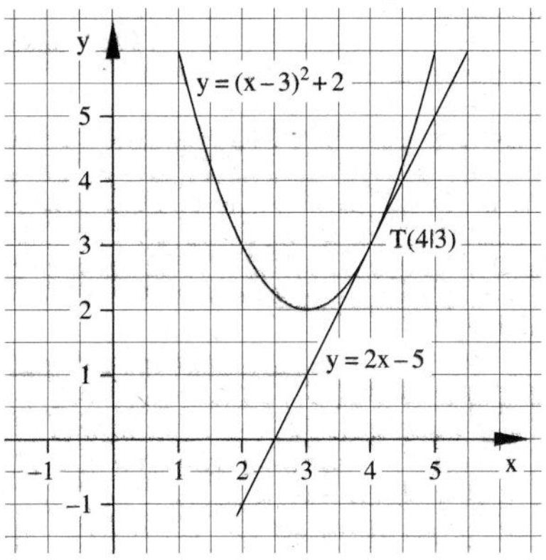

b) Berührbedingung: $(x + 2)^2 + 2 = -2x - 3$

$\Rightarrow x^2 + 6x + 9 = 0$

$x = -3$

Für y gilt: $y = -2 \cdot (-3) - 3$

$y = 3$

Berührpunkt: $T(-3|3)$

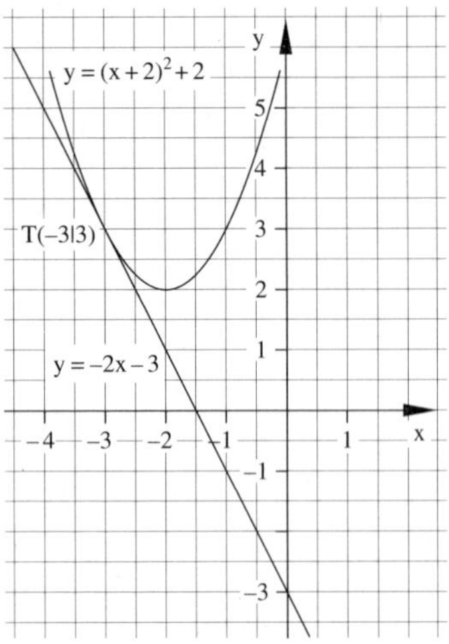

c) Berührbedingung: $(x + 1)^2 - 2 = -x - 3{,}25$

$\Rightarrow x^2 + 3x + 2{,}25 = 0$

$x = -1{,}5$

Für y gilt: $y = -(-1{,}5) - 3{,}25$

$y = -1{,}75$

Berührpunkt: $T(-1{,}5|-1{,}75)$

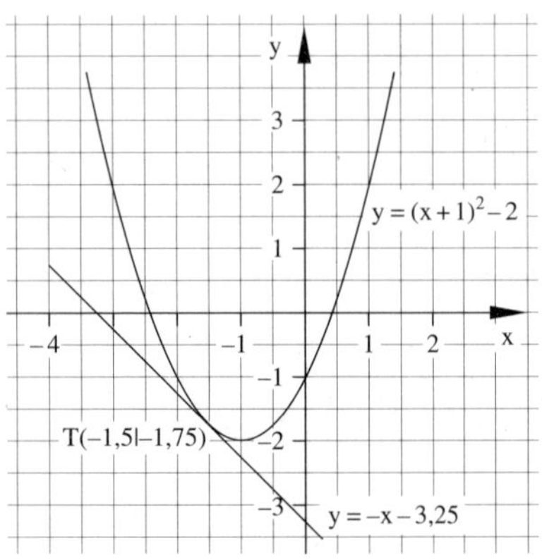

33 ✳

a) $(x - 2)^2 + 1 = x$

$\Rightarrow x^2 - 5x + 5 = 0$

$x_{1,2} = 2{,}5 \pm \sqrt{2{,}5^2 - 5}$

$D > 0 \Rightarrow$ 2 Lösungen, also zwei Schnittpunkte

b) $(x + 1)^2 + 3 = 2x + 2$

$\Rightarrow x^2 + 2 = 0$

$D < 0 \Rightarrow$ keine Lösung, also keine Schnittpunkte

c) $(x - 5)^2 - 3 = -4x + 13$

$\Rightarrow (x - 3)^2 = 0$

$D = 0 \Rightarrow$ 1 Lösung, also ein Schnittpunkt

d) $(x + 7)^2 - 9 = 0{,}5x + 14$

$\Rightarrow x^2 + 13{,}5 + 26x = 0$

$D > 0 \Rightarrow$ 2 Lösungen, also zwei Schnittpunkte

7 Bruchgleichungen

Seite 35

1

Ansatz : $x + \frac{1}{x} = 2$

$x = 1$

Die gesuchte Zahl heißt 1.

2

Anzahl der Jugendlichen: x

Ansatz : $\frac{180}{x} + \frac{30}{x-5} = 15$

$x_1 = 15$

$x_2 = 4$

Die Lösung $x_2 = 4$ muss ausscheiden, da die Anzahl der Schüler, die ein Programmheft kaufen, ansonsten negativ wäre.

Hinweis:
Es empfiehlt sich, diese Aufgabe erst im Zusammenhang mit solchen Aufgaben zu besprechen, bei denen die in der Definitionsmenge enthaltenen Lösungen diskutiert werden.

Seite 36

3

a) $D = \mathbb{R}\setminus\{0\}$
$L = \{1; -2\}$

b) $D = \mathbb{R}\setminus\{0\}$
$L = \{3; 1\}$

c) $D = \mathbb{R}\setminus\{0\}$
$L = \{3; -4\}$

d) $D = \mathbb{R}\setminus\{0\}$
$L = \{0{,}5; -2{,}5\}$

e) $D = \mathbb{R}\setminus\{0\}$
$L = \{1; -0{,}5\}$

f) $D = \mathbb{R}\setminus\{0\}$
$L = \{2; -3\}$

g) $D = \mathbb{R}\setminus\{0\}$
$L = \{7; 4\}$

h) $D = \mathbb{R}\setminus\{0\}$
$L = \{5; -13\}$

4

a) $D = \mathbb{R}\setminus\{2\}$
$L = \{3; -1\}$

b) $D = \mathbb{R}\setminus\{2\}$
$L = \{1; 0\}$

c) $D = \mathbb{R}\setminus\{5\}$
$L = \{6; -1\}$

d) $D = \mathbb{R}\setminus\{5\}$
$L = \{7; -2\}$

e) $D = \mathbb{R}\setminus\{2{,}5\}$
$L = \{2; 0{,}2\}$

f) $D = \mathbb{R}\setminus\{0{,}3\}$
$L = \{0{,}5; -0{,}2\}$

g) $D = \mathbb{R}\setminus\{3\}$
$L = \{4; 0{,}2\}$

h) $D = \mathbb{R}\setminus\{0{,}2\}$
$L = \{0{,}5; -0{,}3\}$

5

a) $D = \mathbb{R}\setminus\{2\}$
$L = \{3; -1\}$

b) $D = \mathbb{R}\setminus\{1\}$
$L = \{2; -1\}$

c) $D = \mathbb{R}\setminus\{3\}$
$L = \{5; 4\}$

d) $D = \mathbb{R}\setminus\{-2\}$
$L = \{2; 1{,}5\}$

e) $D = \mathbb{R}\setminus\{7\}$
$L = \{3; 2\}$

f) $D = \mathbb{R}\setminus\{-3\}$
$L = \{6; -2\}$

g) $D = \mathbb{R}\setminus\{4\}$
$L = \{7; 1{,}5\}$

h) $D = \mathbb{R}\setminus\left\{-\frac{1}{2}\right\}$
$L = \left\{\frac{1}{4}; -\frac{3}{2}\right\}$

Das Lösungswort heißt TRAINING.

6

a) $D = \mathbb{R}\setminus\{-1\}$
$L = \{2; 0\}$

b) $D = \mathbb{R}\setminus\{-2\}$
$L = \{3; -7\}$

c) $D = \mathbb{R}\setminus\{-3\}$
$L = \{1; -7\}$

d) $D = \mathbb{R}\setminus\{-2\}$
$L = \{4; -1\}$

e) $D = \mathbb{R}\setminus\{6\}$
$L = \{4; -9\}$

f) $D = \mathbb{R}\setminus\left\{-\frac{1}{2}\right\}$
$L = \{1\}$

7

Die Division der Gleichung mit dem Term x – 5 bedeutet eine Division durch Null. Somit entfällt die Lösung x = 5. Die Äquivalenzumformung in der 1. Zeile $|:(x - 5)$ ist unzulässig.

8

a) $D = \mathbb{R}\setminus\{0\}$
$L = \{5; -3\}$

b) $D = \mathbb{R}\setminus\{0\}$
$L = \{8; 4\}$

c) $D = \mathbb{R}\setminus\{0\}$
$L = \{2; -3\}$

d) $D = \mathbb{R}\setminus\{0\}$
$L = \{2; -2\}$

e) $D = \mathbb{R}\setminus\{0\}$
$L = \{8; -2\}$

f) $D = \mathbb{R}\setminus\{0\}$
$L = \{7; 1\}$

Seite 37

9

a) $D = \mathbb{R}\setminus\{0\}$
$L = \{4; -6\}$

b) $D = \mathbb{R}\setminus\{0\}$
$L = \{6; 3\}$

c) $D = \mathbb{R}\setminus\{0; -2\}$
$L = \{2; -1\}$

d) $D = \mathbb{R}\setminus\{1; 0\}$
$L = \{3; 2\}$

e) $D = \mathbb{R}\setminus\{-3; -3{,}5\}$
$L = \{-1; -5\}$

f) $D = \mathbb{R}\setminus\{2{,}5; 0{,}5\}$
$L = \{3; -0{,}5\}$

g) $D = \mathbb{R}\setminus\left\{\frac{7}{4}; -\frac{4}{5}\right\}$
$L = \{6; 1\}$

h) $D = \mathbb{R}\setminus\left\{\frac{1}{4}; \frac{4}{7}\right\}$
$L = \{2{,}5; 2\}$

10

a) $D = \mathbb{R}\setminus\{-1; -7\}$
$L = \{1; -4\}$

b) $D = \mathbb{R}\setminus\{-1; -4\}$
$L = \{2; -3\}$

c) $D = \mathbb{R}\setminus\{-1\}$
$L = \{3\}$; $-1 \notin D$

d) $D = \mathbb{R}\setminus\{3; -5\}$
$L = \{5; 2{,}2\}$

e) $D = \mathbb{R}\setminus\{3{,}5; 0\}$
$L = \{7; 5\}$

f) $D = \mathbb{R}\setminus\{4; -1\}$
$L = \{2; -10\}$

g) $D = \mathbb{R}\setminus\left\{-\sqrt{3}; -2\right\}$
$L = \{-1; -3\}$

h) $D = \mathbb{R}\setminus\left\{\frac{3}{2}\sqrt{2}; \frac{7}{3}\right\}$
$L = \{8; 3\}$

Das Lösungswort heißt FALLOBST.

11

a) $D = \mathbb{R}\setminus\{-1\}$
$L = \{5\}$; $-1 \notin D$

b) $D = \mathbb{R}\setminus\{-1\}$
$L = \{1; -2\}$

c) $D = \mathbb{R}\setminus\{-3\}$
$L = \left\{1; -\frac{1}{2}\right\}$

d) $D = \mathbb{R}\setminus\{-3\}$
$L = \{5; -7\}$

e) $D = \mathbb{R}\setminus\{-2\}$
$L = \{8\}$; $-2 \notin D$

12

Die 2. Lösung lautet in der Reihenfolge von oben nach unten:

$-\frac{2}{1} = -2;\ -\frac{3}{2};\ -\frac{4}{3};\ -\frac{5}{4}$

Eine Regel könnte für die 2. Lösung so aussehen:

$-\frac{n}{n-1}$

13

a) $D = \mathbb{R}\setminus\{-1; -2\}$
$x_1 \approx 3{,}70$
$x_2 \approx -2{,}70$

b) $D = \mathbb{R}\setminus\left\{-\frac{1}{3}; -2\right\}$
$x_1 \approx 7{,}07$
$x_2 \approx -0{,}07$

c) $D = \mathbb{R}\setminus\{5\}$
$x_1 \approx 9{,}69$
$x_2 \approx 0{,}31$

d) $D = \mathbb{R}\setminus\left\{-\frac{1}{2}\right\}$
$x_1 \approx 2{,}19$
$x_2 \approx -3{,}19$

14

a) $D = \mathbb{R}\setminus\left\{\frac{3}{2}; 1\right\}$
$L = \{4; 2{,}5\}$

b) $D = \mathbb{R}\setminus\{0\}$
$L = \left\{\frac{1}{2}; -\frac{5}{18}\right\}$

c) $D = \mathbb{R}\setminus\{3{,}5; 1\}$
$L = \left\{-\frac{52}{7}\right\}$; $-1 \notin D$

d) $D = \mathbb{R}\setminus\left\{-\frac{3}{4}\right\}$
$L = \left\{-\frac{1}{2} + \frac{1}{2}\sqrt{3}; -\frac{1}{2} - \frac{1}{2}\sqrt{3}\right\}$

15

a) $D = \mathbb{R}\setminus\{0\}$
$L = \{2; -2\}$

b) $D = \mathbb{R}\setminus\{0; -1\}$
$L = \{1\}$

c) $D = \mathbb{R}\setminus\left\{\frac{3}{2}\right\}$
$L = \{1; -1\}$

16

a) $D = \mathbb{R}\setminus\{3\}$
$L = \{5; -3\}$

b) $D = \mathbb{R}\setminus\{5\}$
$L = \{7; -2\}$

c) $D = \mathbb{R}\setminus\{0\}$
$L = \{4; -1\}$

d) $D = \mathbb{R}\setminus\left\{-\frac{1}{3}; -1\right\}$
$L = \{3; 1\}$

e) $D = \mathbb{R}\setminus\left\{\frac{5}{3}; 1\right\}$
$L = \{2; -1\}$

17

a) HN: 3x
$D = \mathbb{R}\setminus\{0\}$
$L = \{5; 2\}$

b) HN: 15x
$D = \mathbb{R}\setminus\{0\}$
$L = \{12; 2\}$

c) HN: 12x
$D = \mathbb{R}\setminus\{0\}$
$L = \{2{,}5; 1\}$

d) HN: 20x
$D = \mathbb{R}\setminus\{0\}$
$L = \{5{,}25; 1\}$

18 ✳

a) HN: 6(2x + 1)
$D = \mathbb{R}\setminus\left\{-\frac{1}{2}\right\}$
$L = \{2; -4\}$

b) HN: 10(x − 1)
$D = \mathbb{R}\setminus\{1\}$
$L = \{2; -0{,}5\}$

c) HN: 12(2x + 3)
$D = \mathbb{R}\setminus\left\{-\frac{3}{2}\right\}$
$L = \{1; 0{,}7\}$

d) HN: 30(x − 3)
$D = \mathbb{R}\setminus\{3\}$
$L = \left\{2; \frac{2}{15}\right\}$

Seite 38

❐ Randspalte oben

Für die Gleichung $\frac{1}{x(x-1)} + 1 = \frac{1}{x-1} - \frac{1}{x}$ gilt:

$D = \mathbb{R} \setminus \{0; 1\}$

Formt man die Bruchgleichung in die quadratische Gleichung $1 + x(x - 1) = x - (x - 1)$ um, so erhält man die Lösungen $x_1 = 1$ bzw. $x_2 = 0$, die beide nicht in der Definitionsmenge enthalten sind. Die Bruchgleichung hat somit keine Lösung.

❐ Für superstarke Rechner und Rechnerinnen! ✳ ✎

$D = \mathbb{R} \setminus \{3; -1; -2\}$
$L = \left\{1; -\frac{1}{3}\right\}$

$D = \mathbb{R} \setminus \left\{1{,}5; \frac{2}{3}; \frac{1}{4}\right\}$
$L = \{5; 1\}$

$D = \mathbb{R} \setminus \{-1; -2; -3\}$
$L = \left\{1; -\frac{5}{3}\right\}$

$D = \mathbb{R} \setminus \{4; 3; -4\}$
$L = \{10; 6\}$

19

a) $D = \mathbb{R} \setminus \{0; -3\}$
$L = \left\{\frac{9}{4}; -2\right\}$

b) $D = \mathbb{R} \setminus \{1; 0\}$
$L = \left\{3; \frac{2}{3}\right\}$

c) $D = \mathbb{R} \setminus \{0; -1\}$
$L = \{2; -3\}$

d) $D = \mathbb{R} \setminus \{1; 0\}$
$L = \left\{\frac{1}{2}; -1\right\}$

e) $D = \mathbb{R} \setminus \{5; -3\}$
$L = \{9; 1\}$

f) $D = \mathbb{R} \setminus \{5; 3\}$
$L = \left\{\frac{21}{5}; 1\right\}$

20

a) $D = \mathbb{R} \setminus \{2; -2\}$
$L = \{9; -5\}$

b) $D = \mathbb{R} \setminus \{1; -1\}$
$L = \{5; -4\}$

c) $D = \mathbb{R} \setminus \{2; -2\}$
$L = \{3; -1\}$

d) $D = \mathbb{R} \setminus \{-2\}$
$L = \{3; -1\}$

e) $D = \mathbb{R} \setminus \{3\}$
$L = \{-1\}$

f) $D = \mathbb{R} \setminus \{3\}$
$L = \left\{-\frac{1}{2}; -\frac{5}{2}\right\}$

21

a) $D = \mathbb{R} \setminus \{1; -1\}$
$L = \{0{,}5; -1{,}5\}$

b) $D = \mathbb{R} \setminus \{90; -90\}$
$L = \{100; -10\}$

c) $D = \mathbb{R} \setminus \{1; -1\}$
$L = \left\{2; -\frac{2}{3}\right\}$

d) $D = \mathbb{R} \setminus \{3; -3\}$
$L = \{7; 2\}$

e) $D = \mathbb{R} \setminus \{2{,}5; -2{,}5\}$
$L = \{9; 1\}$

22 ✳

a) HN: $8(x + 11)(x - 11)$
$D = \mathbb{R} \setminus \{11; -11\}$
$L = \{8; 3\}$

b) HN: $2(x - 5)(x + 5)$
$D = \mathbb{R} \setminus \{5; -5\}$
$L = \{6; -1\}$

c) HN: $3(x - 2)(x + 2)$
$D = \mathbb{R} \setminus \{2; -2\}$
$L = \{1; -3\}$

d) HN: $2(x + 1)^2$
$D = \mathbb{R} \setminus \{-1\}$
$L = \left\{1; -\frac{1}{3}\right\}$

23 ✳

a) HN: $3(x - 2)(x + 2)$
$D = \mathbb{R} \setminus \{2; -2\}$
$L = \{10; -6\}$

b) HN: $2x(x - 1)(x + 1)$
$D = \mathbb{R} \setminus \{1; 0; -1\}$
$L = \{2; 0{,}2\}$

c) HN: $2(3 - x)(3 + x)$
$D = \mathbb{R} \setminus \{3; -3\}$
$L = \left\{1; -\frac{20}{3}\right\}$

24 ✳

a) $D = \mathbb{R} \setminus \{-2\}$ $L = \{1; -1\}$

b) $D = \mathbb{R} \setminus \{-3\}$ $L = \{2; 0\}$

c) $D = \mathbb{R} \setminus \{-2; -4\}$ $L = \{0; -2{,}5\}$

d) $D = \mathbb{R} \setminus \left\{-\frac{8}{5}; -\frac{5}{3}\right\}$ $L = \{-2\}$

e) $D = \mathbb{R} \setminus \{1; -2\}$ $L = \left\{-\frac{1}{3}\right\}$
Lineare Gleichung nach Umformung

f) $D = \mathbb{R} \setminus \{1{,}5\}$ $L = \{2\}$

g) $D = \mathbb{R} \setminus \{3; -3\}$ $L = \{0; -7\}$

h) HN: $30(x - 3)(x + 3)$
$D = \mathbb{R} \setminus \{3; -3\}$ $L = \{4\}$
Lineare Gleichung nach Umformung

25 ✳

a) HN: $(x-2)(x+2)$
$D=\mathbb{R}\backslash\{2;-2\}$
$L=\{1{,}5\}$
$x=2\notin D$

b) HN: $2(x-4)$
$D=\mathbb{R}\backslash\{4\}$
$L=\{5\}$
$x=4\notin D$

c) HN: $x(x-5)$
$D=\mathbb{R}\backslash\{5;0\}$
$L=\{-3\}$
$x=5\notin D$

d) HN: $x(x+1)$
$D=\mathbb{R}\backslash\{0;-1\}$
$L=\{4\}$
$x=-1\notin D$

e) HN: $-(x-5)$
$D=\mathbb{R}\backslash\{5\}$
$L=\{10\}$
$x=-5\notin D$

f) HN: $(x+2)(x-2)$
$D=\mathbb{R}\backslash\{2;-2\}$
$L=\{3\}$
$x=-2\notin D$

26 ✳

a) HN: $2(x-1)$
$D=\mathbb{R}\backslash\{1\}$
$L=D$

b) HN: $(x-1)(x+1)$
$D=\mathbb{R}\backslash\{1;-1\}$
$L=D$

c) HN: $(x-5)^2$
$D=\mathbb{R}\backslash\{5\}$
$L=\{\,\}$

d) HN: $(x-3)(x-5)$
$D=\mathbb{R}\backslash\{3;5\}$
$L=D$

e) HN: $(3x-7)(3x+7)$
$D=\mathbb{R}\backslash\left\{\frac{7}{3};-\frac{7}{3}\right\}$
$L=\{\,\}$

f) HN: $(x-5)(x+5)$
$D=\mathbb{R}\backslash\{5;-5\}$
$L=D$

27 ✳

a) $a=-1$
$\Rightarrow x=1$

b) $a=-2$
$\Rightarrow x=1$

c) $a=2$
bzw. $a=-2$
$\Rightarrow x=2$
bzw. $x=-2$

d) $a=0$
bzw. $a=-16$
$\Rightarrow x=0$
bzw. $x=-4$

e) $a=-2$
$\Rightarrow x=-1$

f) $a=2$
bzw. $a=-2$
$\Rightarrow x=-1$
bzw. $x=1$

g) $a=\frac{1}{2}$
$\Rightarrow x=\frac{1}{2}$

8 Textaufgaben. Anwendungen

Seite 39

1

Die Anzahl der Affen sei x.
Somit ergibt sich folgender Ansatz:

$$\left(\frac{x}{8}\right)^2+12=x$$
$$\Rightarrow \quad x_1=48$$
$$x_2=16$$

Die Herde bestand entweder aus 48 oder aus 16 Affen.

2

Ansatz: $(x+3)(x-1)=21$
$\Rightarrow x_1=4$
$x_2=-6$ (geometrisch unbrauchbar)

Das Quadrat besitzt somit eine Seitenlänge von 4 m.

Seite 40

❒ Bumerang-Effekt

Die Gleichung $x^2+x-2=0$ hat die Lösungen $x_1=1$ bzw. $x_2=-2$.

3

Ansatz: $x^2+x=650$
$\Rightarrow x=25$

Die zweite Lösung der Gleichung $x=-26$ ist keine natürliche Zahl.

4

Ansatz: $x(x+1)=240$
$\Rightarrow x_1=15$
$x_2=-16$

Die beiden aufeinanderfolgenden ganzen Zahlen lauten 15 und 16 bzw. −16 und −15.

5

Ansatz: $(x-5)(x+2)=408$

$\Rightarrow x_1 = 22$

$x_2 = -19$

Die beiden Zahlen lauten 17 und 24 bzw. −24 und −17.

6

Ansatz: $x^2 + (x+12)^2 = 794$

$\Rightarrow x_1 = 13$

$x_2 = -25$

Die beiden Zahlen lauten 13 und 25 bzw. −13 und −25.

7

Ansatz: $x^2 - 40 = 6x$

$\Rightarrow x_1 = 10$

$x_2 = -4$

Die Zahlen lauten 10 bzw. −4.

8

Ansatz: $(100-x)(100+x) = 375x$

$\Rightarrow x_1 = 25$

$x_2 = -400$

Die Zahlen lauten 75 und 125.

9

Ansatz: $(x+5)\left(\frac{18}{x}+5\right) = 98$

$\Rightarrow x_1 = 9$

$x_2 = 2$

Die beiden Zahlen lauten 9 und 2.
Weitere Lösung: −9 und −2.

10

Ansatz: $x \cdot (x-7) = 198$

$\Rightarrow x_1 = 18$

$x_2 = 11$

Die Zahlen heißen 18 und 11.
Weitere Lösung: −18 und −11.

11

Ansatz: $x \cdot (x-18) = 144$

$\Rightarrow x_1 = 24$

$x_2 = -6$

Die Zahlen heißen 24 und 6 bzw. −24 und −6.

12

Ansatz: $(x+8) \cdot \frac{x}{3} = x^2 - 8$

$\Rightarrow x_1 = 6$

$x_2 = -2$

Die natürliche Zahl heißt 6.

13

Ansatz: $x + \frac{1}{x} = \frac{65}{28}$

$\Rightarrow x_1 = \frac{7}{4}$

$x_2 = \frac{4}{7}$

Die Zahl heißt $\frac{7}{4}$ bzw. $\frac{4}{7}$.

14

Ansatz: $\frac{x}{x-2} = \frac{x}{2}$

$\Rightarrow x_1 = 0$

$x_2 = 4$

Die Zahl heißt 0 bzw. 4.

15

Ansatz: $x + \frac{1}{x} = \frac{x}{2} + \frac{11}{6}$

$\Rightarrow x_1 = 3$

$x_2 = 1{,}5$ (keine natürliche Zahl)

Die Zahl heißt 3.

16

Ansatz: $\frac{x+1}{x} + \frac{x}{x+1} = \frac{13}{6}$

$\Rightarrow x_1 = 2$

$x_2 = -3$

Der Bruch lautet $\frac{3}{2}$ bzw. $\frac{2}{3}$.

17

Ansatz: x sei die Zehnerziffer
y die Einerziffer
Quersumme: $x + y = 17$
Produkt: $x \cdot y = x \cdot (17 - x)$

Somit gilt: $x \cdot (17 - x) = 72$

$\Rightarrow x_1 = 9$

$x_2 = 8$

Die zweiziffrige Zahl lautet 98 bzw. 89.

18

Ansatz: Zehnerziffer sei x
Einerziffer sei y
Quersumme: $x + y = 9$

Somit gilt: $(10x + y) \cdot (10y + x) = 1\,944$

$\Rightarrow (10x + 9 - x) \cdot (10 \cdot (9 - x) + x) = 1\,944$

$\Rightarrow x_1 = 7$

$x_2 = 2$

Die zweistellige Zahl heißt 72 bzw. 27.

19

Ansatz: Zehnerziffer sei x
Einerziffer sei y
Quersumme: $x + y = 10$

Somit gilt: $\frac{10x + y}{x} = \frac{10x + y}{2}$

$\Rightarrow x_1 = 2$

$x_2 = -\frac{10}{9}$ (keine natürliche Zahl)

Die zweiziffrige Zahl lautet 28.

20

Ansatz: Zehnerziffer sei x
Einerziffer sei y
Quersumme: $x + y = 6$

Somit gilt: $(10x + y) \cdot 3x = 24(x + y)$

$\Rightarrow (10x + 6 - x) \cdot 3x = 24(x + 6 - x)$

$\Rightarrow x_1 = 2$

$x_2 = -\frac{8}{3} \notin \mathbb{N}$

Die zweiziffrige Zahl lautet 24.

Seite 41

❐ Strahlensatz mit x

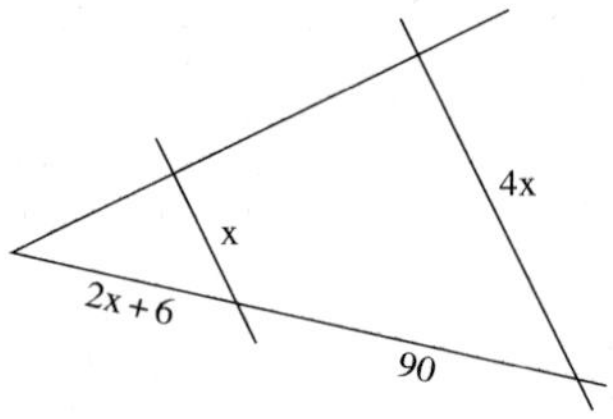

$\frac{x}{2x + 6} = \frac{4x}{2x + 6 + 90}$

$\Rightarrow x_1 = 0$ (geometrisch unbrauchbar)

$x_2 = 12$

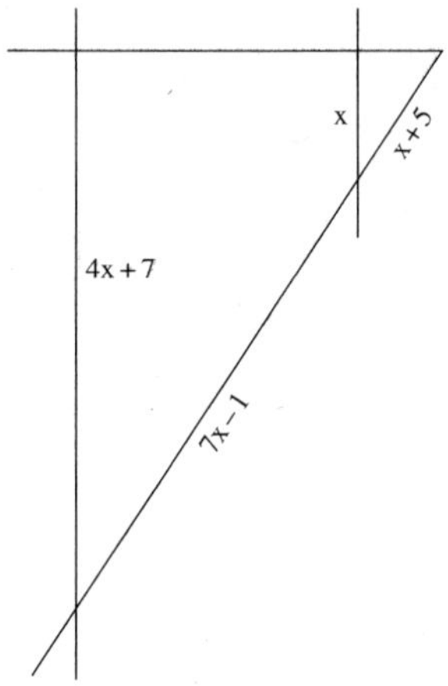

$\frac{x}{x + 5} = \frac{4x + 7}{7x - 1 + x + 5}$

$\Rightarrow x_1 = 7$

$x_2 = -\frac{10}{8}$ (geometrisch unbrauchbar)

21

Ansatz: $\frac{x \cdot (x - 1)}{2} = 36$

$\Rightarrow x_1 = 9$

$x_2 = -8$ (geometrisch unbrauchbar)

Die Höhe beträgt 8 cm

22

Ansatz: $x \cdot (x + 6) = 1216$

$\Rightarrow \quad x_1 = 32$

$x_2 = -38$ (geometrisch unbrauchbar)

Die Rechteckseiten sind 32 cm und 38 cm lang.

23

Ansatz: $2\left(a + \frac{1050}{a}\right) = 134$

$\Rightarrow \quad a_1 = 42$

$a_2 = 25$

Die Rechteckseiten sind 42 cm und 25 cm lang.

24

Ansatz: $a \cdot (a - 18) = 144$

$\Rightarrow \quad a_1 = 24$

$a_2 = -6$ (geometrisch unbrauchbar)

Länge: 24 cm
Breite: 6 cm
Umfang: 60 cm

25 *

a) Ansatz: $\frac{a+20}{2} \cdot a = 112$

$\Rightarrow \quad a_1 = 8$

$a_2 = -28$ (geometrisch unbrauchbar)

Schenkellänge: $b = \sqrt{8^2 + \left(\frac{20-8}{2}\right)^2} = 10$

Der Umfang beträgt 48 cm.

b) Ansatz: $\frac{a+6}{2} \cdot \frac{a}{2} + \frac{\left(\frac{a}{\sqrt{2}}\right)^2}{2} = 65$

$\Rightarrow \quad a_1 = 10$

$a_2 = -13$ (geom. unbr.)

Schenkellänge: $b = 5{,}4$ cm

Umfang: $u = 2 \cdot 7{,}1 \text{ cm} + 2 \cdot 5{,}4 \text{ cm} + 6 \text{ cm} = 31 \text{ cm}$

26

Ansatz: $x^2 + (x - 1{,}5)^2 = 7{,}5^2$

$\Rightarrow \quad x_1 = 6$

$x_2 = -4{,}5$ (geom. unbrauchbar)

Umfang: $u = 18$ m

Flächeninhalt: $A = 13{,}5 \text{ m}^2$

27

Ansatz: Hypotenuse sei $(x + 1)$

1. Kathete sei x
2. Kathete sei $90 - x - (x + 1) = 89 - 2x$

Somit gilt: $x^2 + (89 - 2x)^2 = (x + 1)^2$

$\Rightarrow \quad x_1 = 40$

$x_2 = 49{,}5$

Die Lösung $x_2 = 49{,}5$ scheidet aus, da die Kathetenlänge $89 - 2x$ sonst negativ wäre.

Die Dreiecksseiten messen 9 cm, 40 cm und 41 cm.

28

Ansatz: $(x + 1)^3 = x^3 + 127$

$\Rightarrow \quad x_1 = 6$

$x_2 = -7$ (geometrisch unbrauchbar)

Die ursprüngliche Kante beträgt 6 cm.

29

a) Ansatz: $(x + 5)^2 + x^2 = 25^2$

$\Rightarrow \quad x_1 = 15$

$x_2 = -20$ (geom. unbrauchbar)

Umfang: $u = 20 \text{ cm} + 15 \text{ cm} + \frac{\pi \cdot 25}{2} \text{ cm} = 74{,}3 \text{ cm}$

Flächeninhalt: $A = \frac{15 \cdot 20}{2} \text{ cm}^2 + \frac{\pi \cdot 12{,}5^2}{2} \text{ cm}^2 = 395{,}4 \text{ cm}^2$

b) Ansatz: $(x - 5)^2 + (x - 4)^2 = (x + 4)^2$

$\Rightarrow \quad x_1 = 25$

$x_2 = 1$

Die Lösung $x_2 = 1$ scheidet aus, da beide Katheten ein negatives Maß hätten.

Umfang:

$u = \frac{\pi \cdot 21}{2} \text{ cm} + \frac{\pi \cdot 20}{2} \text{ cm} + \frac{\pi \cdot 29}{2} \text{ cm} = 110 \text{ cm}$

Flächeninhalt:

$A = \frac{\pi \cdot 10{,}5^2}{2} \text{ cm}^2 + \frac{\pi \cdot 10^2}{2} \text{ cm}^2 + \frac{\pi \cdot 14{,}5^2}{2} \text{ cm}^2 + \frac{21 \cdot 20^2}{2} \text{ cm}^2$
$= 870{,}5 \text{ cm}^2$

c) Ansatz: $(21 - x)^2 + x^2 = 15^2$

$\Rightarrow \quad x_1 = 12$

$x_2 = 9$

Umfang für x = 12 cm:

$u = 21\,\text{cm} + 15\,\text{cm} + \frac{\pi \cdot 12}{2}\,\text{cm} = 54{,}8\,\text{cm}$

Umfang für x = 9 cm:

$u = 21\,\text{cm} + 15\,\text{cm} + \frac{\pi \cdot 9}{2}\,\text{cm} = 50{,}1\,\text{cm}$

Flächeninhalt für x = 12 cm:

$A = \frac{9 \cdot 12}{2}\,\text{cm}^2 + \frac{\pi \cdot 12^2}{4}\,\text{cm}^2 = 167{,}1\,\text{cm}^2$

Flächeninhalt für x = 9 cm:

$A = \frac{12 \cdot 9}{2}\,\text{cm}^2 + \frac{\pi \cdot 9^2}{4}\,\text{cm}^2 = 117{,}6\,\text{cm}^2$

30

Ansatz: $2x^2 + 4 \cdot x \cdot (+5) = 336$

$\Rightarrow \quad x_1 = 6$

$x_2 = -\frac{28}{3}$ (geom. unbrauchbar)

Volumen: $V = (6^2 \cdot 11)\,\text{cm}^3 = 396\,\text{cm}^3$

31

a) x = 5 cm ($x_2 = -3$ geometrisch unbrauchbar)
u = 30 cm
$A = 30\,\text{cm}^2$

b) x = 10 cm ($x_2 = 0$ geometrisch unbrauchbar)
u = 60 cm
$A = 120\,\text{cm}^2$

c) Ansatz: $x^2 + (x + 1)^2 = (x + 2)^2$

$\Rightarrow \quad x_1 = 3\,\text{cm}$

$x_2 = -1$ (geom. unbrauchbar)

u = 32 cm
$A = 42{,}4\,\text{cm}^2$

d) x = 9 cm ($x_2 = -3$ geometrisch unbrauchbar)
u = 84 cm
$A = 324\,\text{cm}^2$

Korrektur im Schülerbuch:
c) Die Länge x fehlt.

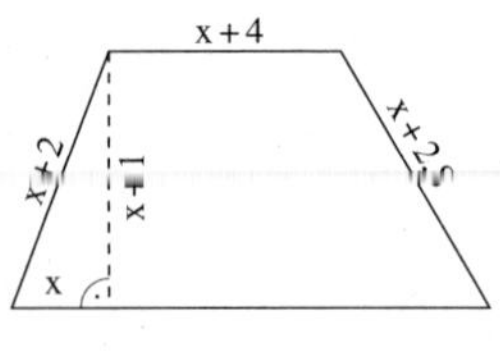

32

Ansatz: $a \cdot b \cdot h = 30e^3$

Mit a = 5e gilt: $h = \frac{6e^2}{b}$

Mit der Oberflächenformel erhält man:

$62e^2 = 2 \cdot \left(5e \cdot b + 5e \cdot \frac{6e^2}{b} + b \cdot \frac{6e^2}{b}\right)$

$\Rightarrow b_1 = 3e; \quad h_1 = 2e$

$b_2 = 2e; \quad h_2 = 3e$

Seite 42

Aus der Geschichte

33

Ansatz: $\left(\frac{x}{5} - 3\right)^2 + 1 = x$

$\Rightarrow \quad x_1 = 50$

$x_2 = 5$

Die Lösung $x_2 = 5$ scheidet aus, da sonst gilt: $\frac{x}{5} - 3 < 0$.
Die Herde umfasst 50 Affen.

34

a) Ansatz: $x^2 + x = \frac{3}{4}$

$\Rightarrow \quad x_1 = \frac{1}{2}$

$x_2 = -\frac{3}{2}$ (geom. unbrauchbar)

b) Ansatz: $x^2 - x = 870$

$\Rightarrow \quad x_1 = 30$

$x_2 = -29$ (geom. unbrauchbar)

c) Ansatz: $x^2 + \frac{2}{3}x = \frac{35}{60}$

$\Rightarrow \quad x_1 = \frac{1}{2}$

$x_2 = -\frac{7}{6}$ (geom. unbrauchbar)

d) Ansatz: $11x^2 + 7x = 6\frac{1}{4}$

$\Rightarrow \quad x_1 = \frac{1}{2}$

$x_2 = -\frac{25}{22}$ (geom. unbrauchbar)

35

Ansatz: $x^2 = (x-2)^2 + (x-4)^2$

$\Rightarrow x_1 = 10$

$x_2 = 2$

Die Lösung $x_2 = 2$ scheidet aus, da sonst gilt: $x - 4 < 0$.
Die Tür ist 8 Fuß hoch und 6 Fuß breit.

36

Ansatz: $\left(\frac{x}{3}+1\right)\left(\frac{x}{4}+1\right) = 20$

$\Rightarrow x_1 = 12$

$x_2 = -19 \ (x_2 < 0)$

Das Vermögen beträgt 12 Dirhem.

37

Ansatz: $\left(x - \frac{1}{3}x - \frac{1}{4}x - 4\right)^2 = x + 12$

$\Rightarrow x_1 = 24$

$x_2 = \frac{24}{25}$

Die Lösung $x_2 = \frac{24}{25}$ scheidet aus, da sonst gilt:
$x - \frac{1}{3}x - \frac{1}{4} - 4 < 0$.
Das Vermögen beträgt 24 Dirhem.

38

Ansatz: $\frac{x}{16} + \left(\frac{\frac{15}{16}x}{9}\right)^2 + 20 = x$

$\Rightarrow x_1 = 48$

$x_2 = 38{,}4 \ (x_2 \notin \mathbb{N})$

Die Pfauenherde umfasst 48 Pfauen.

39

Ansatz: $\frac{\frac{x}{2}}{20} = \frac{1\,775}{20+x+14}$

$\Rightarrow x^2 + 34x + 71\,000 = 0$

$\Rightarrow x_1 = 250$

$x_2 = -284 \ (x_2 < 0)$

Die Quadratseite misst 250 bu.

Seite 43

Verschiedenes

40

Ansatz: $\frac{1}{x} + \frac{1}{x+5} = \frac{1}{6}$

$\Rightarrow x_1 = 10$

$x_2 = -3 \ (x_2 < 0)$

1. Pumpe: 10 Stunden
2. Pumpe: 15 Stunden

41

Ansatz: $\frac{1}{x} + \frac{1}{x+7} + \frac{1}{2x} = \frac{1}{15}$

$\Rightarrow x_1 = 35$

$x_2 = -4{,}5 \ (x_2 < 0)$

1. Pumpe: 35 Stunden
2. Pumpe: 42 Stunden
3. Pumpe: 70 Stunden

42

Ansatz: $\frac{1}{2}n + (n-1) = 28$

$\Rightarrow n_1 = 8$

$n_2 = -7 \ (n_2 < -7)$

Es sind 8 Gruppen.

43

a) Für n = 10: Summe 55
Für n = 25: Summe 325

b) $\frac{n(n+1)}{2} = 5\,050$

$\Rightarrow n_1 = 100$

$n_2 = -101 \ (n_2 < 0)$

44

Ansatz: $\frac{500}{x} = \frac{500}{x-60} - 2{,}5$

$\Rightarrow x_1 = 143{,}6$

$x_2 = -83{,}6 \ (x_2 < 0)$

Der ICE fährt mit ca. 143,6 km/h.

45

Ansatz: $\frac{90}{x} = \frac{90}{x-3} - 1{,}5$

$\Rightarrow x_1 = 15$

$x_2 = -12 \; (x_2 < 0)$

Corinna: 15 km/h
Julia: 12 km/h

46

Ansatz: $\frac{14\,400}{x+7} + \frac{1\,600}{x} = 1\,520$

$\Rightarrow x_1 = 5$

$x_2 = -\frac{28}{19} \; (x_2 < 0)$

Jugendliche: 5 DM
Erwachsene: 12 DM

9 Vermischte Aufgaben

Seite 44

1

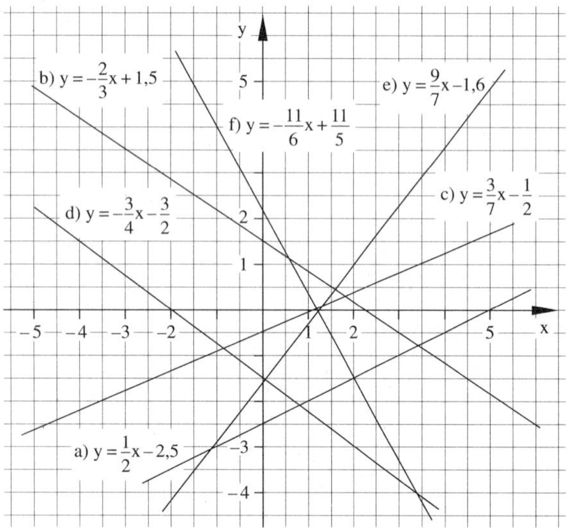

2

a) P(1|1) b) P(−1|1)

c) P(−3|−2) d) P(3|−2)

Man erhält ein gleichschenkliges Trapez.

3

a) $x = 1{,}5$, $y = 1$ b) $x = -3$, $y = -0{,}5$

c) $x = -2$, $y = 5$ d) $x = 4$, $y = -1$

e) $x = 3$, $y = -3$ f) $x = 9$, $y = 10$

4

Es bestehen folgende Zuordnungen:

Parabel ①	$\Rightarrow$	$y = x^2 - 3x + 3{,}75$	S
Parabel ②	$\Rightarrow$	$y = x^2 + 2x - \frac{1}{2}$	U
Parabel ③	$\Rightarrow$	$y = x^2 - 2x - 2$	E
Parabel ④	$\Rightarrow$	$y = x^2 + 8x + 18$	D
Parabel ⑤	$\Rightarrow$	$y = x^2 + 6x + 5$	E
Parabel ⑥	$\Rightarrow$	$y = x^2 + 2x + 4{,}5$	N

Der Parabelschwarm fliegt nach S U E D E N.

5

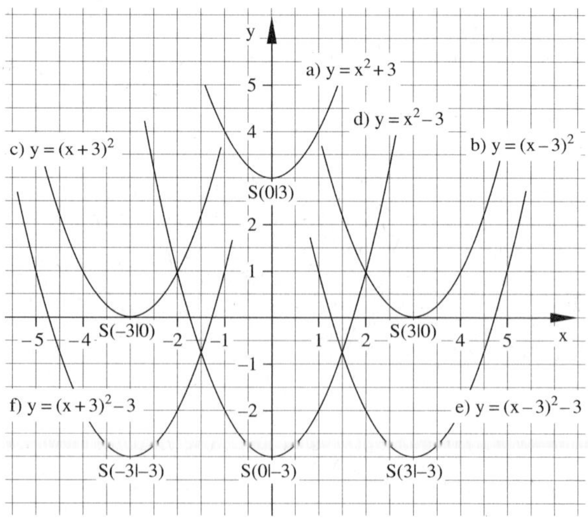

6

a) S(−2,5|−3,5)

b) S(−5|−39)

c) S(1,5|−0,25)

7

a) Quadrat

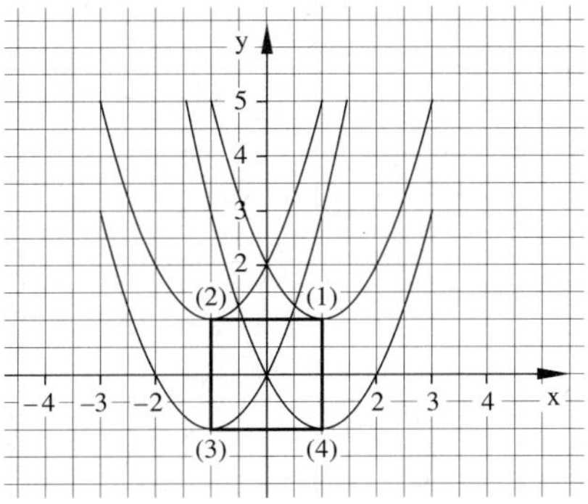

b) symmetrisches Drachenviereck

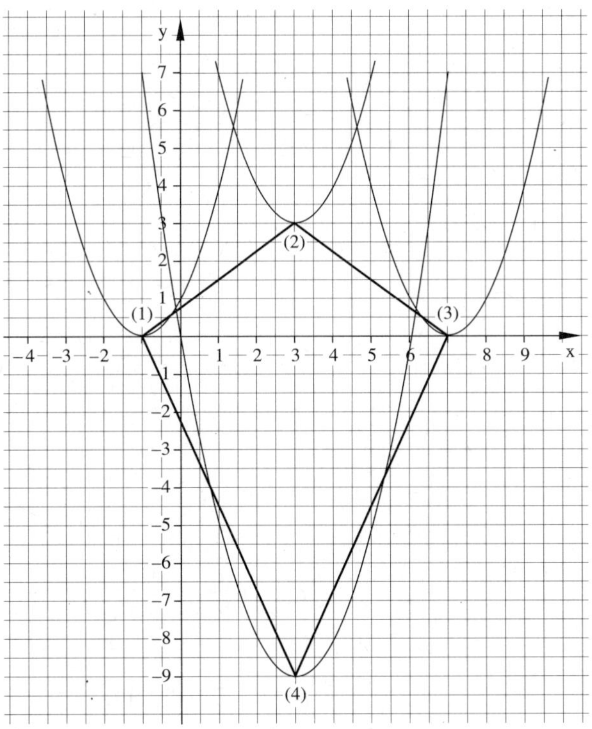

8

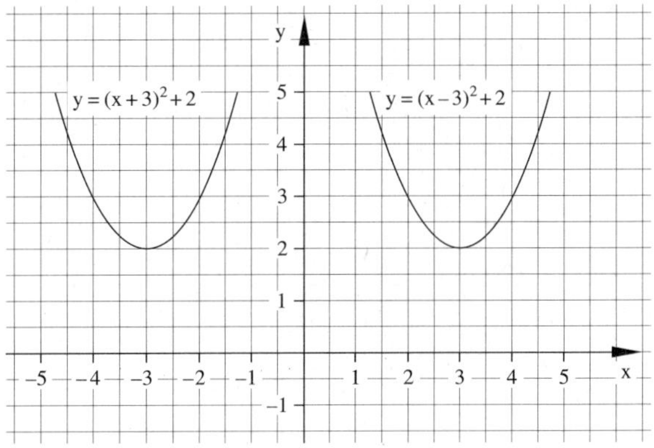

Wo ist der Scheitel?

Parabelschar $y = (x - a)^2 + a$

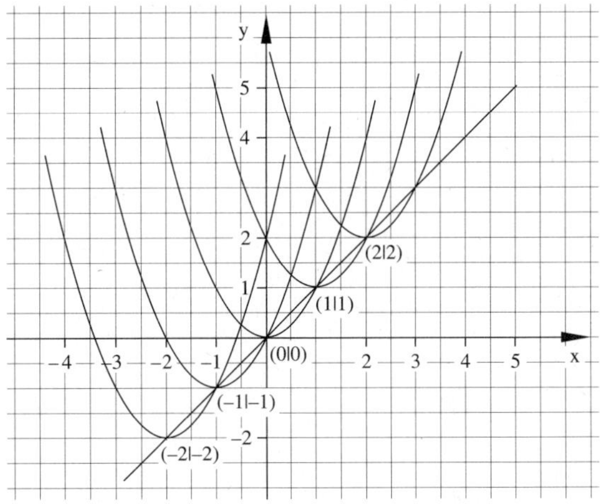

Die Scheitelpunkte liegen auf der Winkelhalbierenden $y = x$

Parabelschar $y = (x - a)^2 + a^2$

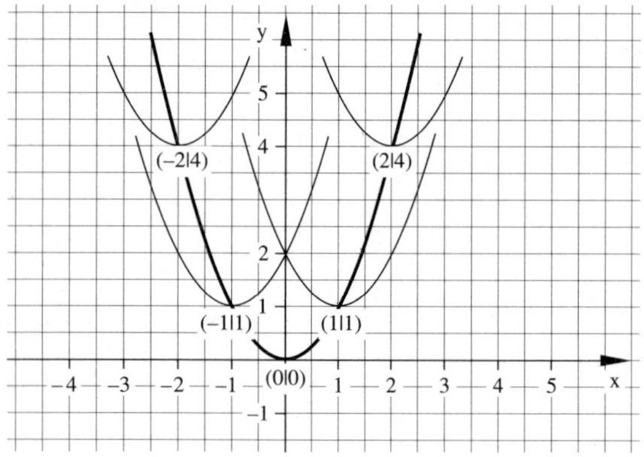

Die Scheitelpunkte haben die Koordinaten $S(a|a^2)$ und liegen auf der Normalparabel $y = x^2$.

Die Scheitelpunkte der Parabeln

⋮

$y = x^2 + 4$

$y = x^2 + 2$

$y = x^2$

$y = x^2 - 2$

⋮

liegen auf der y-Achse.

Seite 45

❒ ??? Randspalte

Die Faltlinien sind Tangenten an eine Parabel.

9

a) $x^2 + 2x + 2 = x^2 - 8x + 12$

$\Rightarrow x = 1$

$y = 5$

P(1|5)

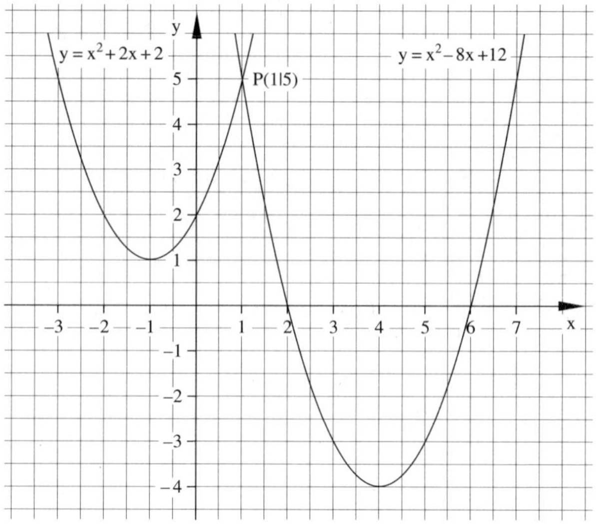

b) $x^2 - 12x + 34 = x^2 - 6x + 4$

$\Rightarrow x = 5$

$y = -1$

P(5|−1)

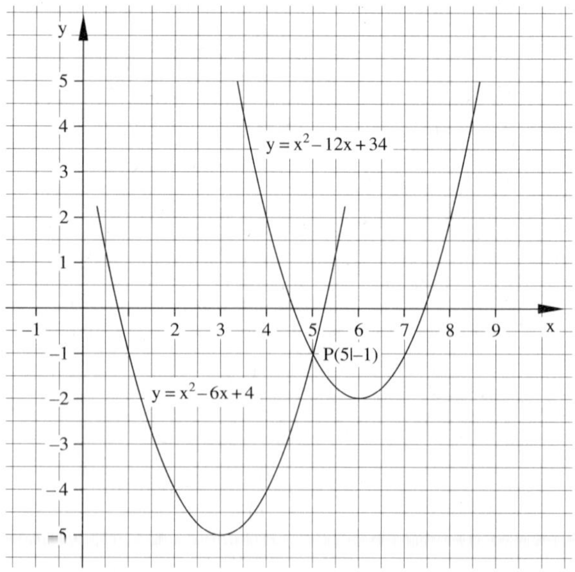

c) $x^2 + 7x + 9{,}25 = x^2 - 3x + 4{,}25$

$\Rightarrow\ x = -0{,}5$

$y = 6$

P(−0,5|6)

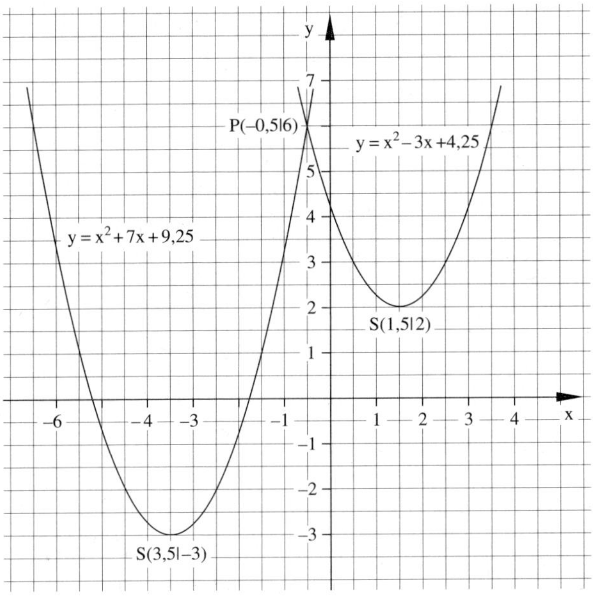

d) $x^2 + 11x + 17{,}25 = x^2 - 3x - 3{,}75$

$\Rightarrow\ x = -1{,}5$

$y = 3$

P(−1,5|3)

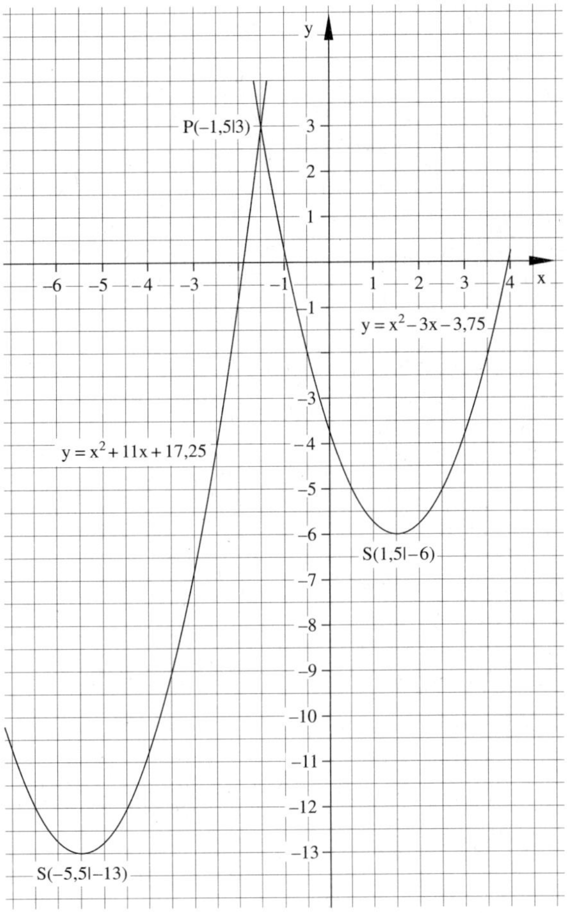

10

a) $y = (x - 3)^2 + 4$
$y = (x + 1)^2 - 4$
P(2|5)

b) $y = (x + 3)^2 + 2$
$y = (x - 5)^2 + 2$
P(1|18)

c) $y = (x + 3)^2 - 4$
$y = (x - 4)^2 + 3$
P(1|12)

d) $y = (x + 5)^2 - 6$
$y = (x - 3)^2 + 2$
P(−0,5|14,25)

11

a) P(2|2)
Q(5|5)

b) P(−1|−1)
Q(−4|2)

c) P(−0,5|3,5)
Q(−3,5|6,5)

d) P(5|9,5)
Q(1|3,5)

12

a) Zwei Schnittpunkte
P(1|5); Q(−3|−3)

b) Kein Schnittpunkt

c) Ein Schnittpunkt
T(−2|3)

d) Zwei Schnittpunkte
P(4,5|−1,5); Q(0,5|6,5)

e) Zwei Schnittpunkte
P(0|5); Q(3|−4)

f) Ein Schnittpunkt
T(1|−4)

13

a) $x = 100$

b) $x = -1000$

c) $x = 7{,}5$

d) $x = -0{,}001$

14

a) Tiefpunkt
S(3|−7)

b) Hochpunkt
S(0|3)

c) Tiefpunkt
S(−1,5|−0,25)

d) Hochpunkt
$S\left(0|-\frac{3}{4}\right)$

e) Tiefpunkt
S(0|−16)

f) Hochpunkt
S(0|9)

15

a)

x	0	1	2	3	4	5	6
$y = -(x-3)^2 + 2$	−7	−2	1	2	1	−2	−7

Nach unten geöffnete und verschobene Normalparabel mit S(3|2).

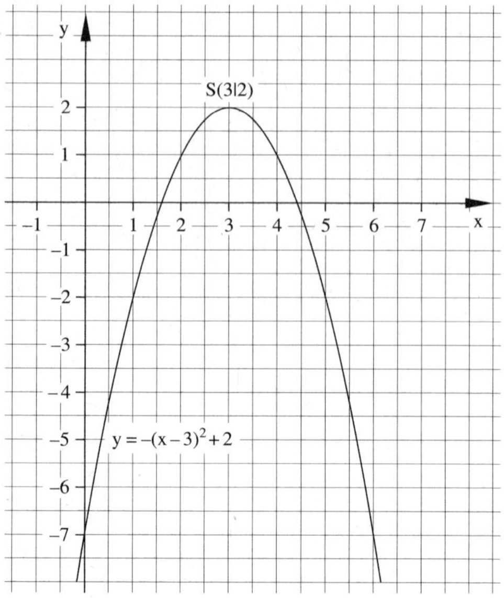

b)

x	1	0	−1	−2	−3	−4	−5
$y = -(x+2)^2 - 1$	−10	−5	−2	−1	−2	−5	−10

Nach unten geöffnete und verschobene Normalparabel mit S(−2|−1).

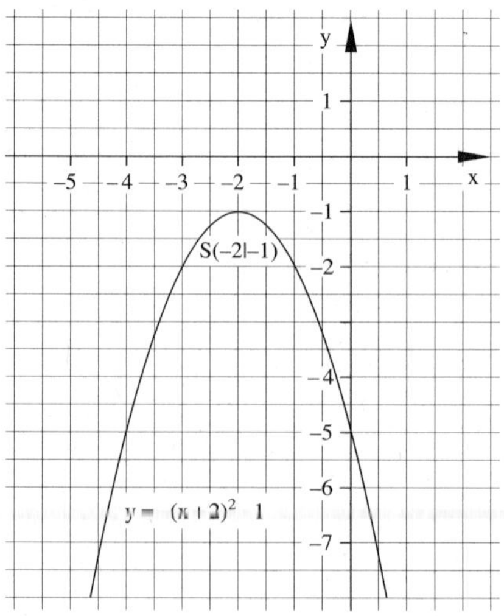

c)

x	−1	0	1	2	3	4	5
$y = -x^2 + 4x + 5$	0	5	8	9	8	5	0

Nach unten geöffnete und verschobene Normalparabel mit S(2|9).

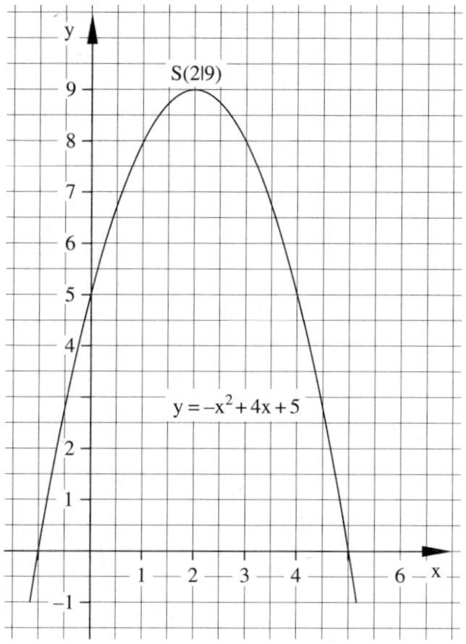

d)

x	−1	−2	−3	−4	−5	−6	−7
$y = -x^2 - 8x - 4$	3	8	11	12	11	8	3

Nach unten geöffnete und verschobene Normalparabel mit S(−4|12).

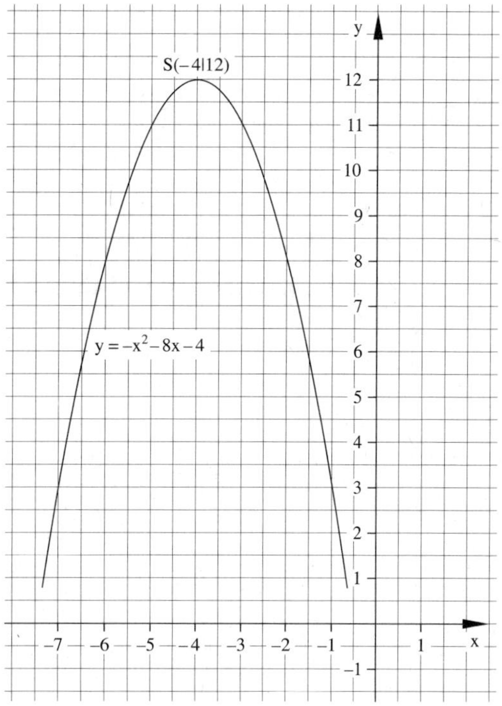

16

a) $x = 1$
Die beiden Zahlen heißen 1 und −1.
Produktwert: −1

b) $x = -1{,}5$
Die beiden Zahlen heißen 3,5 und −3,5.
Produktwert: −12,25

17

a)

x	1 m	2 m	3 m
A	$11\,m^2$	$20\,m^2$	$27\,m^2$

b) $y = (12 - x) \cdot x$
S(6|36)
$x = 6\,m$; $A = 36\,m^2$

Seite 46

❒ ??? Randspalte

1. Gleichung: $x^2 + x - 30 = 0$
$x_1 = 5$
$x_2 = -6$

2. Gleichung: $x^2 + 5x - 6 = 0$
$x_1 = 1$
$x_2 = -6$

3. Gleichung: $x^2 + x - 6 = 0$
$x_1 = 2$
$x_2 = -3$

4. Gleichung: $x^2 + 2x - 3 = 0$
$x_1 = 1$
$x_2 = -3$

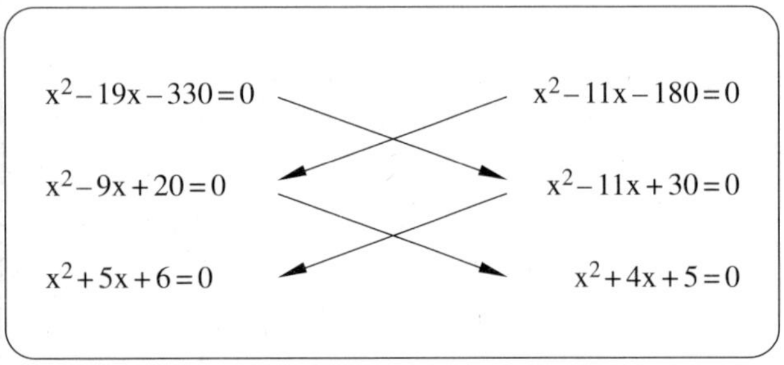

18

a) $D = 10 \Rightarrow$ 2 Lösungen
b) $D = 0 \Rightarrow$ 1 Lösung
c) $D = -25 \Rightarrow$ keine Lösung
d) $D = -\frac{125}{192} \Rightarrow$ keine Lösung

19

a) $L = \{7; -5\}$ b) $L = \{1\}$
c) $L = \{\,\}$ d) $L = \{6; -4\}$
e) $L = \{-1\}$ (lineare Gleichung) f) $L = \{1; -3\}$

20

a) $L = \{-1{,}5; -5{,}5\}$ b) $L = \{-2; -3\}$
c) $L = \{6; -2\}$ d) $L = \{2; -1\}$

21 ✳

a) $D = \mathbb{R}\setminus\{-3; -15\}$, $L = \{9; -6\}$
b) $D = \mathbb{R}\setminus\{1; -5\}$, $L = \{7; -2\}$
c) $D = \mathbb{R}\setminus\{-5\}$, $L = \{0{,}5; -2\}$
d) $D = \mathbb{R}\setminus\{3; -3\}$, $L = \{2; 1{,}8\}$

22 ✳

a) $D = \mathbb{R}\setminus\{1\}$, $L = \{2\}$, $x = 1 \notin D$
b) $D = \mathbb{R}\setminus\{4; -4\}$, $L = \{\,\}$, $x = 4 \notin D$
c) $D = \mathbb{R}\setminus\{8; -8\}$, $L = \{-4\}$, $x = 8 \notin D$
d) $D = \mathbb{R}\setminus\{2; -2\}$, $L = \{-1\}$, $x = 2 \notin D$
e) $D = \mathbb{R}\setminus\{2; -3\}$, $L = \{\,\}$, $x = -3 \notin D$

23

Sie geht durch die Äquivalenzumformung $|:(x + 2)$ verloren.
Die Gleichung ist streng genommen eine kubische Gleichung.

24

a) $D = \mathbb{R}\setminus\{1\}$, $L = \{2; -4\}$
b) $D = \mathbb{R}\setminus\{4\}$, $L = \left\{6; -\frac{1}{2}\right\}$
c) $D = \mathbb{R}\setminus\{1\}$, $L = \{5\}$, $x = 1 \notin D$

Thema: Der goldene Schnitt

Lösungen:

Seite 47

1

$$\frac{x}{90 - x} = \frac{90}{x}$$

$$\Rightarrow \quad x = 55{,}6\,\text{m}$$

2

$$\frac{x}{1} = \frac{1 + x}{x}$$

$$\Rightarrow x^2 - x - 1 = 0$$

$$\Rightarrow \quad x_1 = \frac{1}{2} + \frac{1}{2}\sqrt{5} \approx 1{,}618$$

3

a) Die Zahlenfolge entsteht dadurch, dass man die beiden vorhergehenden Glieder addiert.
$a_n = a_{n-1} + a_{n-2}$

b) 11. Zahl: 89
12. Zahl: 144

c) $\frac{21}{13} \approx 1{,}615\,385$

$\frac{34}{21} \approx 1{,}619\,048$

$\frac{55}{34} \approx 1{,}617\,647$

$\frac{89}{55} \approx 1{,}6\overline{18}$

$\frac{144}{89} \approx 1{,}617\,978$

Man nähert sich alternierend der Zahl $\frac{1}{2} + \frac{1}{2}\sqrt{5}$ an.
Sie ist der Grenzwert der Fibonacci-Bruchfolge.

d) Zahlen — Quotienten

	1	2
1	1	
2	1	1
3	2	2
4	3	1,5
5	5	1,66666666666666667
6	8	1,6
7	13	1,625
8	21	1,61538461538461538
9	34	1,61904761904761905
10	55	1,61764705882352941
11	89	1,61818181818181818
12	144	1,61797752808988764
13	233	1,61805555555555556
14	377	1,61802575107296137
15	610	1,61803713527851459
16	987	1,61803278688524590
17	1597	1,61803444782168186
18	2584	1,61803381340012523
19	4181	1,61803405572755418
20	6765	1,61803396316670653
21	10946	1,61803399852180340
22	17711	1,61803398501735794
23	28657	1,61803399017559709
24	46368	1,61803398820532505
25	75025	1,61803398895790200
26	121393	1,61803398867044319
27	196418	1,61803398878024268
28	317811	1,61803398873830301
29	514229	1,61803398875432254
30	832040	1,61803398874820362

$\frac{1}{2} + \frac{1}{2}\sqrt{5} =$ 1,61803398874989485

4

Für ein regelmäßiges Fünfeck mit der Seitenlänge a = 4 cm gelten folgende Messwerte:

$x_1 \approx 4{,}0\,\text{cm}$
$x_2 \approx 2{,}5\,\text{cm}$
$x_1 + x_2 \approx 6{,}5\,\text{cm}$

Somit gilt: $\frac{x_1}{x_2} = \frac{x_1 + x_2}{x_1}$

$\frac{4}{2{,}5} = \frac{6{,}5}{4} \approx 1{,}6$

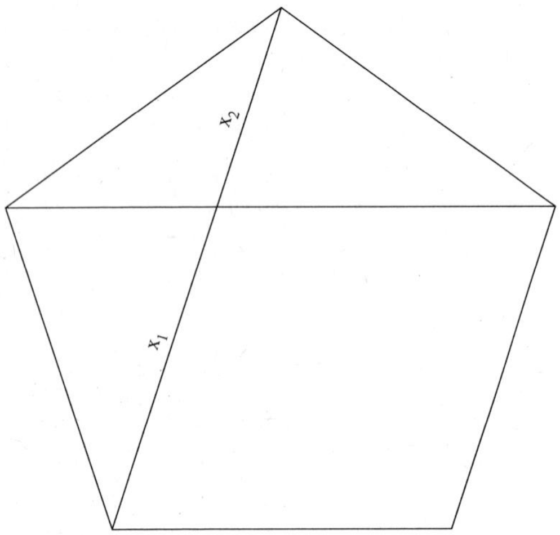

II Trigonometrie

Seit Jahrtausenden geht der Blick der Menschen zu den Sternen, verbunden mit mythischen Vorstellungen, romantischen Träumen oder dem Drang nach Erkenntnis. So kommt es nicht von ungefähr, dass viele Anregungen und Erkenntnisse für die Mathematik ihren Ursprung in der Astronomie haben.

Bereits die Babylonier konnten Sonnen- und Mondfinsternisse vorausberechnen. Dazu waren trigonometrische Kenntnisse notwendig.

Ägypter und Babylonier gaben die Neigung schräger Flächen durch das Längenverhältnis zweier Strecken an. Auch griechische Gelehrte wandten die Trigonometrie aus astronomischem Blickwinkel an und entwickelten sie weiter. Aristarch von SAMOS (um 270 v. Chr.) bestimmte aus den Winkeln rechtwinkliger Dreiecke die Entfernungsverhältnisse von Sonne, Mond und Erde.

Der griechische Astronom Claudius PTOLEMÄUS (85 – 165 n. Chr.) schließlich fasste in dem astronomischen Werk „Almagest" (griech., arab.: die große Zusammenstellung) alle damaligen trigonometrischen Kenntnisse zusammen. Bis zum Beginn der Neuzeit fand dieses Werk bei Astronomen des ganzen Abendlandes Verwendung, z. B. auf Grund seiner Sehnentafeln, die eine 5 Dezimalen entsprechende Genauigkeit aufwiesen.

In Indien (4. Jh. n. Chr.) und Arabien (um 1000 n. Chr.) wurde dann die Sinusfunktion entwickelt sowie Sinus- und Kosinussatz bewiesen.

Die Spanier brachten diese Erkenntnisse der Araber nach Europa. Dort nutzte dann COLUMBUS (1446 – 1506) die neuen verbesserten Sinus- und Tangenstafeln des deutschen Mathematikers REGIOMONTANUS (Johann MÜLLER) bei seiner Seefahrt nach Westindien, eine Bezeichnung, in der sich noch eine zeitbedingte Lücke im geografischen Wissen widerspiegelt. Besondere Verdienste bei der Weiterentwicklung der Trigonometrie erwarben sich F. VIETA (1540 – 1603) und L. EULER (1707 – 1783), der auch die Winkelfunktionen sin, cos und tan einführte.

1 Seitenverhältnisse in rechtwinkligen Dreiecken

Seite 50

1

$\frac{45}{15} \cdot 10\,\text{m} = 30\,\text{m}$; $\frac{75}{15} \cdot 10\,\text{m} = 50\,\text{m}$

2

Einschließlich des großen Dreiecks fünf Dreiecke
$\alpha = \gamma = \varepsilon$; $\beta = \delta = \varphi$

Seite 51

❐ ??? Randspalte

Die Hypotenuse im rechtwinkligen Dreieck mit einem 30°-Winkel ist immer doppelt so lang wie die Kathete, die dem 30°-Winkel gegenüberliegt. Dies ist leicht erklärbar, wenn man sich das Dreieck durch Spiegelung an der langen Kathete verdoppelt denkt; es entsteht ein gleichseitiges Dreieck.

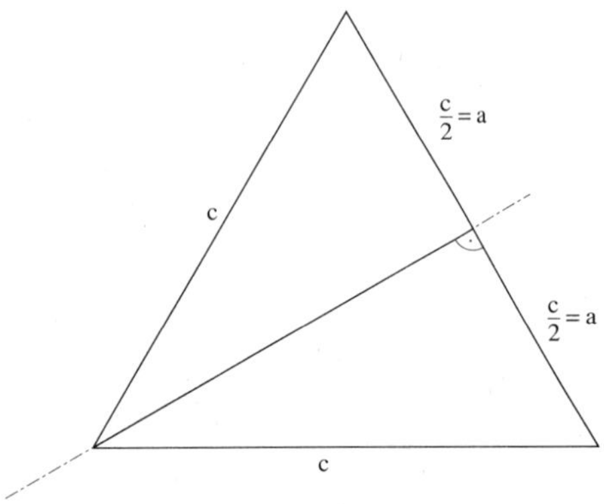

Die Hypotenuse im gegebenen Dreieck ist also 0,2 mm lang.

3

Dreieck	△ADC	△DBC	△DBE	△DEC
Hypotenuse	b	a	p	h
Katheten	h, q	h, p	x, y	y, z

4

a) 5; 9

b) Drei Strecken bilden das Grunddreieck. Die weiteren Strecken sind Höhen in jeweils einem Teildreieck und erzeugen zwei weitere rechtwinklige Dreiecke. Die Anzahl ist also $1 + 2(n - 3) = 2n - 5$.

5

	a)	b)	c)	d)	e)	f)	g)	h)
$\frac{a}{b}$	0,70	0,36	1,19	0,18	1,00	2,75	1,96	0,40
$\frac{b}{c}$	0,82	0,94	0,64	0,98	0,71	0,34	0,45	0,93
$\frac{a}{c}$	0,57	0,34	0,77	0,17	0,71	0,94	0,89	0,37

Kontrolle:
$\frac{a}{c} = \frac{a}{b} \cdot \frac{b}{c}$

6

Das erste Dreieck sei ABC mit den Seiten a, b, c und das zweite A′B′C′ mit den Seiten a′, b′, c′.

a) $\frac{b'}{a'} = \frac{a}{b} = 0{,}84$; $\frac{a'}{c'} = \frac{b}{c} = 0{,}77$; $\frac{b'}{c'} = \frac{a}{c} = 0{,}64$

b) $\frac{b'}{a'} = \frac{a}{b} = 0{,}47$; $\frac{a'}{c'} = \frac{b}{c} = 0{,}91$; $\frac{b'}{c'} = \frac{a}{c} = 0{,}42$

Die Seiten a, b, c entsprechen den Seiten b′, a′, c′. In beiden Fällen gilt $\frac{a}{b} = \frac{b'}{a'}$, $\frac{b}{c} = \frac{a'}{c'}$ und $\frac{a}{c} = \frac{b'}{c'}$, da die jeweils zu vergleichenden Winkel zusammen 90° ergeben, d. h. β entspricht α′ und α enspricht β′. Die beiden Dreiecke sind jeweils kongruent (spiegelsymmetrisch zur Mittelsenkrechten auf c.

7

Jeweils auf ganze Gradwerte gerundet:

a) $\alpha = 56°$; $\beta = 34°$

b) $\alpha = 31°$; $\beta = 59°$

c) $\alpha = 27°$; $\beta = 63°$

d) $\alpha = 72°$; $\beta = 18°$

e) $\alpha = 9°$; $\beta = 81°$

8

Die Winkel sind auf ganze Gradwerte gerundet. Die gegebenen Werte sind kursiv gesetzt.

	a	b	c	$\frac{a}{b}$	$\frac{b}{c}$	$\frac{a}{c}$	α	β
a)	*30*	*40*	50	0,75	0,80	0,60	37°	53°
b)	*120*	50	*130*	2,40	0,38	0,92	67°	23°
c)	*28*	*45*	53	0,62	0,85	0,53	32°	58°
d)	48	*55*	*73*	0,87	0,75	0,66	41°	49°

9

a) Individuelle Lösung

b) Alle Winkel sind 40°, 50° oder 90°. Das Verhältnis beträgt immer 0,84. Aus der Zeichnung ergeben sich eventuell etwas abweichende Werte. Rundung auf eine Dezimale ist angebracht.

c) Alle Winkel sind 30°, 60° oder 90°. Das Verhältnis ist immer $\frac{1}{2}$ (vgl. Randspalte).

10

Zweckmäßig wird a = 3 cm und b = 5 cm gewählt. Dann gilt $c = \sqrt{34}\,\text{cm} = 5{,}8\,\text{cm}$, also $\frac{b}{c} = 0{,}86$. Einfacher lässt sich $\frac{b}{c}$ aus einer Zeichnung ablesen.

11

Die Winkel sind (ganzzahlig gerundet) 6°, 11°, 22°, 39°. Die letzten beiden Winkel zeigen auch unter Berücksichtigung der Zeichenungenauigkeit, dass die Vermutung der Verdopplung falsch ist. Das nächste Dreieck mit a = 16 cm hat den Winkel $\alpha = 58°$!

Je größer man a wählt, desto deutlicher wird, dass sich α nicht proportional vergrößert, α erreicht z. B. nie 90°.

2 Sinus, Kosinus, Tangens

Seite 52

1

Man müsste rechtwinklige Dreiecke mit den entsprechenden Kathetenverhältnissen zeichnen. Für die Verhältnisse 1 : 16 und 1 : 35 ist dies mühsam.

2

Die Seitenverhältnisse sind dieselben wie im Dreieck AB′C′.

Seite 53

3

a) $\sin\alpha = \frac{a}{c}$; $\cos\beta = \frac{a}{c}$

b) $\cos\beta = \frac{a}{c}$; $\tan\alpha = \frac{a}{b}$

c) $\cos\varepsilon = \frac{z}{x}$; $\tan\varepsilon = \frac{y}{z}$

d) $\sin\delta = \frac{m}{k}$; $\tan\delta = \frac{m}{n}$

e) $\tan\varphi = \frac{r}{s}$; $\cos\varphi = \frac{s}{t}$

f) $\sin\varphi = \frac{e}{f}$; $\cos\varphi = \frac{d}{f}$

4

a) $\frac{a}{c} = \sin\alpha$; $\frac{b}{c} = \cos\alpha$

b) $\frac{b}{c} = \sin\beta$; $\frac{b}{a} = \tan\beta$

c) $\frac{c}{a} = \cos\beta$; $\frac{b}{a} = \sin\beta$

d) $\frac{f}{e} = \tan\varphi$; $\frac{f}{d} = \sin\varphi$

e) $\frac{a}{b} = \tan\alpha$; $\frac{b}{a} = \tan\beta$

f) $\frac{x}{z} = \tan\varepsilon$; $\frac{x}{y} = \sin\varepsilon$ und $\frac{x}{y} = \cos\delta$

5

a) Es gibt drei ähnliche rechtwinklige Dreiecke, also je drei Gleichungen. Für die dritte muss bei C der Winkel α bzw. β erkannt werden. (D sei der Lotfußpunkt von h.)

	△ABC	△ADC	△DBC
$\sin\alpha$	$\frac{a}{c}$	$\frac{h}{b}$	$\frac{p}{a}$
$\cos\alpha$	$\frac{b}{c}$	$\frac{q}{b}$	$\frac{h}{a}$
$\tan\alpha$	$\frac{a}{b}$	$\frac{h}{q}$	$\frac{p}{h}$

b)

	△ABC	△ADC	△DBC
$\sin\beta$	$\frac{b}{c}$	$\frac{q}{b}$	$\frac{h}{a}$
$\cos\beta$	$\frac{a}{c}$	$\frac{h}{b}$	$\frac{p}{a}$
$\tan\beta$	$\frac{b}{a}$	$\frac{q}{h}$	$\frac{h}{c}$

6

a) $\sin\varepsilon = \frac{e}{g}$; $\cos\gamma_1 = \frac{e}{g} = \frac{e+f}{g+h}$; $\sin\gamma_2 = \frac{d}{e}$; $\tan\delta = \frac{i}{d}$;
$\cos\beta = \frac{b}{i+k} = \frac{i+k}{a+b}$

Die Winkelgleichheiten wie $\alpha = \varepsilon = \gamma_2$ führen zu weiteren Gleichungen.

b) $\frac{d}{i} = \tan\gamma_2$; $\frac{e}{c} = \tan\varepsilon$; $\frac{h+g}{a+b} = \cos\alpha = \sin\beta$;
$\frac{e+f}{g+h} = \cos\gamma_1 = \sin\alpha$; $\frac{i}{d} = \tan\delta$; $\frac{b}{e+f} = \tan\gamma_2$

Auch hier gibt es weitere Möglichkeiten, da 5 ähnliche rechtwinklige Dreiecke vorhanden sind. Besonders interessant ist die Gleichheit z. B. von $\cos\alpha = \sin\beta$ wegen $\cos\alpha = \cos(90° - \beta)$. Auf diesen Zusammenhang wird auf der übernächsten Schülerbuchseite genauer eingegangen. Es gilt also neben $\frac{h+g}{a+b} = \cos\alpha$ auch $\frac{h+g}{a+b} = \sin\beta$.

7

a) $\tan\beta_1 = \frac{a}{f}$, $\tan\alpha = \frac{c}{e}$, $\tan\delta_1 = \frac{f}{a}$, $\cos\gamma = \frac{d-e}{b}$,
$\sin\beta_2 = \sin\alpha = \frac{c}{h}$

b) $\frac{d}{i} = \frac{1}{\sin\gamma}$, $\frac{f}{a} = \tan\delta_1$, $\frac{b}{d-e} = \frac{1}{\cos\gamma}$, $\frac{e}{h} = \cos\alpha$,
$\frac{i}{h} = \sin(\beta_1 + \beta_2)$

Seite 54

❐ ??? Randspalte

Wenn man genau hinsieht, erkennt man, dass die horizontal liegende Dreiecksseite eine Kathete ist. Also gilt $\tan\alpha = 0{,}1$, aber nicht $\sin\alpha = 0{,}1$.

Die Gleichung $\sin\alpha = 0{,}1$ gilt allerdings im Sinne einer Näherung.

8

a) $\sin\alpha = \frac{3}{5}$, $\cos\alpha = \frac{4}{5}$, $\tan\alpha = \frac{3}{4}$
$\sin\beta = \frac{4}{5}$, $\cos\beta = \frac{3}{5}$, $\tan\beta = \frac{4}{3}$

b) $\sin\alpha = \frac{5}{13}$, $\cos\alpha = \frac{12}{13}$, $\tan\alpha = \frac{5}{12}$
$\sin\beta = \frac{12}{13}$, $\cos\beta = \frac{5}{13}$, $\tan\beta = \frac{12}{5}$

9

a) $\sin 22° = 0{,}37$ $\sin 37° = 0{,}60$
$\sin 65° = 0{,}91$ $\sin 80° = 0{,}98$

b) $\cos 16° = 0{,}96$ $\cos 36° = 0{,}81$
$\cos 70° = 0{,}34$ $\cos 81° = 0{,}16$

10

a) $\cos 0° = 1$; $\cos 90° = 0$

b)

α	0°	10°	20°	30°	40°	50°	60°	70°	80°	90°
sin α	0,00	0,17	0,34	0,50	0,64	0,77	0,87	0,94	0,98	1,00
cos α	1,00	0,98	0,94	0,87	0,77	0,64	0,50	0,34	0,17	0,00

Die von links nach rechts gelesenen Sinuswerte sind dieselben wie die von rechts nach links gelesenen Kosinuswerte.

11

a) $\tan 30° = 0{,}58$ b) $\tan 40° = 0{,}84$ c) $\tan 15° = 0{,}27$
d) $\tan 64° = 2{,}05$ e) $\tan 5° = 0{,}09$ f) $\tan 45° = 1{,}00$

12

a) $\sin 40° = \frac{x}{22{,}5\,\text{m}}$; $x = 14{,}4\,\text{m}$;

$y = \sqrt{22{,}5^2 - 14{,}4^2} = 17{,}3\,\text{m}$

b) $A = \frac{1}{2} \cdot xy = 124{,}56\,\text{m}^2$; korrekt gerundet $A = 125\,\text{m}^2$

13

a) $\tan 31° \approx 0{,}60$; Steigung: 60 %

b) $\tan 50° \approx 1{,}19$; Steigung: 119 %

14

$\tan 10° \approx 0{,}18 = 18\,\%$; $0{,}18 \approx \frac{1}{5{,}7}$

Im Diagramm liest man für 10° einen Steigungswert zwischen $\frac{1}{5}$ und $\frac{1}{6}$ ab; die Interpolation bedarf der Übung, da die Teilung nichtlinear ist.

$\tan 20° \approx 36\,\% \approx \frac{1}{2{,}7}$

Die Kurven des Diagramms sind für die Aufgabe belanglos. (Bei weiterem Interesse könnte eine solche Karte mit Hilfe ihrer Legende studiert werden.)

Seite 55

15

a) $\sin 20° = 0{,}34$; $\cos 20° = 0{,}94$; $0{,}34^2 + 0{,}94^2 = 1{,}00$

b) $\sin 55° = 0{,}82$; $\cos 55° = 0{,}57$; $0{,}82^2 + 0{,}57^2 = 1{,}00$

c) $\sin 75° = 0{,}97$; $\cos 75° = 0{,}26$; $0{,}97^2 + 0{,}26^2 = 1{,}01$

d) $\sin 30° = 0{,}50$; $\cos 30° = 0{,}87$; $0{,}50^2 + 0{,}87^2 = 1{,}01$

16

α	20°	50°	45°	60°	70°
$\sin\alpha$	0,34	0,77	0,71	0,87	0,94
$\cos(90° - \alpha)$	0,34	0,77	0,71	0,87	0,94
$\cos\alpha$	0,94	0,64	0,71	0,50	0,34
$\sin(90° - \alpha)$	0,94	0,64	0,71	0,50	0,34

17

a) $\sin\alpha = \cos(90° - \alpha)$ oder $\cos\alpha = \sin(90° - \alpha)$

b) $\cos 52° = \sin 38° = 0{,}6157$

c) Beispielsweise mit $\alpha = 30°$: $\sin 15° = 0{,}2588$ und $\cos 75° = 0{,}2588$

$\sin(45° + \alpha) = \cos(90° - (45° + \alpha)) = \cos(45° - \alpha)$

18 ✳

Es gibt jeweils mehrere Möglichkeiten der Umformung.

a) $\frac{\sin 50°}{\sin 40° \cdot \tan 50°} = \frac{\sin 50°}{\cos 50°} \cdot \frac{1}{\tan 50°} = \frac{\tan 50°}{\tan 50°} = 1$

b) $\frac{\cos 20°}{\sin 70°} - \frac{\sin 70°}{\cos 20°} = \frac{\sin 70°}{\cos 20°} - \frac{\sin 70°}{\cos 20°} = 0$

c) $\tan 46° - \frac{1}{\tan 44°} = \frac{\sin 46°}{\cos 46°} - \frac{1}{\tan 44°} = \frac{\cos 44°}{\sin 44°} - \frac{1}{\tan 44°}$

$= \frac{1}{\tan 44°} - \frac{1}{\tan 44°} = 0$

d) $\tan 38° \cdot \tan 52° = \frac{\sin 38°}{\cos 38°} \cdot \tan 52°$

$= \frac{\cos 52°}{\sin 52°} \cdot \tan 52° = \frac{1}{\tan 52°} \cdot \tan 52° = 1$

3 Berechnung rechtwinkliger Dreiecke

Seite 56

1

Das Verhältnis mit $\alpha = 89°$ beträgt etwa 1 : 57 ($\cos 89° = 0{,}0175 = \frac{1}{57}$). Ein rechtwinkliges Dreieck mit den Katheten 5 mm und 28,5 cm (= 57 · 5 mm) passt gerade noch auf eine DIN A4-Seite.

Damit wird aber nur ein annähernder Eindruck von astronomischen Größenordnungen gewonnen. Die mittlere Entfernung Erde – Sonne beträgt 149,5 Mio km, der Mond umläuft die Erde bei einem mittleren Abstand von 380 000 km. Das wahre Verhältnis beträgt also ca. 1 : 393 (entsprechend dem angegebenen Winkel 89,85°).

2

Das Dreieck lässt sich nicht zeichnen. Nach dem Satz des Pythagoras ergibt sich a = 1 mm. Überraschungseffekt in der Taschenrechner-Anzeige!

Seite 57

Der Taschenrechner kommt in den folgenden Aufgaben zunehmend zum Einsatz. Aufgrund unterschiedlicher Handhabung können die Ergebnisse der Schüler durchaus von den gegebenen Lösungen abweichen. Sie sollten deswegen jedoch nicht als falsch bezeichnet werden. Dennoch wäre es ratsam, an dieser Stelle die mit der Anwendung des Taschenrechners verbundenen Probleme kurz anzureißen, insbesondere was die Verwendung von Zwischenergebnissen angeht. Folgende Empfehlung, die sich als sehr praktikabel erwiesen hat, kann gegeben werden: Zwischenergebnisse sollten wenn möglich nicht im Display gelöscht und die gerundeten Zwischenergebnisse neu eingegeben werden, sondern mit dem Zwischenergebnis im Rechner weiter gearbeitet werden. Ist dies nicht möglich, wenn beispielsweise ausgehend von einem Zwischenergebnis mehrere weitere Ergebnisse berechnet werden sollen, ist es am besten, vom Zwischenergebnis eine Stelle mehr als benötigt zu notieren und diese bei der Weiterrechnung zu berücksichtigen. Es kann auch ratsam sein, noch einmal über sinnvolles Runden zu sprechen oder über die richtige Anwendung des Taschenrechners, die über die Grundrechenarten und elementaren Funktionen hinausgeht (z. B. Speicherfunktionen).

3

In der Tabelle sind die gegebenen Werte kursiv gedruckt.

	a)	b)	c)	d)	e)	f)
Beispiel	a)	b)	c)	d)	b)	d)
a (in cm)	*6,9*	*5,1*	2,2	*8,2*	*6,4*	*6,8*
b (in cm)	*7,8*	5,1	5,7	11,2	7,4	1,4
c (in cm)	10,4	*7,2*	*6,1*	13,9	*9,8*	7,0
α	41,5°	45,1°	*21,6°*	*36,2°*	40,8°	*78,0°*
β	48,5°	44,9°	68,4°	53,8°	49,2°	12,0°

4

	a)	b)	c)	d)
a (in cm)	11,9	5,5	*5,2*	4,2
b (in cm)	*7,6*	*1,8*	11,9	6,3
c (in cm)	14,1	*5,8*	13,0	*7,6*
α	57,5°	71,9°	23,5°	33,8°
β	*32,5°*	18,1°	*66,5°*	*56,2°*

5

a) $\varepsilon_1 = 45{,}7°$; $\varepsilon_2 = 44{,}3°$; z = 6,6 cm

b) s = 3,0 cm; r = 1,7 cm; τ = 55,5°

Seite 58

6

	a)	b)	c)	d)
α	70,5°	40,0°	45,0°	29,7°
β	19,5°	50,0°	45,0°	60,3°
c (in cm)	6,9	8,9	6,9	4,8

7

	a)	b)	c)	d)
α	34,8	54,3°	80,7°	48,6°
β	55,2°	35,7°	9,3°	41,4°
b (in cm)	5,7	2,8	1,2	5,3

8

	a)	b)	c)	d)
a (in cm)	4,1	5,9	0,5	4,4
b (in cm)	6,4	3,3	9,6	7,6
β	57,5°	29,5°	87,1°	60,0°

9

	a)	b)	c)	d)
c (in cm)	4,9	16,3	9,8	6,3
b (in cm)	0,8	15,0	8,0	2,1
β	10,0°	67,6°	54,4°	18,9°

10

	a)	b)	c)	d)
c (in cm)	5,4	5,5	5,6	8,2
b (in cm)	2,4	4,7	2,1	8,1
α	63,0°	31,8°	67,6°	11,2°

11

	a)	b)	c)	d)	e)	f)
a (in cm)	5,4	*7,8*	*6,5*	7,9	*1,0*	1,8
b (in cm)	8,0	*1,2*	6,7	2,8	5,7	*7,7*
c (in cm)	*9,6*	7,9	*9,3*	*8,4*	5,8	7,9
α	*34,0°*	81,3°	44,3°	70,5°	*10,0°*	13,5°
β	56,0°	8,7°	45,7°	*19,5°*	80,0°	*76,5°*

12

a) $\alpha = 67{,}4°$; $\beta = 22{,}6°$; $c = 13\,\text{cm}$

b) $\alpha = 61{,}9°$; $\beta = 28{,}1°$; $b = 8\,\text{cm}$

c) $\alpha = 16{,}3°$; $\beta = 73{,}7°$; $a = 7\,\text{cm}$

d) $\alpha = 80{,}7°$; $\beta = 9{,}3°$; $b = 222\,\text{cm}$

13

	a)	b)	c)	d)	e)
a (in cm)	2,1	24,0	6,8	12,4	8,5
b (in cm)	3,1	6,4	4,1	16,0	22,8
p (in cm)	1,2	23,1	*5,8*	*7,6*	*3,0*
q (in cm)	*2,5*	1,7	2,1	12,5	21,3
c (in cm)	3,7	24,8	7,9	20,1	24,3
h (in cm)	1,8	*6,2*	3,5	9,8	*8,0*
α	*35,0°*	*75,0°*	58,8°	*37,9°*	20,6°
β	55,0°	15,0°	*31,2°*	52,1°	69,4°

14

$\beta = 55{,}0°$; $a = \frac{g}{\cos\beta} = 4{,}2\,\text{cm}$; $e = g \cdot \tan\beta = 3{,}4\,\text{cm}$

$\triangle ABC \sim \triangle CBD$

$\frac{b}{a} = \frac{e}{g}$; $b = 6{,}0\,\text{cm}$; $\frac{c}{a} = \frac{a}{g}$; $c = 7{,}4\,\text{cm}$

$f = c - g = 5{,}0\,\text{cm}$; $d = f \cdot \sin\alpha = 2{,}9\,\text{cm}$

15

$\overline{AC} = \overline{AB} \cdot \cos\alpha = 7{,}7\,\text{cm}$

$\overline{BC} = \overline{AB} \cdot \sin\alpha = 6{,}4\,\text{cm}$

$A_{\triangle ABC} = \frac{1}{2} \cdot \overline{AC} \cdot \overline{BC} = 24{,}6\,\text{cm}^2$

$\overline{BE} = \overline{AB} - \overline{AE} = 6{,}0\,\text{cm}$

$\overline{DE} = \overline{AE} \cdot \tan\alpha = 3{,}4\,\text{cm}$

$\overline{BD} = \sqrt{\overline{BE}^2 + \overline{DE}^2} = 6{,}9\,\text{cm}$

$\tan(\sphericalangle EBD) = \frac{\overline{DE}}{\overline{BE}}$; $\sphericalangle EBD = 29{,}2°$; $\sphericalangle BDE = 60{,}8°$

16

$\triangle ABC \sim \triangle BEC$; $\cos\alpha = \frac{\overline{AB}}{\overline{AC}} = \frac{\overline{BE}}{\overline{BC}}$; $\alpha = 33{,}4°$

$\overline{BF} = \frac{\overline{BC}}{\cos\alpha} = 10{,}9\,\text{cm}$

$\overline{AE} = \frac{\overline{BE}}{\tan\alpha} = 11{,}5\,\text{cm}$

17 ✳

$\beta = 25°$

$h = x \cdot \tan 65°$ (1)

$h = (x + 10) \cdot \tan 25°$ (2)

Gleichsetzen und Auflösen gibt

$$x = \frac{10 \cdot \tan 25°}{\tan 65° - \tan 25°}$$

$x = 2{,}8$

Das Einsetzen von Zahlenwerten für tan 25° und tan 65° wird wohl in der Regel früher ausgeführt.

Seite 59

18

$\overline{BC} = 150\,\text{m} \cdot \tan 27{,}3° = 77{,}4\,\text{m}$

19

Sieht man 4 800 km als wahre Länge an, so gilt für den Gefällwinkel α die Gleichung $\sin\alpha = \frac{106\,\text{m}}{4\,800\,000\,\text{m}}$;
$\alpha = 0{,}0013°$.

Sieht man 4 800 km als in die Horizontale projizierte Länge an, so ergibt sich $\tan\alpha = \frac{106\,\text{m}}{4\,800\,000\,\text{m}}$.
Der Winkel ist in sinnvoller Rundung derselbe.

20

a) $\sin\alpha = \frac{200\,\text{m}}{2\,000\,\text{m}} \Rightarrow \alpha = 5{,}74°$

b) $\tan\alpha = \frac{200\,\text{m}}{2\,000\,\text{m}} \Rightarrow \alpha = 5{,}71°$

Der Unterschied zwischen den Ergebnissen a) und b) ist nur rechnerisch vorhanden. Die geringe relative Genauigkeit der Angaben lässt streng genommen nur das Ergebnis $\alpha = 6°$ zu.

21

a) Höhe bis zum Befestigungspunkt der Seile:
$h_1 = 42\,\text{m} \cdot \tan 62° = 79\,\text{m}$
$h = 19\,\text{m} + 79\,\text{m} = 98\,\text{m}$

b) $\overline{AB} = \frac{h_1}{\sin 42°} = 118\,\text{m}$

22 ✳

Der rechte Winkel liegt immer der Körperdiagonalen d gegenüber. Die Flächendiagonale wird immer mit f bezeichnet.

a) $e = a = 6\,\text{cm}$
$f = e \cdot \sqrt{2} = 8{,}5\,\text{cm}$
$d = e \cdot \sqrt{3} = 10{,}4\,\text{cm}$
$\tan\varepsilon = \frac{e}{f} = \frac{1}{\sqrt{2}}$
$\varepsilon = 35{,}3°$
$\varphi = 54{,}7°$

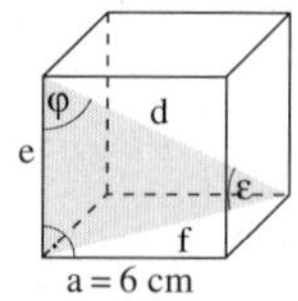

b) $e = c = 6\,\text{cm}$
$f = \sqrt{a^2 + b^2} = 12{,}8\,\text{cm}$
$d = \sqrt{a^2 + b^2 + c^2} = 14{,}1\,\text{cm}$
$\varepsilon = 25{,}1°$
$\varphi = 64{,}9°$

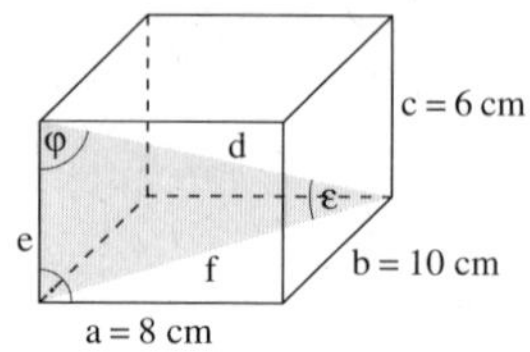

$e = b = 10\,\text{cm}$
$f = \sqrt{a^2 + c^2} = 10\,\text{cm}$ (exakt)
$d = 14{,}1\,\text{cm}$
$\varepsilon = 45{,}0°$
$\varphi = 45{,}0°$

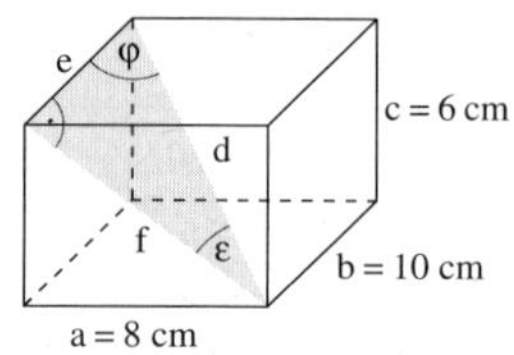

$e = a = 8\,\text{cm}$
$f = \sqrt{b^2 + c^2} = 11{,}7\,\text{cm}$
$d = 14{,}1\,\text{cm}$
$\varepsilon = 34{,}4°$
$\varphi = 55{,}6°$

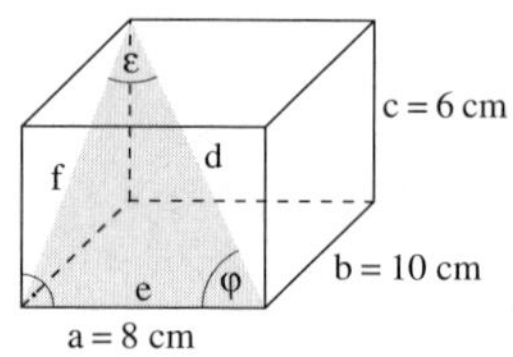

23

$d = \frac{80\,\text{m}}{\sin 20°} = 234\,\text{m}$

24

a) $\tan\alpha = \frac{3{,}2\,\text{m}}{3{,}8\,\text{m}}$; $\alpha = 40{,}1°$

b) $\tan\alpha = \frac{1{,}6\,\text{m}}{3{,}8\,\text{m}}$; $\alpha = 22{,}8°$

c) $\tan\alpha = \frac{3{,}2\,\text{m}}{1{,}9\,\text{m}}$; $\alpha = 59{,}3°$

25 ✳

$\sin\alpha = \frac{265\,\text{m}}{762\,\text{m}} \Rightarrow \alpha = 20{,}4°$

Horizontalentfernung Talstation – Zwischenstation:
$s_1 = 762\,\text{m} \cdot \cos\alpha = 714\,\text{m}$

Horizontalentfernung Zwischenstation – Bergstation:
$s_2 = 976\,\text{m} - 714\,\text{m} = 262\,\text{m}$
$\cos\beta = \frac{262\,\text{m}}{434\,\text{m}} \Rightarrow \beta = 52{,}9°$

Dezimalstellen bei den berechneten Längen sind nicht angebracht.

Korrektur im Schülerbuch:
In der Grafik fehlt für die Zwischenstation die Höhenangabe 265 m. Die Angabe 565 m für den gesamten Höhenunterschied ist zu streichen.

4 Besondere Werte

Seite 60

1

$\alpha_1 = 45°;\ \alpha_2 = 30°;\ \alpha = 75°;\ \beta = \alpha_1 = 45°;\ \gamma = 60°$

2

0,5015 . . .; 0,500 15 . . .; 0,500 015 . . . usw.

Das Ergebnis hängt in engen Grenzen vom verwendeten Taschenrechnertyp ab.

❒ ??? Randspalte

$\tan 89° = 57{,}29$
$\tan 89{,}9° = 572{,}96$
$\tan 89{,}99° = 5\,729{,}58$
$\tan 89{,}999° = 57\,295{,}78$

Seite 61

❒ Randspalte oben

Halbe gleichseitige Dreiecke:
ABG; BCG; HNG; NFG; AHI; CEF; AOK; BCL; CDL; BCD; BLG

Gleichschenklig-rechtwinklige Dreiecke:
ABI; BCE; BNI; BEN; KOI

❒ Randspalte unten

Ganz besondere Werte:
$\alpha = 15°;\ \beta = 72°;\ \gamma = 75°$
Die Werte sind exakt, also besondere Werte in dem Sinne, dass trigonometrische Werte ganzzahliger Winkel algebraische Ausdrücke sind.

Teste deinen Taschenrechner!
Zwar stimmen die für $\sin 45°$ und $\frac{1}{2}\sqrt{2}$ angezeigten Werte in allen Dezimalen überein, jedoch ergibt sich (je nach Taschenrechnertyp) in der Regel eine geringfügig von 0 abweichende Differenz. Der Taschenrechner rechnet bekanntlich mit mehr Stellen als in der Anzeige erscheinen (Schutzziffern). Die Differenz der so „verlängerten“ Werte wird durch Subtraktion sichtbar (z. B. durch die Anzeige 1. E- 12 oder 1. $^{-12}$), da die ersten 8 oder 10 Stellen sich gegenseitig auslöschen.

3

a) $c = e \cdot \sqrt{2}$

b) $a = \frac{1}{2}\sqrt{2}e$

c) $a = \frac{1}{2}e;\ b = \frac{1}{2}\sqrt{3}e$

d) $c = 2e;\ b = \sqrt{3}e$

e) $c = \frac{2}{3}\sqrt{3}e;\ a = \frac{c}{2} = \frac{1}{3}\sqrt{3}e$

4

a) $a = \frac{3}{2}e;\quad b = \frac{3}{2}\sqrt{3}e;\quad u = \left(\frac{9}{2} + \frac{3}{2}\sqrt{3}\right)e;\quad A = \frac{9}{8}\sqrt{3}e^2$

b) $a = \frac{1}{2}\sqrt{3}e;\quad b = \frac{3}{2}e;\quad u = \frac{3}{2}(\sqrt{3} + 1)e;\quad A = \frac{3}{8}\sqrt{3}e^2$

c) $c = 2e;\quad a = e;\quad u = (3 + \sqrt{3})e;\quad A = \frac{1}{2}\sqrt{3}e^2$

d) $b = \sqrt{2}e;\quad c = 2e;\quad u = 2(\sqrt{2} + 1)e;\quad A = e^2$

5

a) $u = \left(\frac{1}{2} + \frac{1}{2}\sqrt{3} + \sqrt{2}\right) \cdot e$

$A = \left(\frac{\sqrt{3}}{8} + \frac{1}{4}\right) \cdot e^2$

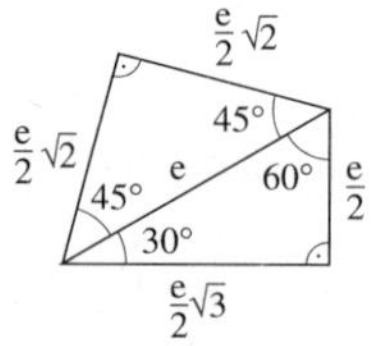

b) $u = \left(\frac{3}{2} + \frac{1}{2}\sqrt{3} + \sqrt{2}\right) \cdot e$

$A = \left(\frac{\sqrt{3}}{8} + \frac{1}{2}\right) \cdot e^2$

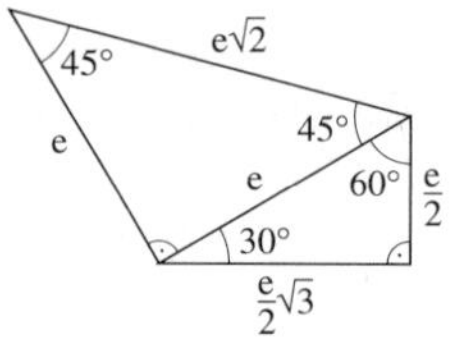

c) $u = (\sqrt{2} + \sqrt{3}) \cdot e$

$A = \left(\frac{1}{4} + \frac{1}{2\sqrt{3}}\right) \cdot e^2$

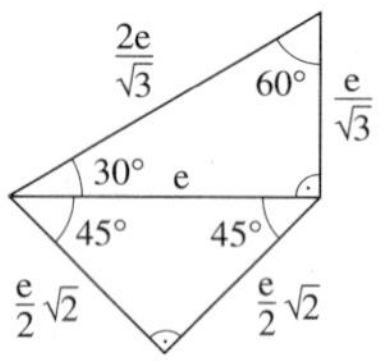

d) $u = \left(1 + \sqrt{2} + \sqrt{3}\right) \cdot e$

$A = \left(\frac{1}{2} + \frac{1}{2\sqrt{3}}\right) \cdot e^2$

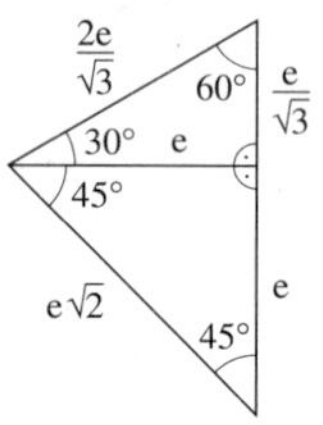

Es wurde darauf verzichtet, alle Nenner rational zu machen. Wird für den Flächeninhalt des halben gleichseitigen Dreiecks mit Hypotenuse s die Formel

$A = \frac{1}{2} \cdot \frac{s^2}{4} \cdot \sqrt{3} = \frac{1}{8}\sqrt{3}s^2$

verwendet, so ergeben sich von selbst Formeln ohne Wurzel im Nenner.

6

a) 1 b) 1 c) $\frac{3}{4}$

7

a) Gestrichelte Linie:
$d = \sqrt{2}e$

Höhe des gleichseitigen Dreiecks:
$h = \frac{1}{2}\sqrt{3}d = \frac{1}{2}\sqrt{6}e$

$A = \frac{1}{2}dh + \frac{1}{2}e^2 = \frac{1}{2}(\sqrt{3} + 1)e^2$

b) Das Viereck entsteht augenscheinlich durch Wegnehmen eines rechtwinklig-gleichschenkligen Dreiecks von einem gleichseitigen. (Begründung: Wegen der Symmetrie ist das weggenommene Dreieck gleichschenklig-rechtwinklig. Damit ergibt sich der Winkel 45° + 15° = 60°, so dass das große Dreieck gleichseitig ist.)

$A = \frac{1}{2}e \cdot \frac{1}{2}\sqrt{3}e - \frac{1}{2}\left(\frac{e}{\sqrt{2}}\right)^2 = \frac{1}{4}(\sqrt{3} - 1) \cdot e^2$

8

Das Trapez ist aus einem Rechteck, einem gleichschenklig-rechtwinkligen Dreieck und einem halben gleichseitigen Dreieck zusammengesetzt.

a) $A = \frac{1}{2}(5 + \sqrt{3}) \cdot e^2$

b) e = 5,45 cm

9 ✶

$\overline{BD} = e$; $\overline{BC} = e$; $\overline{AB} = \overline{BC} \cdot \sqrt{3} = \sqrt{3}e$

$x = \overline{AB} - \overline{BD} = (\sqrt{3} - 1) \cdot e$

Falsch rechnen unmöglich!

Oberes rechtes Dreieck: $a = \sqrt{4^2 - 1^2} = \sqrt{15}$

Unteres rechtes Dreieck: $b = \frac{a}{\sqrt{3}} = \frac{\sqrt{15}}{\sqrt{3}} = \sqrt{5}$

Unteres linkes Dreieck: $c = \sqrt{(2\sqrt{2})^2 - \sqrt{5}^2} = \sqrt{3}$

Oberes linkes Dreieck: $d = \frac{c}{\sqrt{3}} = 1$

5 Berechnung beliebiger Dreiecke

Seite 62

1

Zur Berechnung sind (nach bisherigem Wissen) rechtwinklige Dreiecke nötig. „Zufällig“ ist das Dreieck A_1A_4P im Rahmen der Messgenauigkeit ein halbes gleichseitiges Dreieck. Damit lässt sich $\overline{A_1A_4}$ berechnen:
$\overline{A_1A_4} = \overline{PA_1} \cdot \frac{1}{2}\sqrt{3} = 34{,}88\,\text{m}$.

2

$h_c = \frac{a}{\sqrt{2}}$ und $h_c = \frac{b}{2} \cdot \sqrt{3}$ gibt $b = \frac{2a}{\sqrt{6}}$
$A = \frac{1}{4}a^2 + \frac{1}{2} \cdot \frac{b^2}{4} \cdot \sqrt{3} = \frac{1}{4}\left(1 + \frac{1}{3}\sqrt{3}\right) a^2$

Korrektur im Schülerbuch:
In den Beispielen sind die Zeichnungen (einschließlich Legenden) von a) und b) vertauscht worden. Außerdem ist die unter a) angegebene Zeichnung nicht proportional gezeichnet ($a > b$ und α ist als gegebener Winkel tatsächlich der Gegenwinkel der größeren gegebenen Seite).

Seite 63

3

a) $\beta = 85{,}0°$; ($h_c = 6{,}7\,\text{cm}$); $a = 6{,}7\,\text{cm}$; $c = 5{,}3\,\text{cm}$
b) $\beta = 84{,}0°$; ($h_c = 3{,}1\,\text{cm}$); $a = 3{,}1\,\text{cm}$; $c = 7{,}3\,\text{cm}$
c) ($h_c = 2{,}3\,\text{cm}$); $\beta = 20{,}9°$; $\gamma = 84{,}1°$; $c = 6{,}7\,\text{cm}$
d) ($h_c = 4{,}0\,\text{cm}$); $\beta = 48{,}5°$; $\gamma = 51{,}0°$; $c = 4{,}3\,\text{cm}$
e) $\beta = 73{,}9°$; ($h_c = 5{,}0\,\text{cm}$); $a = 5{,}2\,\text{cm}$; $c = 8{,}5\,\text{cm}$
f) ($h_c = 6{,}2\,\text{cm}$); $\beta = 29{,}2°$; $\gamma = 73{,}6°$; $c = 12{,}6\,\text{cm}$

4

a) $\alpha = 90{,}6°$; ($h_c = 5{,}9\,\text{cm}$); $b = 5{,}9\,\text{cm}$; $c = 6{,}4\,\text{cm}$
b) $\gamma = 71{,}0°$; ($h_a = 5{,}0\,\text{cm}$); $b = 5{,}4\,\text{cm}$; $a = 9{,}9\,\text{cm}$
c) ($h_c = 3{,}6\,\text{cm}$); $\alpha = 21{,}2°$; $\gamma = 73{,}8°$; $c = 9{,}5\,\text{cm}$
d) $\alpha = 59{,}9°$; ($h_c = 7{,}1\,\text{cm}$); $b = 8{,}2\,\text{cm}$; $c = 5{,}2\,\text{cm}$
e) ($h_b = 10{,}1\,\text{cm}$); $\gamma = 69{,}0°$; $\beta = 29{,}8°$; $b = 5{,}4\,\text{cm}$
f) $\beta = 20{,}0°$; ($h_c = 3{,}9\,\text{cm}$); $a = 11{,}5\,\text{cm}$; $c = 8{,}0\,\text{cm}$

Seite 64

5

	a)	b)	c)	d)	e)
β	81,2°	14,5°	90,0°	100,0°	102,3°
a (in cm)	8,7	3,9	3,0	3,1	4,1
c (in cm)	3,9	4,0	4,0	7,7	8,9

6

	a)	b)	c)	d)	e)
β	36,9°	46,3°	29,5°	36,7°	59,9°
γ	81,1°	83,8°	70,5°	90,0°	60,2°
c (in cm)	8,4	9,4	8,0	6,4	10,0

Dreieck d) ist „gerundet rechtwinklig“, Dreieck e) ist zwar „gerundet gleichseitig“, aber nicht „gerundet gleichschenklig“.

7

	a)	b)	c)	d)	e)
a (in cm)	*9,6*	*9,5*	3,5	1,0	12,5
b (in cm)	4,1	*7,2*	*3,6*	5,5	*7,5*
c (in cm)	9,4	8,8	2,6	*5,5*	*6,0*
α	80,0°	*72,0°*	*67,5°*	*10,0°*	135,2°
β	*25,0°*	46,1°	70,1°	*85,0°*	*25,0°*
γ	*75,0°*	61,9°	*42,4°*	85,0°	19,8°

8

a) $\frac{c}{2} = b \cdot \cos\alpha$; $c = 9{,}2\,\text{cm}$; $\gamma = 100°$
b) $\alpha = 35{,}0°$; $c = 14{,}7\,\text{cm}$
c) $c = 7{,}1\,\text{cm}$; $\gamma = 115{,}0°$
d) $a = \frac{c}{2 \cdot \cos\alpha} = 8{,}1\,\text{cm}$; $\gamma = 20{,}0°$
e) $\cos\alpha = \frac{c}{2b}$; $\alpha = 73{,}0°$; $\gamma = 34{,}0°$
f) $\alpha = 71{,}0°$; $a = 7{,}1\,\text{cm}$

9

$A = \frac{1}{2} \cdot a \cdot b \cdot \sin\gamma$

a) $13{,}5\,cm^2$ b) $5{,}8\,cm^2$ c) $69{,}5\,cm^2$
d) $25{,}0\,cm^2$ e) $8\,cm^2$ (exakt)

10

$A = \frac{1}{2} \cdot a \cdot b \cdot \sin\gamma$

a) $22{,}3\,cm^2$ b) $108{,}3\,cm^2$

11

a) $A = \frac{1}{2} c \cdot b \cdot \sin\gamma$

$\Rightarrow \quad c = \frac{2A}{b \cdot \sin\alpha} = 7{,}9\,cm$

b) $A = \frac{1}{2} b \cdot a \cdot \sin\gamma$

$\Rightarrow \quad b = \frac{2A}{a \cdot \sin\gamma} = 6{,}8\,cm$

Die Aufgaben 12 und 13 ergänzen die Einführungs-Beispiele von Seite 62 im Schülerbuch um den Fall „sws gegeben".

12

Rechnung:
$c_1 = b \cdot \cos\alpha$
$c_2 = c - c_1$
$h_c = b \cdot \sin\alpha$
$a = \sqrt{h_c^2 + c_2^2}$
$\sin\beta = \frac{h_c}{a}$ oder $\cos\beta = \frac{c_2}{a}$ oder $\tan\beta = \frac{h_c}{c_2}$
$\gamma = 180° - \alpha - \beta$

	a)	b)	c)
c_1 (in cm)	2,9	8,0	3,1
c_2 (in cm)	3,3	4,0	4,9
h_c (in cm)	4,1	5,1	5,4
a (in cm)	5,3	6,5	7,3
β	51,1°	51,8°	47,6°
γ	73,9°	95,8°	72,4°

Je nach den verwendeten Formeln und ausgeführten Zwischenrundungen können sich geringfügige abweichende Werte ergeben (vgl. einleitende Anmerkung zu Schülerbuch, Seite 57 auf Seite 68).

13

Der Winkel β sollte aus der Formel

$$\cos\beta = \frac{c^2 + a^2 - b^2}{2ac}$$

berechnet werden. Die Formeln für cos β bzw. cos γ können analog zur Formel für die Berechnung von α hergeleitet werden. Dann ergeben sich:

$$\cos\beta = \frac{c^2 + a^2 - b^2}{2ac} \quad \text{und} \quad \cos\gamma = \frac{a^2 + b^2 - c^2}{2ab}.$$

Nicht um die Schüler in ihrem Fleiß zu bremsen, können sie auf die „genialere" Möglichkeit der zyklischen Vertauschung ($\alpha \Rightarrow \beta \Rightarrow \gamma$, $a \Rightarrow b \Rightarrow c$, $b \Rightarrow c \Rightarrow a$, $c \Rightarrow a \Rightarrow b$) hingewiesen werden, falls sie es nicht selbst entdecken.

Das unechte Dreieck d) ist als kleiner Überraschungseffekt gedacht.

	a)	b)	c)	d)
α	75,1°	161,4°	60,0°	0°
β	58,0°	8,4°	60,0°	0°
γ	46,9°	10,1°	60,0°	180°

Wird der letzte zu berechnende Winkel nicht über die Winkelsumme, sondern auch über die Formel berechnet, können Rundungsfehler evtl. Winkelsummen ergeben, die von 180° abweichen.

Seite 65

14

Rechenweg wsw (vgl. einführendes Beispiel a)):
(β = 72°; $h_c = 1{,}7\,km$)
$a = 1{,}8\,km$
$c = 2{,}5\,km$
$u = 6{,}9\,km$

Ergebnisse mit mehr Dezimalen sind wegen der Genauigkeit der Ausgangsgrößen nicht gerechtfertigt.

15

a) Rechenweg wsw:
($\sphericalangle APB = 84{,}07°$; $h_{\overline{BP}} = 146{,}43\,m$)
$\overline{AP} = 147{,}22\,m$
$\overline{BP} = 185{,}58\,m$

b) Abstand $d = h_{\overline{AB}} = \overline{AP} \cdot \sin 55{,}25° = 120{,}96\,m$

16

Gegeben:
Grundseite: $c = 8{,}45\,m$
lange Dachschräge: $\alpha = 38{,}5°$
kurze Dachschräge: $\beta = 60{,}2°$
Dachlänge: $l = 16{,}30\,m$

a) Rechenweg wsw:
Hilfshöhe: $h_a = 7{,}33\,m$
Firstwinkel: $\gamma = 81{,}3°$
lange Giebelseite: $b = 7{,}42\,m$
kurze Giebelseite: $a = 5{,}32\,m$
Dachfläche (aus zwei Rechtecken):
$A = (a + b) \cdot l = 207{,}7\,m^2$

b) Giebelhöhe: $h_c = b \cdot \sin \alpha = 4{,}62\,m$

c) Von der gesamten Grundfläche fällt links ein Streifen mit der Breite $c_1 = \frac{1{,}60\,m}{\tan 38{,}5°} = 2{,}01\,m$ weg, rechts ein Streifen mit der Breite $c_2 = \frac{1{,}60\,m}{\tan 60{,}2°} = 0{,}92\,m$.
Breite des nutzbaren Dachraums: $c - c_1 - c_2 = 5{,}52\,m$
Grundfläche: $A = (c - c_1 - c_2) \cdot l = 90{,}0\,m^2$

d) Inhalt der Giebelfläche: $\frac{1}{2} \cdot c \cdot h_c = 19{,}5\,m^2$
Inhalt der abgetrennten Dreiecke:
$\frac{1}{2} \cdot c_1 \cdot 1{,}60\,m = 1{,}6\,m^2$;
$\frac{1}{2} \cdot c_2 \cdot 1{,}60\,m = 0{,}7\,m^2$
Umbauter nutzbarer Raum:
$V = (19{,}5\,m^2 - 1{,}6\,m^2 - 0{,}7\,m^2) \cdot 16{,}30\,m = 280{,}0\,m^3$

17

$8{,}54 \cdot 10^{12}\,km$ ($\approx 0{,}9$ Lichtjahre)

Es spielt für das Ergebnis keine Rolle, ob die lange Seite oder die Höhe des gleichschenkligen Dreiecks als Entfernung betrachtet wird. Astronomische Entfernungen dieser Größenordnung sind noch durchaus durch Winkelmessung zu bestimmen.

18

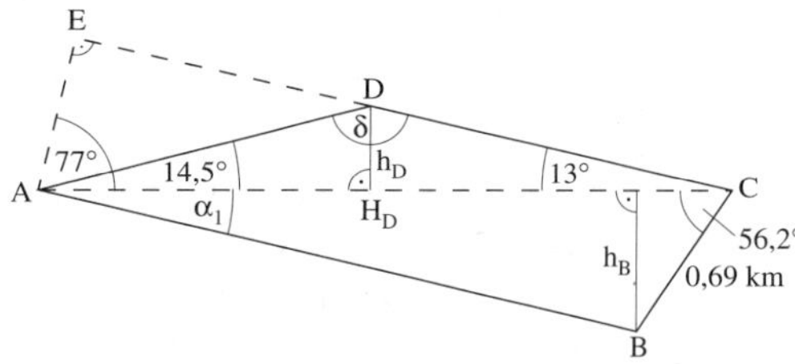

a) $h_B = 0{,}69\,km \cdot \sin 56{,}2° = 0{,}57\,km$

$\sin \alpha_1 = \frac{h_{\overline{AC}}}{2{,}54\,km} \implies \alpha_1 = 13{,}0°$

$\overline{AC} = 0{,}69\,km \cdot \cos 56{,}2° + 2{,}54\,km \cdot \cos 13° = 2{,}86\,km$

b) Verschiedene Lösungswege, z. B.:

$\overline{AE} = 2{,}86\,km \cdot \sin 13° = 0{,}64\,km$

$\overline{AD} = \frac{\overline{AE}}{\cos(77° - 14{,}5°)} = 1{,}39\,km$

$\overline{AH_D} = \overline{AD} \cdot \cos 14{,}5° = 1{,}35\,km$

$\overline{CH_D} = \overline{AC} - \overline{AH_D} = 1{,}51\,km$

$\overline{CD} = \frac{\overline{CH_D}}{\cos 13{,}0°} = 1{,}55\,km$

Weg über D: $\overline{AD} + \overline{DC} = 2{,}90\,km$

Alternativ:

$h_D = \overline{AH_D} \cdot \tan 14{,}5° = \overline{CH_D} \cdot \tan 13°$ (1)

$\overline{AH_D} + \overline{CH_D} = \overline{AC} = 2{,}86\,km$ (2)

(2) in (1): $\overline{AH_D} \cdot \tan 14{,}5° = \left(\overline{AC} - \overline{AH_D}\right) \cdot \tan 13°$

$\overline{AH_D} = \overline{AC} \frac{\tan 13°}{\tan 14{,}5° + \tan 13°} = 1{,}35\,km$

$\overline{CH_D} = 1{,}51\,km$

$\overline{AD} = \frac{\overline{AH_D}}{\cos 14{,}5°} = 1{,}39\,km$

$\overline{CD} = \frac{\overline{CH_D}}{\cos 13°} = 1{,}55\,km$

Weg über D: $\overline{AD} + \overline{DC} = 2{,}94\,km$

Korrektur im Schülerbuch:
Der 13,0°-Winkel wurde im Schülerbuch falsch gezeichnet (mit 17,0°).

19

a) $h_{\overline{AL}} = 5{,}62\,\text{sm} \cdot \sin 38{,}8° = 3{,}52\,\text{sm}$

$\overline{BL} = \dfrac{h_{\overline{AL}}}{\sin 76°} = 3{,}63\,\text{sm}$

b) Um auf den Fall „eine Seite, zwei anliegende Winkel" zu kommen, werden in $\triangle BLC$ die zweiten Winkel bei B (114,8°) und L (32°) bestimmt. Dann ergibt sich $h_{\overline{LC}} = 3{,}63\,\text{sm} \cdot \sin 32° = 1{,}92\,\text{sm}$

$\overline{BC} = \dfrac{h_{\overline{LC}}}{\sin 33{,}2°} = 3{,}51\,\text{sm}$

20

Die Flächenformel für das Dreieck wird dreimal benutzt. Die Zwischenergebnisse werden auf eine Dezimale gerundet, das Endergebnis auf ganze m^2.

a) $A_{\triangle ABC} = A_{\triangle PAB} - A_{\triangle PAC} - A_{\triangle PCB}$
$= 1\,120{,}8\,m^2 - 274{,}0\,m^2 - 510{,}5\,m^2$
$= 336{,}3\,m^2$

b) $A_{\triangle ABC} = A_{\triangle PAB} + A_{\triangle PBC} - A_{\triangle PAC}$
$= 384{,}2\,m^2 + 475{,}4\,m^2 - 447{,}2\,m^2$
$= 412{,}4\,m^2$

6 Berechnung von Vierecken und Vielecken

Seite 66

1

Die Teilung durch die zur Basis parallele Diagonale zerlegt das Fünfeck in ein gleichschenkliges Trapez und ein rechtwinklig-gleichschenkliges Dreieck. Die Diagonale hat die Länge $\left(10 + 2 \cdot 10 \cdot \frac{1}{3} \cdot \sqrt{3}\right)$ cm = 21,55 cm. Daraus lassen sich die Inhalte der Teilflächen berechnen; da es hier nur um den Lösungsplan geht, kann die explizite Ausrechnung zurückstehen (Ergebnis: $273{,}8\,\text{cm}^2$).

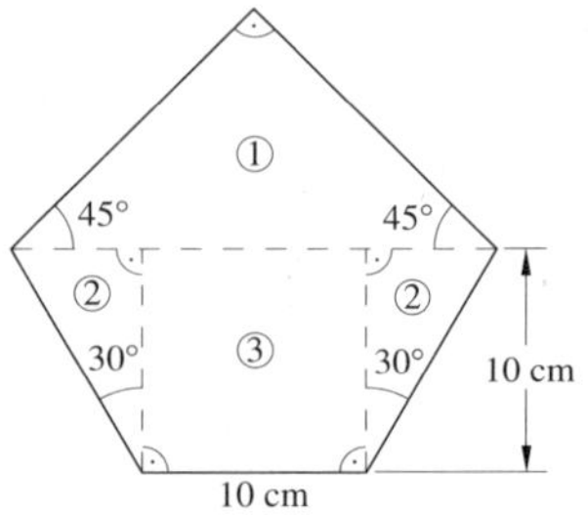

Variante:

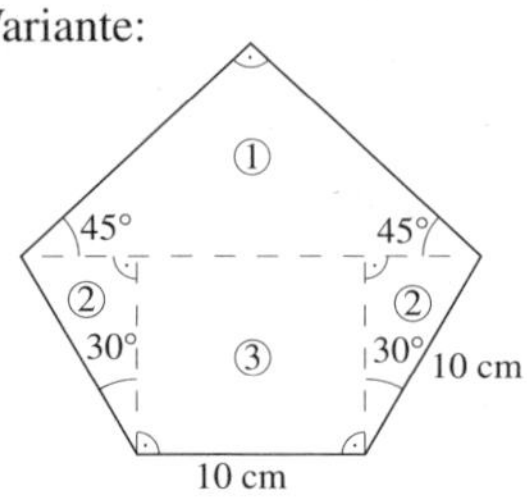

Wird dennoch auf die Ausrechnung Wert gelegt, ist eine Variante zu empfehlen: Hat nicht die Höhe, sondern der Schenkel des Trapezes die Länge 10 cm, so ergibt sich für die Diagonale die Länge 20 cm und für den Flächeninhalt:

$A_1 = \frac{1}{4} \cdot (20\,\text{cm})^2 = 100\,\text{cm}^2$

$A_2 = \frac{1}{2} \cdot 5\,\text{cm} \cdot 10\,\text{cm} \cdot \sin 60° = \frac{25}{2}\sqrt{3}\,\text{cm}^2$

$A_3 = 10\,\text{cm} \cdot 10\,\text{cm} \cdot \sin 60° = 50\sqrt{3}\,\text{cm}^2$

$A_{\pentagon} = A_1 + 2A_2 + A_3 = (100 + 75\sqrt{3})\,\text{cm}^2 = 229{,}9\,\text{cm}^2$

Die im Schulbuch eingetragene Teilung ist praktisch unverwertbar – dies ist der Sinn der Aufgabe.

2

Durch Auszählen von ganzen und angeschnittenen Gitterquadraten kommt man auf einen Schätzwert um $6\,000\,\text{m}^2$, wobei die Toleranz etwa bei $\pm 200\,\text{m}^2$ liegt. Das Aufmessen mit Hilfe der Standlinie (als Hinweis auf ein prinzipiell in der Praxis verwendbares Verfahren) führt auf eine Zerlegung und Ergänzung, in der Rechteck, Trapez und rechtwinklige Dreiecke vorkommen. Die Längen auf der Standlinie können recht genau geschätzt werden. Im Rahmen der Ablesegenauigkeit ergibt sich

$$\begin{aligned} A &= 80 \cdot 30\,\text{m}^2 + \tfrac{1}{2} \cdot 18 \cdot 30\,\text{m}^2 + \tfrac{1}{2} \cdot 15 \cdot 30\,\text{m}^2 \\ &\quad + \tfrac{1}{2} \cdot (20 + 30) \cdot 140\,\text{m}^2 - \tfrac{1}{2} \cdot 12 \cdot 20\,\text{m}^2 \\ &\quad - \tfrac{1}{2} \cdot 15 \cdot 30\,\text{m}^2 \\ &= 6\,050\,\text{m}^2 \end{aligned}$$

Umrahmt man das Viereck mit einem Gitterrechteck, so erkennt man, dass das Viereck aus diesem Rechteck durch Wegnehmen von drei rechtwinkligen Dreiecken entsteht. Damit ergibt sich sogar exakt $A = 6\,050\,\text{m}^2$.

Seite 67

3

Die Diagonale, die das Viereck in zwei rechtwinklige Dreiecke zerlegt, sei e, das Dreieck mit der Seite a sei Dreieck 1, das andere sei Dreieck 2.

a) $\alpha_1 = 54{,}5°$; $\alpha_2 = 70{,}5°$
$e = 8{,}60\,\text{cm}$; $c = 8{,}11\,\text{cm}$; $d = 2{,}87\,\text{cm}$
$A = 29{,}1\,\text{cm}^2$; $u = 23{,}0\,\text{cm}$

b) $a = 3{,}57\,\text{cm}$; $\gamma_1 = 22{,}8°$; $\gamma_2 = 79{,}6°$
$e = 9{,}22\,\text{cm}$; $c = 1{,}66\,\text{cm}$; $d = 9{,}07\,\text{cm}$
$A = 22{,}7\,\text{cm}^2$; $u = 22{,}8\,\text{cm}$

c) $a = 8{,}94\,\text{cm}$; $e = 11{,}67\,\text{cm}$; $b = 9{,}76\,\text{cm}$
$A = 64{,}8\,\text{cm}^2$; $u = 32{,}6\,\text{cm}$

d) $a = 7{,}29\,\text{cm}$; $\beta_1 = 49{,}4°$; $\beta_2 = 67{,}2°$
$b = 4{,}34\,\text{cm}$; $c = 10{,}32\,\text{cm}$
$A = 53{,}4\,\text{cm}^2$; $u = 30{,}5\,\text{cm}$

4

a) $c = a - b \cdot \cos\alpha = 5{,}64\,\text{cm}$; $d = 4{,}58\,\text{cm}$
$A = 32{,}4\,\text{cm}^2$; $u = 24{,}1\,\text{cm}$

b) $\alpha = 52{,}4°$; $a = 8{,}60\,\text{cm}$; $b = 7{,}53\,\text{cm}$
$A = 42{,}9\,\text{cm}^2$; $u = 28{,}4\,\text{cm}$

c) $b = \frac{(a-c)}{\cos\beta} = 15{,}66\,\text{cm}$; $d = 13{,}28\,\text{cm}$
$A = 146{,}7\,\text{cm}^2$; $u = 51{,}0\,\text{cm}$

d) $\tan\alpha = \frac{b}{(a-c)}$; $\alpha = 53{,}5°$; $d = 6{,}22\,\text{cm}$
$A = 31{,}8\,\text{cm}^2$; $u = 23{,}9\,\text{cm}$

5

a) $h = 3{,}86\,\text{cm}$
$c = a - b \cdot \cos\beta - \frac{h}{\tan\alpha} = 5{,}72\,\text{cm}$
$d = \frac{h}{\sin\alpha} = 4{,}26\,\text{cm}$
$A = 32{,}3\,\text{cm}^2$
$u = 26{,}2\,\text{cm}$

b) $h = d \cdot \sin\alpha = 3{,}53\,\text{cm}$
$\sin\beta = \frac{h}{b} \quad \Rightarrow \quad \beta = 44{,}9°$
$c = 6{,}60\,\text{cm}$
$A = 38{,}1\,\text{cm}^2$
$u = 32{,}6\,\text{cm}$

6

a) $h = 7{,}95\,\text{cm}$; $b = 8{,}12\,\text{cm}$; $c = 4{,}09\,\text{cm}$
$u = 31{,}2\,\text{cm}$; $A = 56\,\text{cm}^2$

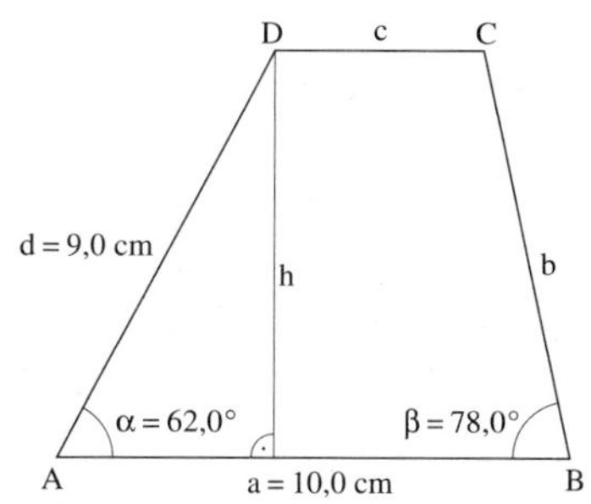

b) $h = 4{,}28\,\text{cm}$; $d = 9{,}42\,\text{cm}$; $a = 18{,}58\,\text{cm}$
$u = 40{,}8\,\text{cm}$; $A = 57\,\text{cm}^2$

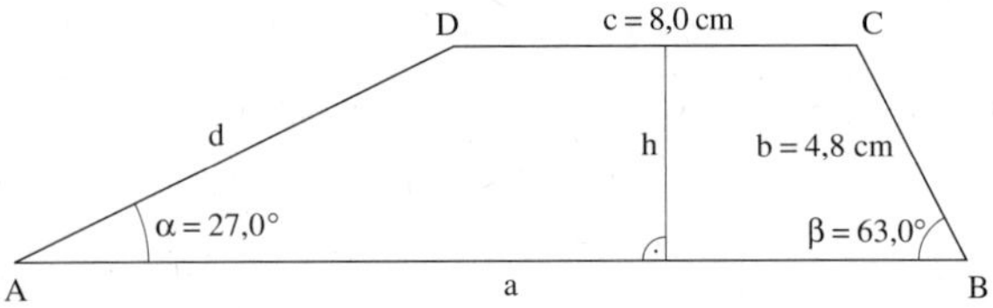

c) $h = 5{,}64\,\text{cm}$; $\alpha = 44{,}8°$; $a = 10{,}23\,\text{cm}$
$u = 26{,}7\,\text{cm}$; $A = 36\,\text{cm}^2$

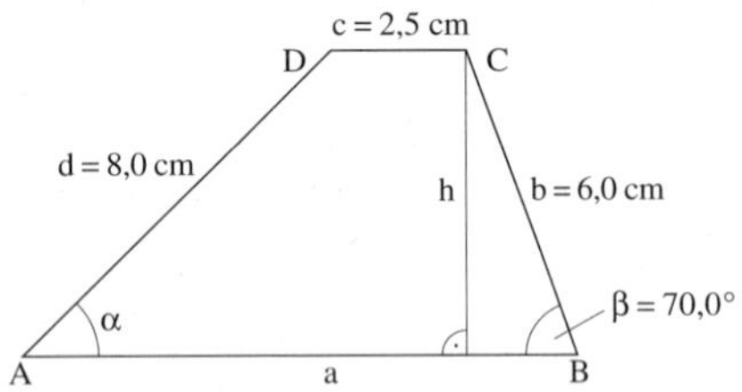

d) $h = 5{,}51\,\text{cm}$; $d = 8{,}58\,\text{cm}$
$c = a - d \cdot \cos\alpha - b \cdot \cos\beta = 2{,}60\,\text{cm}$
$u = 25{,}0\,\text{cm}$; $A = 30\,\text{cm}^2$

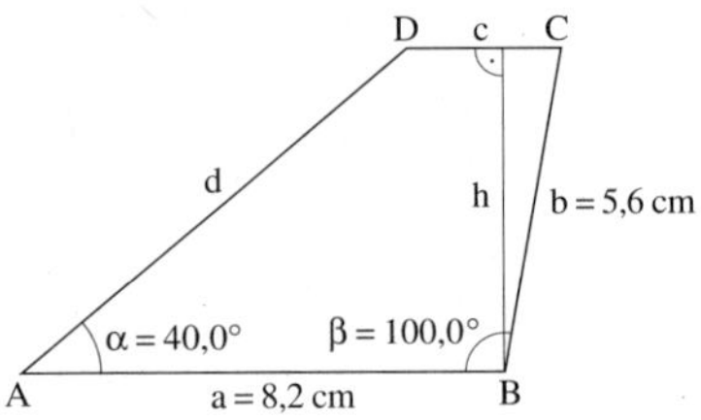

Die ungewöhnliche Form des Trapezes ist beabsichtigt! (Man beachte das Vorzeichen bei der Berechnung von c)

Korrektur im Schülerbuch:
a) $\beta = 78{,}0°$

7

a) $b = \frac{h}{\sin\alpha} = 8{,}35\,\text{cm}$
$a = c + 2 \cdot b \cdot \cos\alpha = 16{,}3\,\text{cm}$

b) $h = d\sin\alpha = 7{,}34\,\text{cm}$
$a = 14{,}0\,\text{cm}$
$A = 77{,}8\,\text{cm}^2$
$u = 37{,}4\,\text{cm}$

8

$h = 5{,}64\,\text{cm}$; $\beta = 53{,}7°$; $c = 3{,}80\,\text{cm}$
$u = 26{,}8\,\text{cm}$; $A = 38{,}9\,\text{cm}^2$

Es wäre schön, wenn durch die Konstruktion auch die zweite Form mit stumpfem Winkel β gefunden würde. Dann ergibt sich

$\beta' = 126{,}3°$; $c' = 12{,}1\,\text{cm}$
$u' = 35{,}1\,\text{cm}$; $A' = 62{,}3\,\text{cm}^2$.

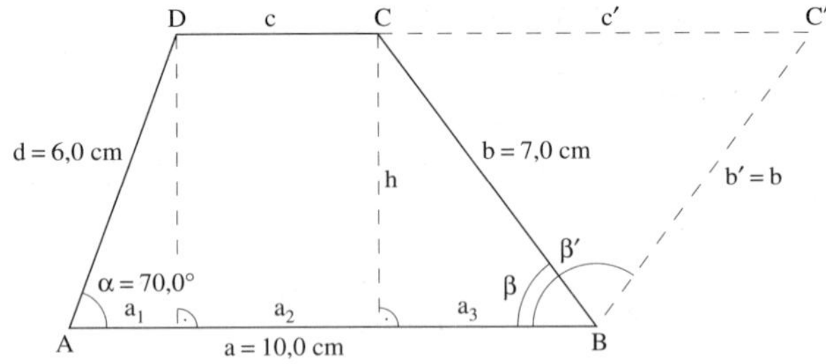

9

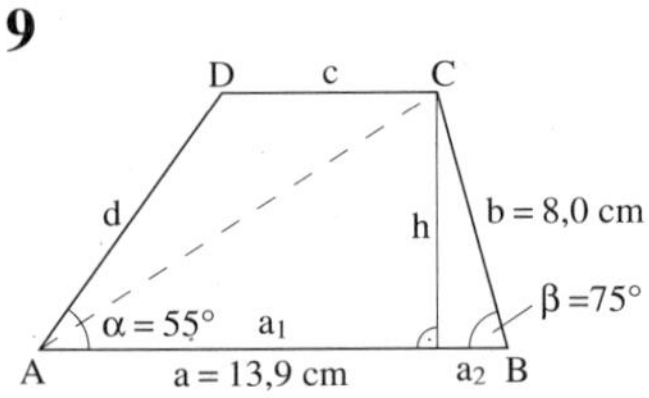

$h = b\sin\beta = 7{,}73\,\text{cm}$
$a_1 = a - b\cos\beta = 11{,}83\,\text{cm}$
$\overline{AC} = \sqrt{h^2 + a_1^2} = 14{,}1\,\text{cm}$
$d = \frac{h}{\sin\alpha} = 9{,}4\,\text{cm}$
$c = a_1 - d\cos\alpha = 8{,}5\,\text{cm}$

Korrektur im Schülerbuch:
$\alpha = 55°$; $\beta = 75°$

10

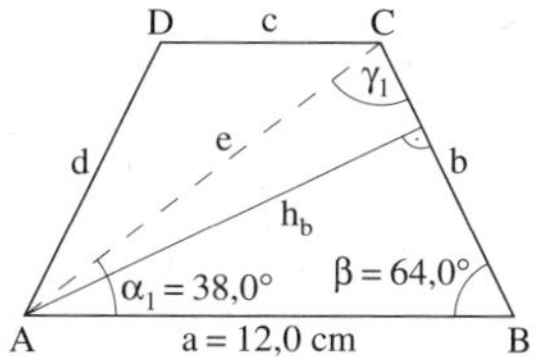

Im Dreieck ABC sind eine Seite und die zwei anliegenden Winkel gegeben. (Wird auf Beispiel a) aus Lerneinheit 5 zurückgegriffen, so ist auf die abweichende Bezeichnung der Seiten zu achten sowie auf die Korrekturanmerkung zu den Beispielen.) In diesem Dreieck gilt $\gamma_1 = 180° - \alpha_1 - \beta = 78{,}0°$ und $h_b = a \cdot \sin\beta = 10{,}79\,\text{cm}$.

Hieraus ergibt sich:

$e = \frac{h_b}{\sin\gamma_1} = 11{,}03\,\text{cm}$

$d = b = a \cdot \cos\beta + e \cdot \cos\gamma_1 = 7{,}55\,\text{cm}$

$c = a - 2 \cdot b \cdot \cos\beta = 5{,}38\,\text{cm}.$

Seite 68

❒ Augenmaß gefragt!

Der Flächeninhalt der Raute kann auf ein Sechstel des Flächeninhalts des Quadrats geschätzt werden, so dass die Raute einen Flächeninhalt von ca. $17\,\text{cm}^2$ haben sollte.

Erster Lösungsweg:

x sei die halbe senkrechte Diagonale und y die halbe waagrechte Diagonale der Raute.
Höhe im gleichseitigen Dreieck mit Basis a = 10 cm:

$5\,\text{cm} + x = 10\,\text{cm} \cdot \frac{1}{2}\sqrt{3} \Rightarrow x = 5(\sqrt{3} - 1)\,\text{cm}$

$y = \frac{1}{3}\sqrt{3}x = 5\left(1 - \frac{1}{3}\sqrt{3}\right)\,\text{cm}$

Damit ist

$$A_{\text{Raute}} = \frac{1}{2} \cdot 2x \cdot 2y = 100\left(\frac{2}{3}\sqrt{3} - 1\right)\,\text{cm}^2 \approx 15{,}5\,\text{cm}^2$$

Dieser Wert ergibt ein Flächenverhältnis von ca. 6,5 : 1. Die Lösung kann durch früheres Einsetzen von Zahlenwerten abgewandelt werden.

Zweiter Lösungsweg:

A_1 bezeichne den Flächeninhalt des gleichseitigen Dreiecks mit Basis a = 10 cm, A_2 den Flächeninhalt eines der blauen stumpfwinkligen Dreiecke. Da sich die zwei gleichseitigen Dreiecke in der Raute überlappen, gilt $2A_1 + 2A_2 = A_{\text{Raute}} + A_{\text{Quadrat}}$.

Aus $A_1 = \frac{1}{4}\sqrt{3}a^2$ und $A_2 = \frac{a}{2} \cdot \frac{a}{2}\tan 30° = \frac{1}{12}\sqrt{3}a^2$ ergibt sich

$$A_{\text{Raute}} = 2 \cdot \frac{1}{4}\sqrt{3}a^2 + 2 \cdot \frac{1}{12}\sqrt{3}a^2 - a^2 = 100\left(\frac{2}{3}\sqrt{3} - 1\right)\,\text{cm}^2$$

wie oben.

11

Aus $A_1 = \frac{1}{2} \cdot a \cdot b \cdot \sin\beta$ ergibt sich

$\beta = 36{,}9°$

$d = h = 6{,}00\,\text{cm}$

$c = 7{,}00\,\text{cm}$

$A = 66{,}0\,\text{cm}^2.$

Da jeweils exakt $\sin\beta = 0{,}6$ und $\cos\beta = 0{,}8$ gilt (rechtwinkliges Dreieck BCH_a mit ganzzahligem Seitenverhältnis 3 : 4 : 5), gilt auch exakt h = 6 cm; c = 7 cm; $A = 66\,\text{cm}^2$.

12

Aus h = d = 4 cm, $A = 42\,\text{cm}^2$ und der Flächenformel des Trapezes ergibt sich

$c = \frac{2A}{d} - a = 9\,\text{cm}$ (exakt).

Mit dem Satz des Pythagoras folgt
b = 5 cm; $\beta = 53{,}1°$; $\gamma = 126{,}9°$.

13 ✶

Streckenlängen als Zwischenergebnisse (bei Endergebnissen in Klammern) werden in dieser und den folgenden Aufgaben mit einer zusätzlichen Ziffer angegeben (vgl. Anmerkung zu Schülerbuchseite 57)

a) $\overline{EC} = b \cdot \sin\beta = 8{,}56\,\text{cm}$

$\overline{AE} = a - \overline{EB} = a - (b \cdot \cos\beta) = 3{,}22\,\text{cm}$

$c = \sqrt{\overline{AE}^2 + \left(\overline{EC} - d\right)^2} = 4{,}8\,\text{cm}\ (4{,}80\,\text{cm})$

$\gamma_1 = 18°$

$\sin\gamma_2 = \frac{\overline{AE}}{c} \Rightarrow \gamma_2 = 42{,}1°$

$\gamma = \gamma_1 + \gamma_2 = 60{,}1°$

$\cos(\delta - 90°) = \frac{\overline{AE}}{c} \Rightarrow \delta = 137{,}9°$

b) $\overline{EC} = b \cdot \sin\beta = 6{,}38\,\text{cm}$

$\overline{AE} = a - \overline{EB} = a - b \cdot \cos\beta = 7{,}29\,\text{cm}$

$\cos\gamma_1 = \frac{\overline{EC}}{b} \Rightarrow \gamma_1 = 15{,}0°$

$\gamma_2 = \gamma - \gamma_1 = 65{,}0°$

$c = \frac{\overline{AE}}{\sin\gamma_2} = 8{,}0\,\text{cm}\ (8{,}04\,\text{cm})$

$\cos\delta_1 = \frac{\overline{AE}}{c} \Rightarrow \delta_1 = 25{,}0°;\quad \delta = 115{,}0°$

$d = \overline{EC} - c \cdot \sin\delta_1 = 3{,}0\,\text{cm}$

14 ✶

a) $\overline{AE} = \overline{FC} = a + b \cdot \cos(180° - \beta) = 10{,}10\,\text{cm}$

$c = \frac{\overline{AE}}{\sin(180° - \delta)} = 10{,}5\,\text{cm}\ (10{,}46\,\text{cm})$

$\overline{EC} = \overline{AF} = b \cdot \sin(180° - \beta) = 5{,}36\,\text{cm}$

$d = \overline{EC} - c \cdot \cos(180° - \delta) = 2{,}7\,\text{cm}$

$\gamma = 360° - 90° - \beta - \delta = 35{,}0°$

b) $\delta = 360° - 90° - \beta - \gamma = 125{,}0°$

$\overline{FC} = \overline{AE} = c \cdot \sin(180° - \delta) = 5{,}73\,\text{cm}$

$\overline{BE} = \overline{FC} - a = 1{,}73\,\text{cm}$

$b = \frac{\overline{BE}}{\cos(180° - \beta)} = 5{,}6\,\text{cm}\ (5{,}60\,\text{cm})$

$\overline{AF} = \overline{CE} = b \cdot \sin(180° - \beta) = 5{,}33\,\text{cm}$

$\overline{DF} = c \cdot \cos(180° - \delta) = 4{,}02\,\text{cm}$

$d = \overline{AF} - \overline{DF} = 1{,}3\,\text{cm}$

15 ✶

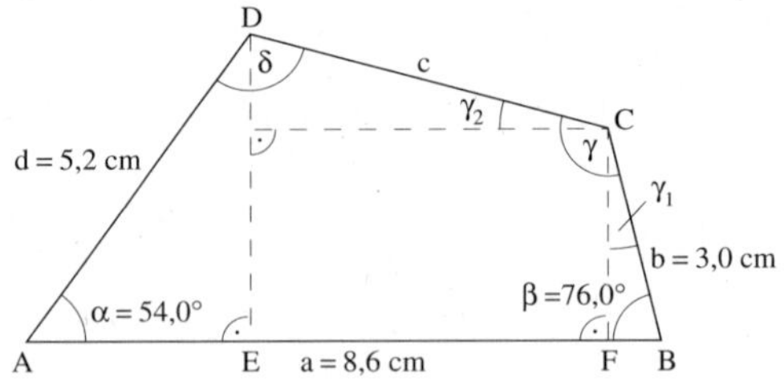

$\overline{DE} = d\sin\alpha = 4{,}21\,\text{cm}$

$\overline{CF} = b\sin\beta = 2{,}91\,\text{cm}$

$\overline{EF} = a - d\cos\alpha - b\cos\beta = 4{,}82\,\text{cm}$

$c = \sqrt{\left(\overline{DE} - \overline{CF}\right)^2 + \overline{EF}^2} = 5{,}0\,\text{cm}\ (4{,}99\,\text{cm})$

$u = 21{,}8\,\text{cm}$

$\gamma_1 = 14{,}0°;\ \cos\gamma_2 = \frac{\overline{EF}}{c} \Rightarrow \gamma_2 = 15{,}0°;\ \gamma = 119{,}0°$

$\delta = 360° - \alpha - \beta - \gamma = 111{,}0°$

16 ✶

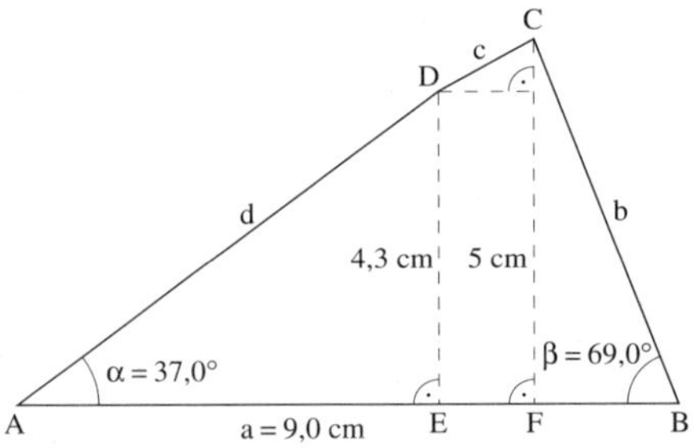

$b = \frac{\overline{CF}}{\sin\beta} = 5{,}36\,\text{cm}$

$d = \frac{\overline{DE}}{\sin\alpha} = 7{,}15\,\text{cm}$

$\overline{EF} = a - \frac{\overline{DE}}{\tan\alpha} - \frac{\overline{CF}}{\tan\beta} = 1{,}37\,\text{cm}$

$c = \sqrt{\overline{EF}^2 + \left(\overline{CF} - \overline{DE}\right)^2} = 1{,}54\,\text{cm}$

$u = 23{,}1\,\text{cm}$

17 ✳

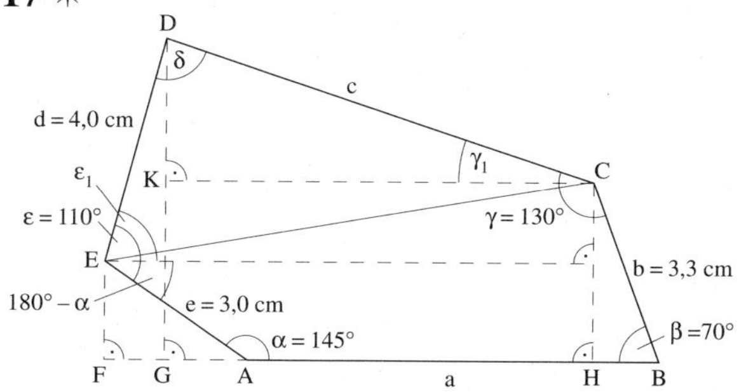

a) $\overline{EF} = e \sin \alpha = 1{,}72\,\text{cm}$

$\overline{CH} = b \sin \beta = 3{,}10\,\text{cm}$

$\varepsilon_1 = \varepsilon - (180° - \alpha) = 75°$

$\gamma_1 = \gamma - (180° - \beta) = 20°$

$\overline{DG} = \overline{EF} + \overline{DE} \cdot \sin \varepsilon_1 = 5{,}58\,\text{cm}$

$\overline{FG} = \overline{DE} \cdot \cos \varepsilon_1 = 1{,}04\,\text{cm}$

$\overline{DK} = \overline{DG} - \overline{CH} = 2{,}48\,\text{cm}$

$\overline{CK} = \dfrac{\overline{DK}}{\tan \gamma_1} = 6{,}81\,\text{cm}$

$\overline{FH} = \overline{FG} + \overline{GH} = \overline{FG} + \overline{CK} = 7{,}85\,\text{cm}$

$\overline{CE} = \sqrt{\overline{FH}^2 + \left(\overline{CH} - \overline{EF}\right)^2} = 8{,}0\,\text{cm}$

b) $\overline{HB} = b \cos \beta = 1{,}13\,\text{cm}$

$\overline{FA} = e \cos (180° - \alpha) = 2{,}46\,\text{cm}$

$A_{ABCDE} = A_{FBCDE} - A_{FAE}$
$= A_{FGDE} + A_{GHCD} + A_{HBC} - A_{FAE}$
$= 3{,}80\,\text{cm}^2 + 29{,}56\,\text{cm}^2 + 1{,}75\,\text{cm}^2 - 2{,}12\,\text{cm}^2$
$= 33\,\text{cm}^2$

Zur Vereinfachung der Aufgabe kann man den a)-Teil abändern.

Bei der Aufgabenstellung „Berechne die Länge von $\overline{CD}$“ erhält man folgende Lösung:

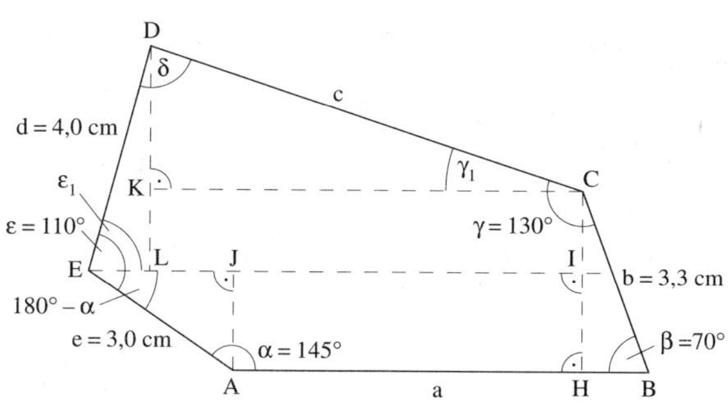

$\overline{CH} = b \sin \beta = 3{,}10\,\text{cm}$

$\overline{AJ} = e \sin \alpha = 1{,}72\,\text{cm}$

$\overline{IC} = \overline{CH} - \overline{AJ} = 1{,}38\,\text{cm}$

$\varepsilon_1 = \varepsilon - (180° - \alpha) = 75°$

$\overline{DL} = d \sin \varepsilon_1 = 3{,}86\,\text{cm}$

$\overline{DK} = \overline{DL} - \overline{IC} = 2{,}48\,\text{cm}$

$\gamma_1 = \gamma - (180° - \beta) = 20°$

$\overline{CD} = \dfrac{\overline{DK}}{\sin \gamma_1} = 7{,}3\,\text{cm}$

18 ✳

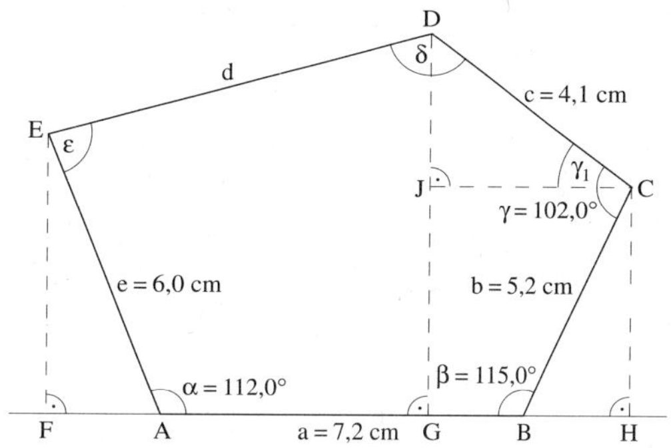

$\overline{BH} = b \cos (180° - \beta) = 2{,}20\,\text{cm}$

$\overline{CH} = b \sin \beta = 4{,}71\,\text{cm}$

$\gamma_1 = \gamma - (180° - \beta) = 37{,}0°$

$\overline{GH} = \overline{CJ} = c \cos \gamma_1 = 3{,}27\,\text{cm}$

$\overline{GD} = c \sin \gamma_1 + \overline{CH} = 7{,}18\,\text{cm}$

$\overline{GB} = \overline{CJ} - b \cos (180° - \beta) = 1{,}07\,\text{cm}$

$\overline{AF} = e \cos (180° - \alpha) = 2{,}25\,\text{cm}$

$\overline{GF} = \overline{GA} + \overline{AF} = a - \overline{GB} + \overline{AF} = 8{,}38\,\text{cm}$

$\overline{EF} = e \sin \alpha = 5{,}56\,\text{cm}$

$A_{ABCDE} = A_{FGDE} - A_{FAE} + A_{GHCD} - A_{BHC}$
$= 53{,}38\,\text{cm}^2 - 6{,}26\,\text{cm}^2 + 19{,}44\,\text{cm}^2 - 5{,}18\,\text{cm}^2$
$= 61\,\text{cm}^2$

Seite 69

19

a) Das Viereck kann wahlweise durch die Diagonale $\overline{AC}$ oder $\overline{BD}$ jeweils in zwei Dreiecke zerlegt werden, auf die die Flächenformel anwendbar ist.

Ergebnis: A = 544 a

b)

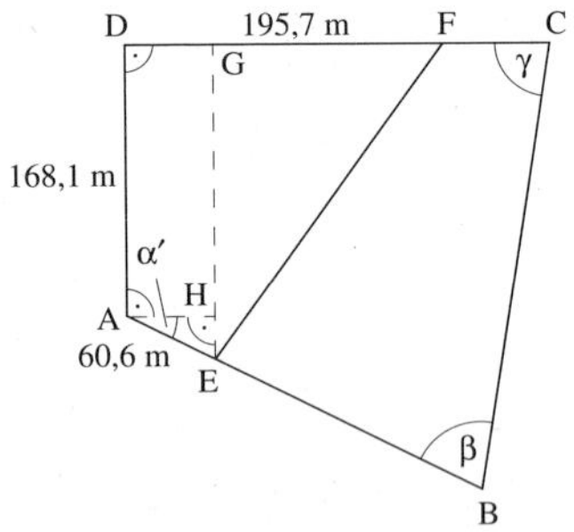

$\alpha' = 116{,}5° - 90° = 26{,}5°$

$\overline{DG} = \overline{AH} = \overline{AE} \cdot \cos\alpha' = 54{,}2\,m$

$\overline{GF} = \overline{DF} - \overline{DG} = 141{,}5\,m$

$\overline{HE} = \overline{AE} \cdot \sin\alpha' = 27{,}0\,m$

$\overline{GE} = \overline{AD} + \overline{HE} = 195{,}1\,m$

$\overline{EF} = \sqrt{\overline{GE}^2 + \overline{GF}^2} = 241{,}0\,m$

20

a) Einschnitt:

Tiefe: h = 14,5 m

Breite an der Basis: a = 13,7 m

Breite oben: $c = a + \frac{14{,}5\,m}{\tan 41{,}0°} + \frac{14{,}5\,m}{\tan 35{,}0°} = 51{,}1\,m$

$A_E = \frac{1}{2} \cdot (a + c) \cdot h = 469{,}7\,m^2$

Damm:
(über Ergänzungstrapez)

$$A_D = \frac{1}{2} \cdot (4{,}2\,m + 15{,}6\,m) \cdot \left(13{,}7\,m + \frac{4{,}2\,m}{\tan 42{,}0°} + \frac{15{,}6\,m}{\tan 42{,}0°}\right) - \frac{1}{2} \cdot 4{,}2\,m \cdot \frac{4{,}2\,m}{\tan 42{,}0°} - \frac{1}{2} \cdot 15{,}6\,m \cdot \frac{15{,}6\,m}{\tan 42{,}0°} = 208{,}4\,m^2$$

b) Länge des Einschnitts:
$l_E = 320\,m$

Volumen des Einschnitts:
$V_E = A_E \cdot l_E = 150 \cdot 10^3\,m^3$

Länge des Damms:
$l_D = 630\,m$

Volumen des Damms:
$V_D = A_D \cdot l_D = 131 \cdot 10^3\,m^3$

Wegen $V_E > V_D$ kann nicht das gesamte ausgeräumte Material zur Aufschüttung des Damms verwendet werden.

21

a) Der Steg ist (mathematisch gesehen) die Hypotenuse eines rechtwinkligen Dreiecks mit den Kathetenlängen
$a = 9{,}2\,m \cdot \sin 34{,}0° + 13{,}7\,m + 14{,}1\,m \cdot \sin 42{,}0°$
$= 28{,}28\,m$
und
$b = 14{,}1\,m \cdot \sin 48{,}0° - 9{,}2\,m \cdot \sin 56{,}0° = 2{,}85\,m$.
Mit dem Satz des Pythagoras ergibt sich daraus die Länge 28,4 m.

b) Für den Steigungswinkel α gilt
$\tan\alpha = \frac{b}{a} = 0{,}100 = 10{,}0\,\%$.

22

Es gilt $A_{ABCD} = A_{PAB} + A_{PBC} + A_{PCD} - A_{PAD}$.
Mit Hilfe der Flächenformel ergibt sich
$A_{ABCD} = 3\,198\,m^2 \approx 32\,a$.

23

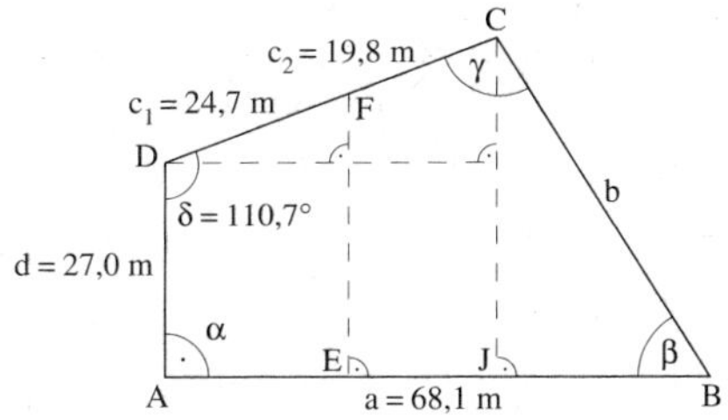

a) $\overline{EF} = d + c_1 \cdot \sin(\delta - 90°) = 35{,}7\,m\ (35{,}73\,m)$

b) $c = c_1 + c_2 = 44{,}5\,m$

$A_{AEFD} = \frac{1}{2} \cdot (d + \overline{EF}) \cdot c_1 \cos(\delta - 90°) = 724{,}7\,m^2$

$A_{EJCF} = \frac{1}{2}(\overline{EF} + d + c \cdot \sin(\delta - 90°)) \cdot c_2 \cdot \cos(\delta - 90°)$
$= 726{,}6\,m^2$

$A_{JBC} = \frac{1}{2} \cdot \overline{JB} \cdot \overline{JC}$
$= \frac{1}{2} \cdot (a - c \cdot \cos(\delta - 90°)) \cdot (d + c \cdot \sin(\delta - 90°))$
$= 565{,}6\,m^2$

$A_{ABCD} = 2\,016{,}9\,m^2$
korrekt gerundet:
$A_{ABCD} = 2\,017\,m^2 = 2{,}017 \cdot 10^3\,m^2$

24

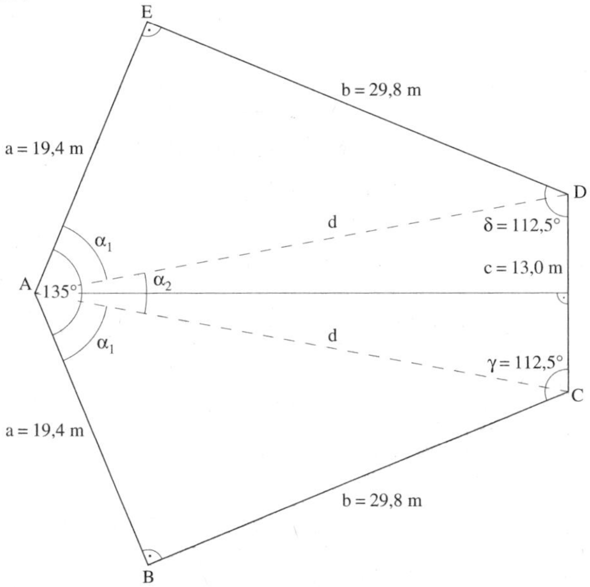

$d = \sqrt{a^2 + b^2} = 35{,}56\,m$

$\tan\alpha_1 = \frac{b}{a} \Rightarrow \alpha_1 = 56{,}9°;\ \alpha_2 = 21{,}1°$

$A = 2 \cdot \frac{1}{2}ab + \frac{1}{2}d^2 \sin\alpha_2 = 806\,m^2$

7 Vermischte Aufgaben

Seite 70

1

a) $\sin\alpha = \frac{c}{h+f} = \frac{g}{h}$

$\cos\beta = \frac{c}{h+f} = \frac{g}{h}$

$\cos\delta = \frac{e+g}{i}$

$\tan\gamma = \frac{f}{d}$

$\sin\gamma = \frac{f}{e}$

b) $\frac{c}{a+b} = \tan\alpha = \frac{1}{\tan\beta}$

$\frac{f+h}{a+b} = \frac{1}{\cos\alpha}$

$\frac{d}{i} = \cos(\delta + \gamma)$

$\frac{e+g}{i} = \cos\delta$

$\frac{f+h}{i} = \sin(\delta + \gamma)$

$\frac{h}{g} = \frac{1}{\sin\alpha} = \frac{1}{\cos\beta}$

$\frac{d}{h+f} = \frac{1}{\tan(\delta+\gamma)}$

2

Anwendung der Formeln auf Seite 55 im Schülerbuch.

a) 1

b) $\sin^2 40° + \sin^2 50° = \sin^2 40° + \cos^2 40° = 1$

c) $\sin^2 70° - \cos^2 20° = \sin^2 70° - \sin^2 70° = 0$

d) $\tan 35° - \frac{1}{\tan 55°} = \tan 35° - \frac{\cos 55°}{\sin 55°} = \tan 35° - \frac{\sin 35°}{\cos 35°} = 0$

3

a) Gegeben: $b = 5{,}2\,\text{cm}$; $\alpha = 72{,}0°$; $\gamma = 90°$

$c = \frac{b}{\cos\alpha} = 16{,}8\,\text{cm}$

$a = c \cdot \sin 72° = 16{,}0\,\text{cm}$

$\beta = 180° - \gamma - \alpha = 18{,}0°$

b) Gegeben: $c = 6{,}1\,\text{cm}$; $\alpha = 90°$; $\gamma = 56{,}0°$

$a = \frac{c}{\sin\gamma} = 7{,}4\,\text{cm}\ (7{,}36\,\text{cm})$

$b = a \cdot \cos 56° = 4{,}1\,\text{cm}$

$\beta = 180° - \alpha - \gamma = 34{,}0°$

c) Gegeben: $b = 7{,}0\,\text{cm}$; $\beta = 48{,}0°$; $\gamma = 90°$

$c = \frac{b}{\sin\beta} = 9{,}4\,\text{cm}\ (9{,}42\,\text{cm})$

$a = c \cdot \cos 48° = 6{,}3\,\text{cm}$

$\alpha = 180° - \beta - \gamma = 42{,}0°$

d) Gegeben: $b = 6{,}4\,\text{cm}$; $c = 9{,}0\,\text{cm}$; $\gamma = 90°$

$a = \sqrt{(9{,}0\,\text{cm})^2 - (6{,}4\,\text{cm})^2} = 6{,}3\,\text{cm}$

$\sin\beta = \frac{6{,}4\,\text{cm}}{9{,}0\,\text{cm}} \Rightarrow \beta = 45{,}3°$

$\alpha = 180° - \gamma - \beta = 44{,}7°$

Anmerkung:
Wenn man sich sehr stark auf eine bestimmte Problemstellung konzentriert, geht oft der Blick für die naheliegenden Dinge verloren. So sind manche Schüler sicherlich verleitet, in dieser Aufgabe den dritten Winkel über die trigonometrischen Funktionen auszurechnen, statt einfach über die Innenwinkelsumme. Eine gute Hilfe ist es immer, wie oben geschehen, gegebene Größen vor Beginn der Lösung zu notieren.

Korrektur im Schülerbuch:
a) In der Abbildung muss die horizontale Seite mit c, die andere rot gefärbte Seite mit a beschriftet sein.

4

	a)	b)	c)
a (in cm)	12,3	8,5	21,2
b (in cm)	37,9	12,4	8,1
c (in cm)	39,8	15,0	22,7
p (in cm)	*3,8*	4,8	19,8
q (in cm)	36,0	10,2	*2,9*
h (in cm)	11,7	*7,0*	7,6
α	18,0°	*34,5°*	69,0°
β	*72,0°*	55,5°	*21,0°*

5

a) $\frac{1}{2}\sqrt{2} \cdot \frac{1}{2} = \frac{1}{4}\sqrt{2} = 0{,}35$

b) $\frac{1}{2}\sqrt{3} \cdot \frac{1}{2}\sqrt{3} = \frac{3}{4}$

c) $\frac{1}{2} \cdot 1 = \frac{1}{2}$

d) $\sqrt{3} \cdot \frac{1}{2}\sqrt{3} = \frac{3}{2}$

e) $\frac{1}{3}\sqrt{3} \cdot \frac{1}{2} = \frac{1}{6}\sqrt{3} = 0{,}29$

f) $\frac{1}{2}\sqrt{2} \cdot \frac{1}{2}\sqrt{2} = \frac{1}{2}$

6 *

△ABC ist gleichschenklig-rechtwinklig;
△DEC ist ein halbes gleichseitiges Dreieck.
$\overline{CD} = \frac{c}{2}$; $d = 2 \cdot \overline{CD}$, also $d = c$

7

a) $A = \frac{1}{2} \cdot ab = \frac{1}{2} \cdot c \cdot \sin\alpha \cdot c \cdot \cos\alpha$

$A = \frac{1}{2} \cdot c^2 \cdot \sin\alpha \cdot \cos\alpha$

b) 1) $12{,}1\,\text{cm}^2$ 2) $21{,}7\,\text{cm}^2$ 3) $0{,}74\,\text{cm}^2$

8

a) $\beta = 48{,}0°$; $a = 9{,}0\,\text{cm}$; $c = 9{,}6\,\text{cm}$

b) $\alpha = 44{,}0°$; $c = 3{,}5\,\text{cm}$; $b = 3{,}9\,\text{cm}$

c) $\gamma = 78{,}0°$; $b = 5{,}7\,\text{cm}$; $a = 9{,}2\,\text{cm}$

d) $\beta = 65{,}0°$; $b = 7{,}3\,\text{cm}$; $a = 3{,}6\,\text{cm}$

e) $\beta = 50{,}5°$; $\gamma = 67{,}5°$; $c = 9{,}9\,\text{cm}$

f) $\alpha = 33{,}6°$; $\gamma = 98{,}4°$; $c = 10{,}9\,\text{cm}$

9 ✎

	a)	b)	c)	d)	e)
a (in cm)	15,1	*5,6*	*5,9*	*7,0*	15,4
b (in cm)	*10,0*	5,7	*8,8*	3,7	*7,1*
c (in cm)	7,4	*6,5*	5,2	4,4	*9,9*
α	*120,0°*	54,1°	40,4°	120,0°	129,0°
β	35,0°	55,9°	*105,0°*	*27,5°*	21,0°
γ	*25,0°*	*70,0°*	34,6°	*32,5°*	*30,0°*

Seite 71

❒ ??? Randspalte

Vom rechten oberen Dreieck aus gegen den Uhrzeigersinn:
$a = 3$; $b = \sqrt{3}$; $c = \sqrt{3}$; $d = 1$

10

a) $A_{\triangle AMD} = \frac{1}{8} \cdot d^2 \cdot \sin\varepsilon$

$A_{\triangle ABM} = \frac{1}{8} \cdot d^2 \cdot \sin(180° - \varepsilon) = \frac{1}{8} \cdot d^2 \cdot \sin\varepsilon$

$A_{\square ABCD} = \frac{1}{2} \cdot d^2 \cdot \sin\varepsilon$

b)

	1)	2)	3)	4)
$A_{\square ABCD}$	$19{,}3\,cm^2$	$32{,}8\,cm^2$	$41\,cm^2$	$100\,cm^2$

c) $\sin\varepsilon = \frac{2 \cdot A_{\square ABCD}}{d^2}$

	1)	2)	3)	4)
ε	54,8°	30°	80°	63,2°

11 ✳

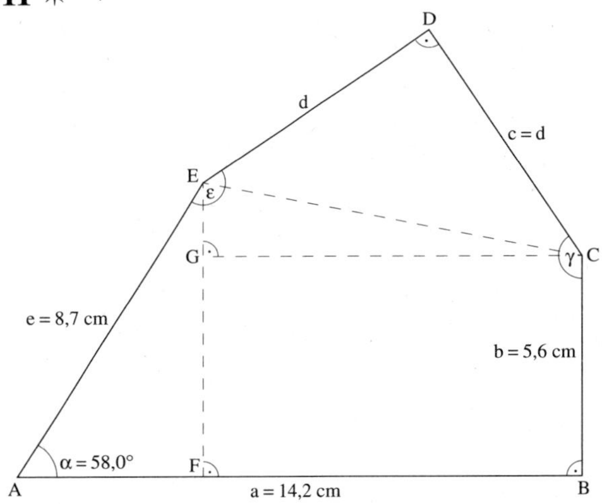

$\overline{EF} = e \sin\alpha = 7{,}38\,cm$

$\overline{AF} = e \cos\alpha = 4{,}61\,cm$

$\overline{GC} = \overline{FB} = a - \overline{AF} = 9{,}59\,cm$

$\overline{EG} = \overline{EF} - \overline{BC} = 1{,}78\,cm$

$\overline{EC} = \sqrt{\overline{EG}^2 + \overline{GC}^2} = 9{,}75\,cm$

$\overline{CD} = \overline{DE} = \frac{\overline{EC}}{\sqrt{2}} = 6{,}90\,cm$

$u = 42{,}3\,cm$

$A_{ABCDE} = A_{AFE} + A_{FBCE} + A_{CDE} = 103\,cm^2$

12

a) $A_1 = A_2 = 15{,}4\,cm^2$ (mit Flächenformel)
α_1 und α_2 ergänzen sich zu 180°, so dass $\sin\alpha_1 = \sin\alpha_2$ gilt.

b) Zeichnerischer Beweis:
$A_1 = \frac{1}{2}ch_{C1} = \frac{1}{2}ch_{C2} = A_2$

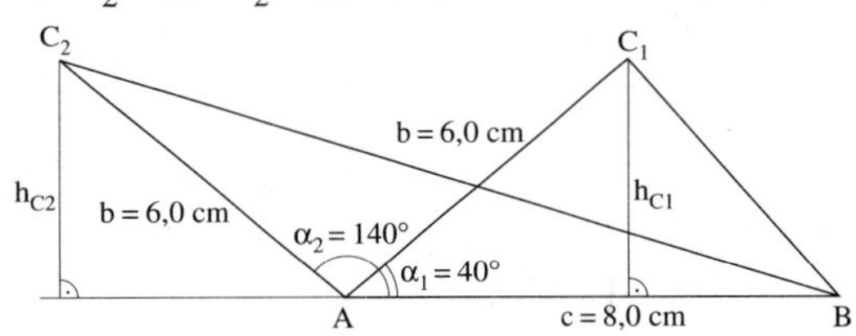

13

$A_1 = 2 \cdot \frac{1}{2} a_1 b_1 \sin\alpha_1 = 34{,}294\,68\ldots$

$A_2 = 2 \cdot \frac{1}{2} a_2 b_2 \sin\alpha_2 = 34{,}294\,61\ldots$

Die Flächeninhalte stimmen bis zur 4. Stelle nach dem Komma überein. Erst die folgende Stelle zeigt, dass $A_1 > A_2$ gilt.

Formvariable

14

a) $a = \dfrac{c}{2\cos\alpha}$ b) $c = 2a\cos\alpha$

c) $a = \dfrac{c}{2\sin\frac{\gamma}{2}}$ d) $c = 2a\sin\frac{\gamma}{2}$

15

a) $\triangle DBC$ ist ein halbes gleichseitiges Dreieck, $\triangle ADC$ ist gleichschenklig-rechtwinklig.

$a = \frac{2}{\sqrt{3}} \cdot e;\quad b = \sqrt{2} \cdot e;\quad c = e + \frac{e}{\sqrt{3}}$

$u = \left(\sqrt{3} + \sqrt{2} + 1\right) \cdot e$

$A = \frac{1}{2} \cdot \left(1 + \frac{1}{\sqrt{3}}\right) \cdot e^2$

b) $\triangle ABC$ und $\triangle DBC$ sind halbe gleichseitige Dreiecke, $\triangle ADC$ ist gleichschenklig und aus zwei halben gleichseitigen Dreiecken zusammengesetzt.

$a = \sqrt{3}e;\quad b = 2\sqrt{3}e;\quad c = 3e$

$u = 3\left(\sqrt{3} + 1\right) e$

$A = \frac{3}{2}\sqrt{3}e^2$

16 ✳

Wegen $(2\sqrt{3}e) : (4e) = \frac{1}{2}\sqrt{3}$ und $\beta = 30°$ ist $\triangle ABC$ ein halbes gleichseitiges Dreieck. Wegen $105° - 60° = 45°$ ist $\triangle ACD$ gleichschenklig-rechtwinklig.

$\overline{AC} = 2e;\quad \overline{AD} = \overline{CD} = \sqrt{2}e$

$u = 2\left(2 + \sqrt{3} + \sqrt{2}\right) e$

$A = \left(2\sqrt{3} + 1\right) e^2$

Korrektur im Schülerbuch:
$\overline{BC} = 2\sqrt{3}e$

17 ✳

Wahlweise kann statt $\overline{AB} = \overline{EB}$ auch $\alpha = 60°$ vorgegeben werden. Damit ist $\triangle ABE$ gleichseitig. Dies gibt $\sphericalangle EBC = 90°$ und $\sphericalangle BED = 60°$. Im Viereck BCDE sind damit drei Winkel bekannt; dies gibt $\gamma = 60°$. Damit ist $\triangle BCD$ als gleichseitig erkannt.
(Diese Begründung für die besonderen Dreiecksformen kann entfallen, wenn man dem Augenschein vertraut.)

$\overline{ED} = \frac{1}{2}e$

$f = \overline{BD} = \frac{1}{2}\sqrt{3}e \;\Leftrightarrow\; e = \frac{2}{\sqrt{3}}f$

a) $u = \left(\frac{5}{2} + \sqrt{3}\right) \cdot e$

$A = A_{\triangle ABE} + A_{\triangle BDE} + A_{\triangle BCD} = \frac{9}{16}\sqrt{3} \cdot e^2$

b) $u = \left(2 + \frac{5}{\sqrt{3}}\right) \cdot f$

$A = \frac{9}{16}\sqrt{3}\left(\frac{2}{\sqrt{3}}f\right)^2 = \frac{3}{4}\sqrt{3} \cdot f^2$

Die Berechnung von A wird leichter, wenn man beachtet, dass $\square ABDE$ ein Trapez ist und mit einer gemischten Formel (mit e und f) beginnt:

$A = A_{\square ABDE} + A_{\triangle BCD} = \frac{1}{2} \cdot \left(e + \frac{e}{2}\right) \cdot f + \frac{1}{4}\sqrt{3} \cdot f^2$

Korrektur im Schülerbuch:
In der Legende muss es $\overline{AB} = \overline{EB}$ heißen.

18 ✳

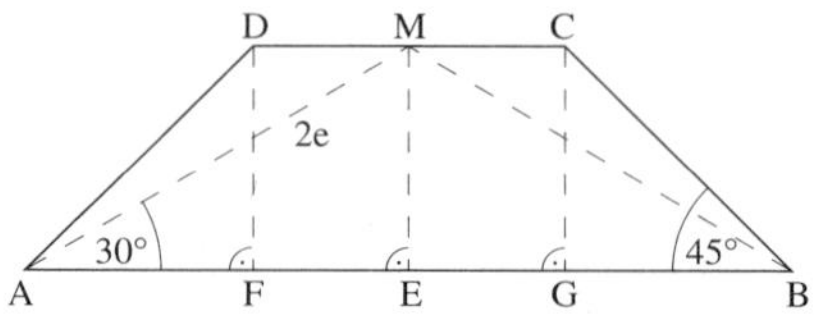

$\triangle AEM$ ist ein halbes gleichseitiges Dreieck;
$\triangle AFD$ und $\triangle GBC$ sind gleichschenklig-rechtwinklig.

$\overline{ME} = e;\quad \overline{AB} = 2\overline{AE} = 2\sqrt{3}e;\quad \overline{AF} = \overline{GB} = e$

$\overline{DC} = 2\overline{AE} - 2\overline{AF} = 2\sqrt{3}e - 2e = 2(\sqrt{3} - 1)e$

$\overline{AD} = \overline{BC} = \sqrt{2}e$

$A = (2\sqrt{3} - 1)e^2$

$u = 2(2\sqrt{3} + \sqrt{2} - 1)e$

Seite 72

19

$h_b = 0{,}819\,\text{km}$; $\gamma = 29{,}0°$; $a = \frac{h_b}{\sin\gamma} = 1{,}89\,\text{km}$

$b = c \cdot \cos\alpha + a \cdot \cos\gamma = 4{,}00\,\text{km}$

Die Straßenverbindung ist $a + c - b = 0{,}34\,\text{km}$ länger.

20

$\overline{AD} = \overline{CD}\sin 50° = 207\,\text{m}$

$\beta = \sphericalangle ABD = 20{,}0°$

$\overline{AB} = \frac{\overline{AD}}{\tan\beta} = 569\,\text{m}$

21

a) $\sin\beta = \frac{b}{c}$; gerundet 91 %; 67 %; 33 %

b) Der Einfallswinkel ist jeweils um 20° größer.
Gerundet 100 %; 88 %; 63 %

22

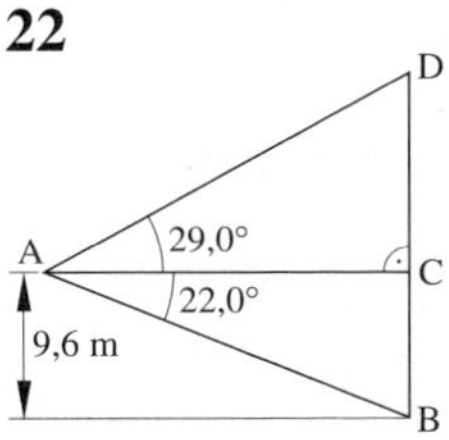

$\overline{BC} = 9{,}6\,\text{m}$

$\overline{AC} = \frac{\overline{BC}}{\tan 22{,}0°} = 23{,}8\,\text{m}$

$\overline{CD} = \overline{BC} \cdot \tan 29{,}0° = 13{,}2\,\text{m}$

Höhe des Turms: $\overline{BD} = \overline{BL} + \overline{CD} = 22{,}8\,\text{m}$

23 ✳

a)

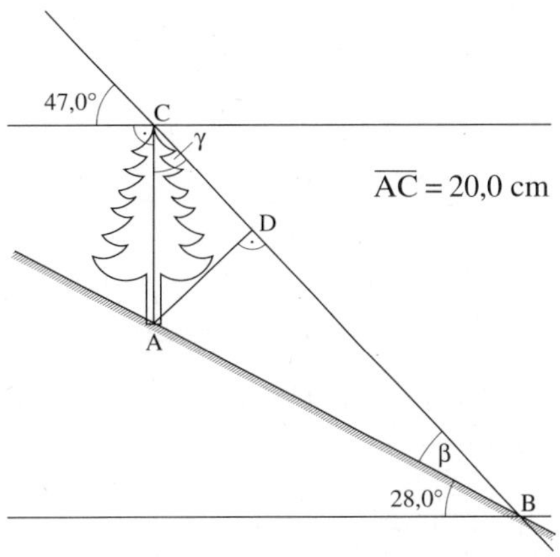

$\gamma = 43{,}0°$

$\beta = 47{,}0° - 28{,}0° = 19{,}0°$

$\overline{AD} = \overline{AC} \cdot \sin\gamma = 13{,}6\,\text{m}$

Schattenlänge: $\overline{AB} = \frac{\overline{AD}}{\sin\beta} = 41{,}9\,\text{m}$

b)

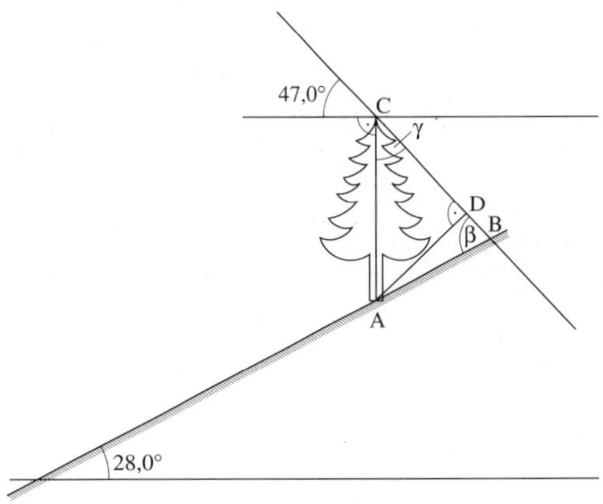

$\gamma = 43{,}0°$

$\beta = 47{,}0° + 28{,}0° = 75{,}0°$

$\overline{AD} = \overline{AC} \cdot \sin\gamma = 13{,}6\,\text{m}$

Schattenlänge: $\overline{AB} = \frac{\overline{AD}}{\sin\beta} = 14{,}1\,\text{m}$

24 ✳

$\overline{AP} = s \cdot \tan\beta_1 = 127{,}1\,\text{m}$

$\overline{BQ} = s \cdot \tan\alpha_1 = 67{,}3\,\text{m}$

$\overline{PQ} = \sqrt{s^2 + (\overline{AP} - \overline{BQ})^2} = 225{,}6\,\text{m}$

Thema: Vermessung heute

Lösungen:

Seite 73

1

x-Differenzen		y-Summen		Produkte positiv	Produkte negativ
$x_1 - x_2$	−51,45	$y_1 + y_2$	32,50		1 672,1
$x_2 - x_3$	18,85	$y_2 + y_3$	66,89	1 260,9	
$x_3 - x_1$	32,60	$y_3 + y_1$	54,03	1 761,4	
				S^+: 3 022,3	S^-: 1 672,1

$$A = \frac{1}{2}(S^+ - S^-) = \underline{\underline{675{,}1\ \text{m}^2}}$$

Grundlage für das Rechenschema ist die Formel zur Berechnung des Flächeninhalts eines Trapezes (vgl. im Schülerbuch, Seite 66). Der Flächeninhalt des gesuchten Dreiecks lässt sich errechnen als Summe der Trapezflächen unter $\overline{P_1P_3}$ und $\overline{P_3P_2}$ abzüglich der Trapezfläche unter $\overline{P_1P_2}$.

$$A = A_{13} + A_{32} - A_{12}$$

$$= (x_3 - x_1) \cdot \frac{y_3 + y_1}{2} + (x_2 - x_3) \cdot \frac{y_2 + y_3}{2} - (x_2 - x_1) \cdot \frac{y_2 + y_1}{2}$$

$$= \frac{1}{2}\Big[\underbrace{(x_3 - x_1) \cdot (y_3 + y_1) + (x_2 - x_3) \cdot (y_2 + y_3)}_{S^+} - \underbrace{(x_2 - x_1) \cdot (y_2 + y_1)}_{S^-}\Big]$$

Das Produkt $(x_1 - x_2) \cdot (y_1 + y_2)$ ist der negativ gerechnete doppelte Flächeninhalt des Trapezes mit den Eckpunkten P_2, P_1 und der entsprechenden Basisseite auf der x-Achse, also das Trapez, auf dem das Dreieck aufliegt. Die zwei weiteren Produkte sind die doppelten Flächeninhalte der Trapeze unterhalb der Dreiecksseiten $\overline{P_2P_3}$ und $\overline{P_3P_1}$. Die außerhalb des Dreiecks liegenden Teile dieser Trapeze fügen sich gerade zu demjenigen Trapez zusammen, dessen Flächeninhalt dem Rechenschema gemäß subtrahiert wird.

Korrektur im Schülerbuch:
In der Grafik muss die Beschriftung der x-Achse von links nach rechts x_1, x_3, x_2 lauten und in der 2. Spalte der Tabelle müssen die y-Summen mit $y_1 + y_2$; $y_2 + y_3$; $y_3 + y_1$ berechnet werden.

2

x-Differenzen		y-Summen		Produkte positiv	Produkte negativ
$x_1 - x_2$	−56,48	$y_1 + y_2$	29,99		1 693,8
$x_2 - x_3$	−22,84	$y_2 + y_3$	63,45		1 449,2
$x_3 - x_4$	72,36	$y_3 + y_4$	133,75	9 678,2	
$x_4 - x_1$	6,96	$y_4 + y_1$	100,29	698,0	
				S^+: 10 376,2	S^-: 3 143,0

$$A = \frac{1}{2}(S^+ - S^-) = \underline{\underline{3\,617\ \text{m}^2}}$$

3

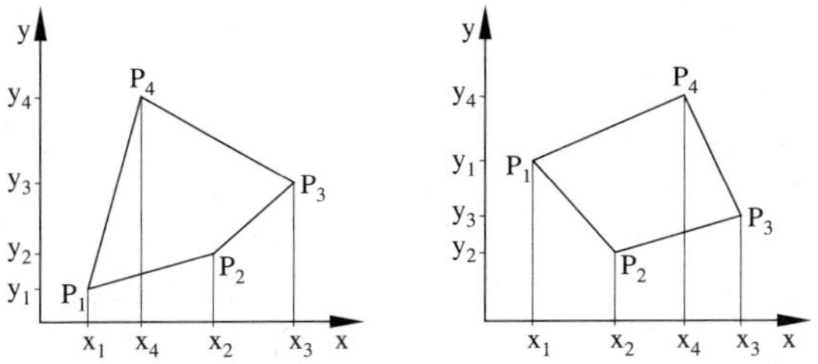

Im Rechenschema stehen die ersten zwei Produkte für die doppelten Flächeninhalte der unterhalb des Vierecks liegenden Trapeze, die zwei weiteren für die Trapeze unterhalb der Vierecksseiten $\overline{P_3P_4}$ und $\overline{P_4P_1}$. Die Vorzeichenregelung ist gerade so beschaffen, dass sich die überschüssigen Flächeninhalt wegheben. Das Verfahren liefert den Flächeninhalte für jede Lage der Eckpunkte (Skizzen!) und ist offenbar auf beliebige Vielecke zu verallgemeinern. Die Eckpunkte müssen im mathematisch positiven Umlaufsinn nummeriert werden. Das Verfahren stammt von Carl Friedrich Gauß (1777 – 1855), zu dessen dienstlichen Pflichten die Landesvermessung im Königreich Hannover gehörte.

III Trigonometrische Funktionen

Die Sinuskurve tritt in rein geometrischer Form bei stehenden Wellen auf (Beispiel Saite). Kommt sie als Weg-Zeit-Funktion vor, muss die Zeitdimension erst geometrisch sichtbar gemacht werden (Oszilloskopbild). Das Phasenbild der Sonne am Nordkap entsteht durch Überlagerung der (scheinbaren) Vertikalbewegung der Sonne zwischen höchstem und tiefstem Stand und der Drehbewegung der Erde, die durch die Aneinanderreihung der Phasenbilder in eine Lineardimension umgesetzt wird. Das Thema „Überlagerung“ wird auf der Themenseite „Schwingungen“ (Schülerbuch, Seite 93) aufgegriffen.

1 Sinus und Kosinus am Einheitskreis

Seite 76

1

Die Punkte bilden die Eckpunkte eines Rechtecks. Man muss also nicht messen.
D_2: 120°, D_3: 240°, D_4: 300°
Zu den Positionen D_1 und D_4 gehört dieselbe Lage von K.

2

y-Koordinate des Punktes A: $y = \sqrt{5^2 - 4^2} = 3$
A(4|3), B(−4|3), C(−4|−3), D(4|−3)

Seite 77

3

Auf mm genau abgelesen:
$\sin 130° \approx 7{,}7\,\text{cm}$; $\cos 130° \approx -6{,}4\,\text{cm}$
$\sin 170° \approx 1{,}7\,\text{cm}$; $\cos 170° \approx -9{,}8\,\text{cm}$
$\sin 230° \approx -7{,}7\,\text{cm}$; $\cos 230° \approx -6{,}4\,\text{cm}$
$\sin 305° \approx -8{,}2\,\text{cm}$; $\cos 305° \approx 5{,}7\,\text{cm}$
$\sin 340° \approx -3{,}4\,\text{cm}$; $\cos 340° \approx 9{,}4\,\text{cm}$

4

a) $\sin 15°$ b) $-\sin 42°$ c) $-\cos 75°$
d) $-\cos 16°$ e) $\cos 60°$ f) $-\sin 65°$
g) $\sin 89°$ h) $\cos 89°$ i) $-\sin 1°$

5

a) 130° b) 320° c) 175° d) 278°

6

a) 337° b) 142° c) 105° d) 310°

7

a) 1. Quadrant, z. B. 50°, 89°
b) 2. Quadrant, z. B. 93°, 170°
c) 4. Quadrant, z. B. 271°, 310°
d) 3. Quadrant, z. B. 191°, 240°

Der „Spickzettel“ am Rand ist eine Hilfe.

8

a) 1. und 4. Quadrant b) 1. und 2. Quadrant
c) 3. und 4. Quadrant d) 2. und 3. Quadrant
e) 1. und 3. Quadrant f) 2. und 4. Quadrant
jeweils ohne Grenzlagen

9

Der Übersichtlichkeit halber wird abgekürzt:
$a = \frac{1}{2}$; $b = \frac{1}{2}\sqrt{2}$; $c = \frac{1}{2}\sqrt{3}$

Damit wird die Struktur der Wertefolge deutlich. Auch die Beziehung zwischen beiden Funktion („Hintereinanderherlaufen“) ist gut zu erkennen.

α	0°	30°	45°	60°	90°	120°	135°	150°	180°
sin α	0	a	b	c	1	c	b	a	0
cos α	1	c	b	a	0	−a	−b	−c	−1

α	180°	210°	225°	240°	270°	300°	315°	330°	360°
sin α	0	−a	−b	−c	−1	−c	−b	−a	0
cos α	−1	−c	−b	−a	0	a	b	c	1

10

a)

Punkt	P_1	P_2	P_3	P_4	P_5	P_6
α	0°	60°	120°	180°	240°	300°
x (in mm)	100	50	−50	−100	−50	−50
y (in mm)	0	87	87	0	−87	−87

b) Erkennt und benutzt man die Symmetrie, so genügen wenige Auswertungen. Es treten alle möglichen Anordnungen von $\pm a$, $\pm b$ auf.

Punkt	P_1	P_2	P_3	P_4	P_5	P_6	P_7	P_8
α (in °)	22,5	67,5	112,5	157,5	202,5	247,5	292,5	337,5
x (in mm)	92	38	−38	−92	−92	−38	38	92
y (in mm)	38	92	92	38	−38	−92	−92	−38

11

a) 0

b) Je zwei Summanden ergänzen sich zu Null:
$\sin 230° = \sin(180° + 50°) = -\sin 50°$
$\sin 320° = \sin(360° - 40°) = -\sin 40°$,
so dass sich ergibt:
$\sin 50° + \sin 40° + (-\sin 50°) + (-\sin 40°) = 0$

c) Analog zu b) kann man wählen:
$\alpha_2 = 90° + 37° = 127°$
$\alpha_3 = 180° + 37° = 217°$;
$\alpha_4 = 270° + 37° = 307°$;

Es gibt natürlich viele Möglichkeiten, denn zwei der drei Winkel können beliebig gewählt werden, sie müssen sich nur gegenseitig aufheben, z. B. durch $\sin\alpha_4 = -\sin\alpha_2$. Der dritte Winkel muss α_1 auf diese Art ausgleichen.

Schließlich könnte man noch einen Schritt weiter gehen und zwei Winkel völlig beliebig wählen, um den dritten zur Kompensation der gesamten Gleichung heranzuziehen; schließlich handelt es sich hier lediglich um eine Gleichung mit 3 Unbekannten, die durch Einsetzen von 2 Variablen lösbar wird. Dies ist jedoch nicht Sinn der Aufgabe.

12 ✳

Die dargestellten Lösungen sind in dieser Gründlichkeit nicht als vorgegebener Standard zu verstehen. Auch Teilantworten ohne Begründung sollten anerkannt werden.

a) Am besten ist es, mit einigen „Testwerten" in die fraglichen Formeln hineinzugehen. Schon für $\alpha = 0°$ erweisen sich 2), 3) und 6) als falsch. Einsetzen von $\alpha = 90°$ widerlegt 4).

Gültige Formeln sind:

1) Spiegeln an der 1. Winkelhalbierenden führt α in $90° - \alpha$ und y in x über, also $\sin\alpha$ in $\cos(90° - \alpha)$. Diese Formel ist aus Kap. II, Lerneinheit 2 bekannt.

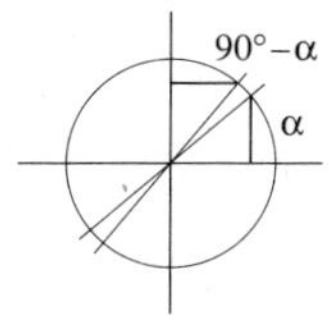

5) Punktspiegelung am Ursprung führt α in $180° + \alpha$ und x in −x über, also $\cos\alpha$ in $-\cos(180° + \alpha)$.

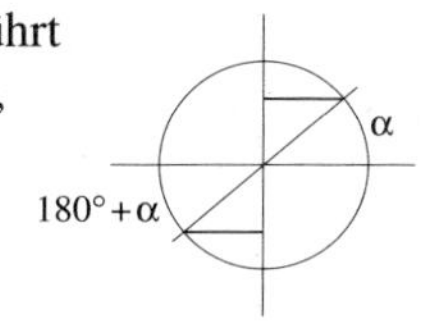

7) Drehung um 270° führt α in $270° + \alpha$ und y in x über, also $\sin\alpha$ in $\cos(270° + \alpha)$.

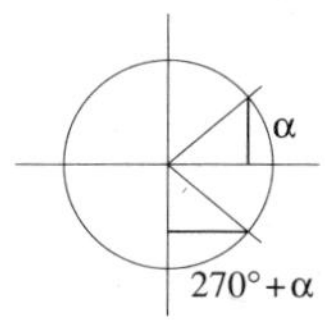

8) Drehung um 270° führt zunächst α in $270° + \alpha$ und x in −y über, also $\cos\alpha$ in $-\sin(270° + \alpha)$. Anschließende Spiegelung an der 2. Achse führt $270° + \alpha$ in $270° - \alpha$ über und lässt y fest, führt also $-\sin(270° + \alpha)$ in $-\sin(270° - \alpha)$ über. Insgesamt geht also $\cos\alpha$ in $-\sin(270° - \alpha)$ über.

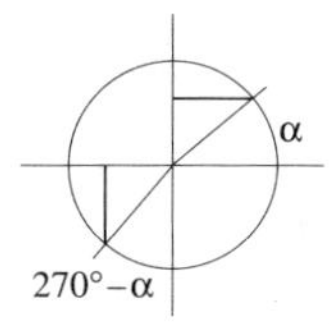

b) Die widerlegten Formeln 2), 3), 4) und 6) werden jetzt als Bestimmungsgleichungen für α mit $0^\circ \leq \alpha \leq 90^\circ$ aufgefasst.

2) Drehung um 90° führt y in x über. Die Gleichung ist also gleichwertig mit $\sin\alpha = \cos\alpha$. Die einzige Lösung ist $\alpha = 45^\circ$.

3) Wegen $\cos\alpha = \cos(360^\circ - \alpha)$ ist die Gleichung gleichwertig mit $\cos\alpha = -\cos\alpha$. Dies ist nur für $\cos\alpha = 0$ möglich, so dass $\alpha = 90^\circ$ die einzige Lösung ist.

4) Wegen $\sin(180^\circ + \alpha) = -\sin\alpha$ und $\sin(180^\circ - \alpha) = \sin\alpha$ ist die Gleichung gleichwertig mit $-\sin\alpha = \sin\alpha$. Dies ist nur für $\sin\alpha = 0$ möglich, so dass $\alpha = 0^\circ$ die einzige Lösung ist.

6) Drehung um 270° führt x in $-y$ über, also $\cos\alpha$ in $-\sin(270^\circ + \alpha)$. Die Gleichung ist also gleichwertig mit $\sin\alpha = \cos\alpha$. Die einzige Lösung ist $\alpha = 45^\circ$.

13

a) Auf mm gerundet: $P_1(15{,}4|7{,}2)$, $P_2(-15{,}4|-7{,}2)$

b) $\alpha' = 115^\circ$; $P_1'(-7{,}2|15{,}4)$, $P_2'(7{,}2|-15{,}4)$

2 Sinusfunktion und Kosinusfunktion

Seite 78

1

Eine einigermaßen gleichmäßige geradlinige Bewegung der Hand, überlagert mit einer „harmonischen“ also einer weich beschleunigten und gebremsten Aufwärts- und Abwärtsbewegung, führt nach etwas Übung zu einem recht ansehnlichen Bild einer Schwingung.

2

Auf der gerollten Folie entsteht eine Schraubenlinie. Ihre Projektion ist, von optischen Verzerrungen abgesehen, eine Sinuskurve. (Die Raumkurve hat die Parameterdarstellung $x = r\cos t$, $y = r\sin t$, $z = ht$. Die Projektion in die z, y-Ebene ist die Kurve $y = r\sin\frac{z}{h}$.) Rotation der Raumkurve führt zur Translation der ebenen Bildkurve. Legt man der gerollten Folie eine Folie mit Achsenkreuz unter, kann man die Sinuskurve stetig in die Kosinuskurve übergehen lassen.

Seite 79

3

Individuelle Lösung.

Die Aufgabe dient dazu, sich mit den verschiedenen Maßstäben auf der x- und y-Achse vertraut zu machen und mit Hilfe von markanten Stützpunkten eine Sinuslinie freihändig zeichnen zu können. Manche Schüler werden bei a) triumphierend eine Schablone zücken, damit jedoch nicht zum gewünschten Ergebnis kommen, da bei käuflichen Schablonen der Maßstab auf der x-Achse nicht mit dem geforderten übereinstimmt (vgl. Bemerkung Schülerbuch S. 78).

Dieser Unterschied ($180^\circ \mathrel{\widehat{=}} \pi \neq 3$) wird in Lerneinheit 6 (Trigonometrische Funktionen im Bogenmaß) behandelt werden.

4

Individuelle Lösung

5

a) Individuelle Lösung

b) $\sin\alpha = \cos\alpha$ findet man bei den Schnittpunkten der beiden Kurven, also bei $\alpha = 45^\circ$, $\alpha = 225^\circ$.

$\sin\alpha = -\cos\alpha$ findet man an Stellen, an denen die entsprechenden Kurvenpunkte der beiden Kurven symmetrisch zur α-Achse liegen, also bei $\alpha = 135^\circ$, $\alpha = 315^\circ$.

6

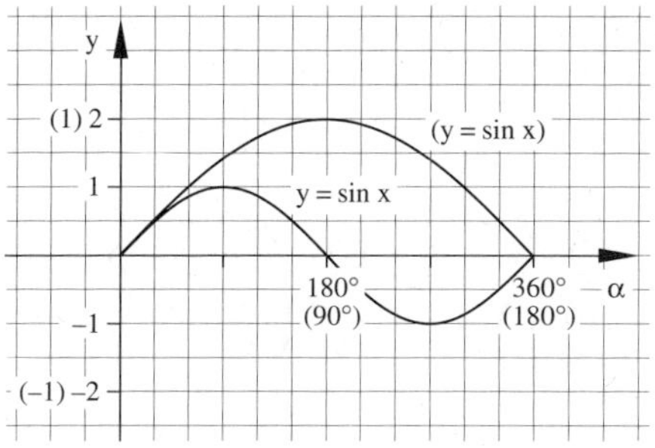

Einheit 1 cm
(Einheit 2 cm)

7

a) $\alpha_2 = 130°$ b) $\alpha_2 = 103°$ c) $\alpha_2 = 30°$
d) $\alpha_2 = 340°$ e) $\alpha_2 = 240°$ f) $\alpha_2 = 265°$
g) $\alpha_2 = 69°$ h) $\alpha_2 = 179°$

8

a) $\alpha_2 = 325°$ b) $\alpha_2 = 298°$ c) $\alpha_2 = 220°$
d) $\alpha_2 = 181°$ e) $\alpha_2 = 60°$ f) $\alpha_2 = 10°$
g) $\alpha_2 = 205°$ h) $\alpha_2 = 70°$

Seite 80

9

(20°, 160°), (50°, 130°), (80°, 100°) (190°, 350°), (200°, 340°), (230°, 310°), (250°, 290°)

Siehe auch Bemerkung zu Aufgabe 10!

10

(10°, 350°), (60°, 300°), (110°, 250°), (140°, 220°), (150°, 210°), (160°, 200°), (170°, 190°)

Zusammengehörige Werte haben die Summe 360°. Bei der Sinusfunktion haben zusammengehörige Werte die Summe 180° oder 540°.

11

a) $\alpha_1 = 11{,}54°$, $\alpha_2 = 168{,}46°$
b) $\alpha_1 = 72{,}54°$, $\alpha_2 = 287{,}46°$
c) $\alpha_1 = 64{,}16°$, $\alpha_2 = 115{,}84°$
d) $\alpha_1 = 45{,}57°$, $\alpha_2 = 314{,}43°$
e) $\alpha_1 = 143{,}13°$, $\alpha_2 = 216{,}87°$
f) $\alpha_1 = 104{,}48°$, $\alpha_2 = 255{,}52°$

12

a) $0° < \alpha < 90°$, $270° < \alpha < 360°$
b) $90° < \alpha < 270°$
c) $180° < \alpha < 360°$
d) $270° < \alpha < 360°$
e) $180° < \alpha < 270°$

Über die Frage, ob die Randwerte hinzuzunehmen sind, sollte man nicht rechten.

13

a) $0° < \alpha < 90°$
b) $270° < \alpha < 360°$
c) $0° < \alpha < 90°$
d) $180° < \alpha < 270°$

14

Das Intervall, in dem die Sinuskurve unterhalb der α-Achse und zugleich die Kosinuskurve oberhalb der Sinuskurve liegt, ist $225° < \alpha < 360°$. Verlangt man noch, dass die Sinuskurve steigt, wird die Bedingung bezüglich der Kosinuskurve überflüssig, und es ergibt sich das Intervall $270° < \alpha < 360°$.

15

Die Teile sollten so zusammengesetzt werden, dass die horizontale Achse ungebrochen durchläuft. Andernfalls ergeben sich fast unübersehbar viele Möglichkeiten. Bezeichnet man die Teile der Reihe nach mit ①, ②, ③, ④, so kann man die vier Kurven ohne Knick angeben durch ①-②-③-④ (Sinuskurve), ②-③-④-① (Kosinuskurve), ③-④-①-②, ④-①-②-③.

Kennzeichnet man um 180° gedrehte Teile durch ◯̌, so lassen sich die vier Kurven mit einem Knick oder zwei Knicken angeben durch
①-②-④̌-③̌, ②-④̌-③̌-①, ②̌-①̌-③-④, ①̌-③-④-②̌.

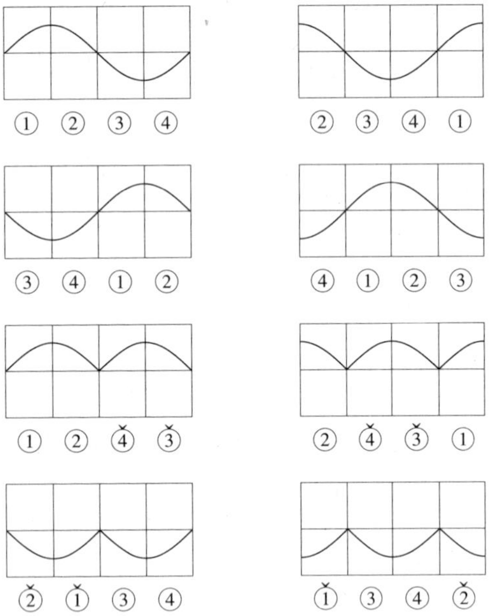

Sinuskurven-Parkette

Das Motiv basiert auf einem Quadrat; dessen Seiten sind zu Sinuskurven verformt.

Die einzelnen Randstücke fügen sich zu einer periodisch fortgesetzten Sinuskurve zusammen. Wer dies erkannt hat, skizziert das Parkett nicht mehr Stein für Stein, sondern mit Hilfe eines Quadratgitters.

Es entstehen drei Scharen von Sinuskurven. Auch hier wird man nicht Stein für Stein skizzieren.

3 Periodizität

Seite 81

1

a) $150° + 270° + 450° = 870°$
$870° = 2 \cdot 360° + 150°$
Endstellung: $150°$

b) $300°$

2

Die Spiegel werden rechtwinklig zur Längsachse der Kurve im Abstand einer Periode an Stellen maximalen Ausschlags aufgestellt. Die Kosinuskurve und ihr Spiegelbild (sowie gespiegelte Spiegelbilder) setzen sich zu einer periodisch fortgesetzten Kosinuskurve zusammen. Das Spiegelbild der Sinuskurve setzt das Original jedoch unter einem 90°-Knick fort.

Seite 82

3

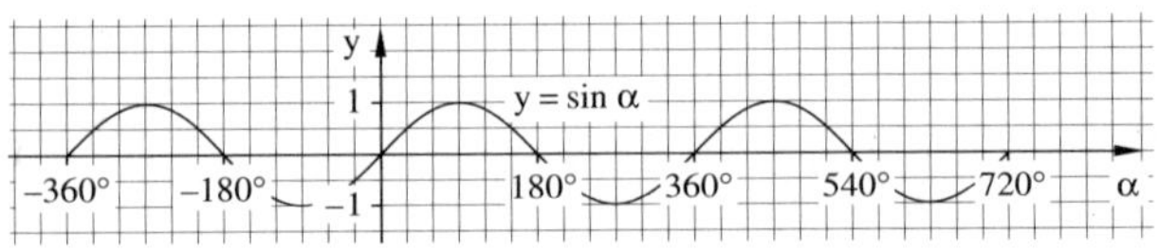

4

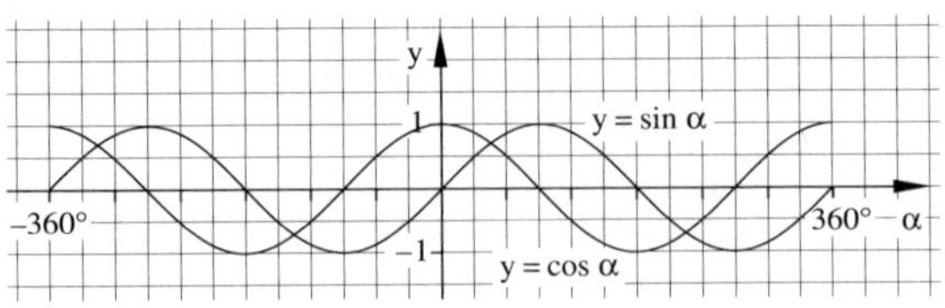

5

a) $90°$ b) $166°$ c) $340°$

d) $325°$ e) $110°$ f) $359°$

Alle Winkel ergeben sich mit Hilfe der Periodizität. Außer in a) gibt es noch je einen weiteren Winkel, der hier aber nicht interessiert.

6

a) $38°$ b) $66°$ c) $140°$

d) $210°$ e) $179°$ f) $233°$

7

a) $390°, 510°$ b) $570°, 690°$

c) $390°, 690°$ d) $-225°, -135°$

e) $-270°$ f) $-540°, -180°, 180°$

8

a) Sinusfunktion:
$\ldots, -360°, -180°, 0°, 180°, 360°, 540°, \ldots$
Kosinusfunktion:
$\ldots, -270°, -90°, 90°, 270°, 450°, 630°, \ldots$

b) $z \cdot 180°$ mit $z \in \mathbb{Z}$

c) $90° + z \cdot 180°$ mit $z \in \mathbb{Z}$

9 ✳

a) $\alpha = 30° + z \cdot 360°$ mit $z \in \mathbb{Z}$ oder
$\alpha = 150° + z \cdot 360°$ mit $z \in \mathbb{Z}$

b) $\alpha = 210° + z \cdot 360°$ mit $z \in \mathbb{Z}$ oder
$\alpha = 330° + z \cdot 360°$ mit $z \in \mathbb{Z}$

c) $\alpha = 60° + z \cdot 360°$ mit $z \in \mathbb{Z}$ oder
$\alpha = 300° + z \cdot 360°$ mit $z \in \mathbb{Z}$

d) $\alpha = 120° + z \cdot 360°$ mit $z \in \mathbb{Z}$ oder
$\alpha = 40° + z \cdot 360°$ mit $z \in \mathbb{Z}$

10

a) $\alpha_1' = -23{,}58°$

b) $\alpha_1 = \alpha_1' + 360° = 336{,}42°$

c) Die Beziehung $\alpha_1 - 270° = 270° - \alpha_2$ beschreibt die symmetrische Lage von α_1 und α_2 in Bezug auf den Winkel $270°$.
$\alpha_2 = 540° - \alpha_1 = 203{,}58°$

11

Auf eine Nachkommastelle gerundet:

a) $\alpha_1' = -50{,}0°$; $\alpha_1 = \alpha_1' + 360° = 310{,}0°$
$\alpha_2 = 540° - \alpha_1 = 230{,}0°$

b) $\alpha_1 = 288{,}0°$ $\alpha_2 = 252{,}0°$

c) $\alpha_1 = 323{,}1°$ $\alpha_2 = 216{,}9°$

d) $\alpha_1 = 342{,}5°$ $\alpha_2 = 197{,}5°$

12

Auf eine Nachkommastelle gerundet:

a) $\alpha_1 = 402{,}0°$ $\alpha_2 = 498{,}0°$

b) $\alpha_1 = 438{,}0°$ $\alpha_2 = 642{,}0°$

c) $\alpha_1 = -75{,}0°$ $\alpha_2 = -105{,}0°$

d) $\alpha_1 = -255{,}0°$ $\alpha_2 = -105{,}0°$

13

Es entsteht

a) die an der 1. Achse gespiegelte Kosinuskurve

b), c) die an der 1. Achse gespiegelte Sinuskurve

d) die Kosinuskurve

14 ✳

a) Die Kosinuswerte sind paarweise gleich, die Sinuswerte paarweise entgegengesetzt gleich.

b) $\sin(-\alpha) = -\sin\alpha$ und $\cos(-\alpha) = \cos\alpha$

c) Mit der Periodizität und der Formel
$-\sin\alpha = \sin(360° - \alpha)$
aus dem Schülerbuch, S. 76, ergibt sich
$\sin(-\alpha) = \sin(360° - \alpha) = -\sin\alpha$.
Entsprechend:
$\cos\alpha = \cos(360° - \alpha) = \cos(-\alpha)$.

4 Die Funktion $y = a \cdot \sin\alpha$

Seite 83

1

Die vertikalen Abstände zwischen den Bergen und Tälern schwanken. Daher entstehen Zonen unterschiedlichen Schwärzungsgrads, die sich zu einem wellenförmigen Gesamtbild zusammenfügen. Bei der Kurve $y = \sin\alpha$ mit $0° \le \alpha \le 360°$ stehen (mit den im Buch bisher gewählten Einheiten) Periodenlänge und Amplitude im Verhältnis 6 : 1. Die in der Bildmitte liegenden Kurven kommen diesem Verhältnis am nächsten; nach oben und unten werden sie flacher.

2

Je größer der Parameter a ist, desto enger ist die Parabel.

3

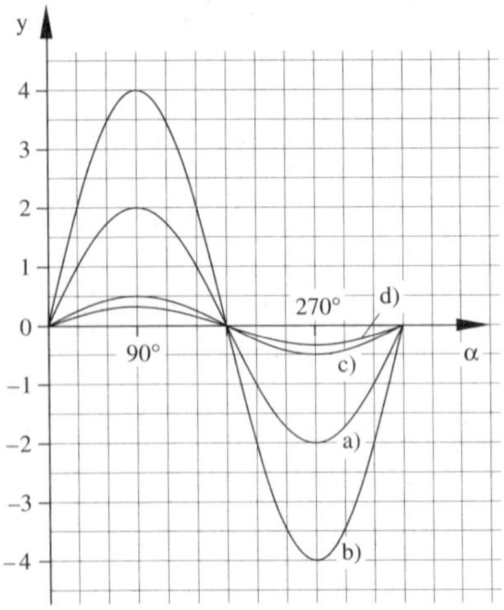

4

a)

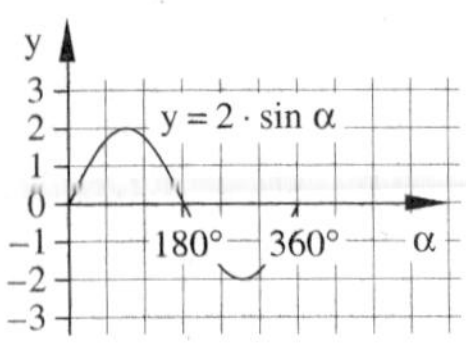

b)

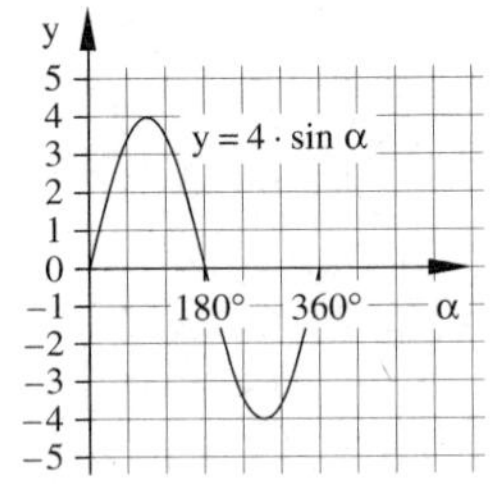

c)

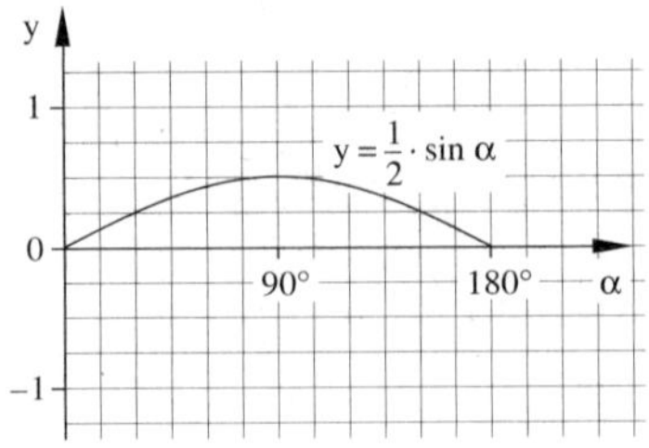

d)

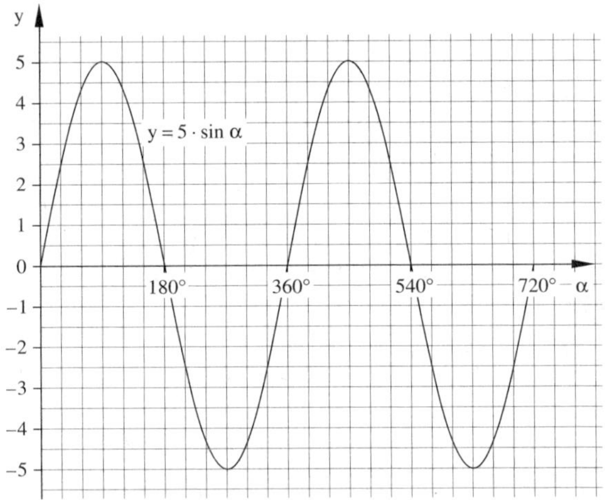

e)

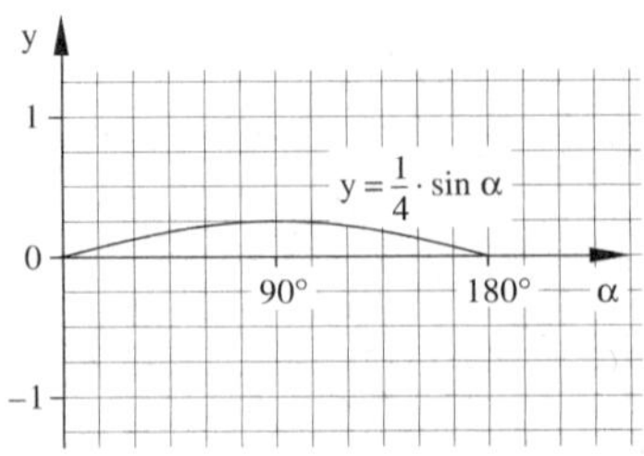

5

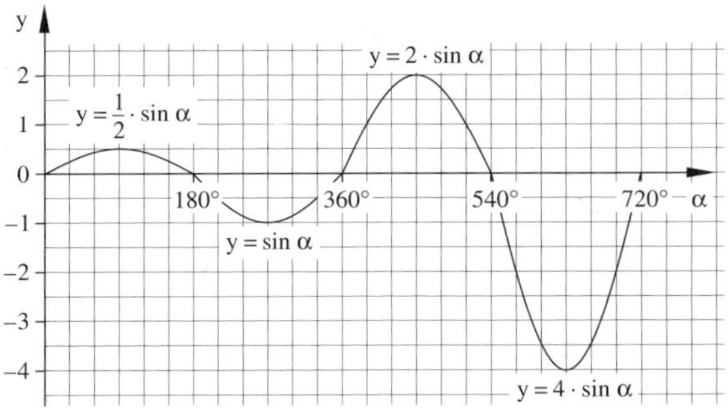

6

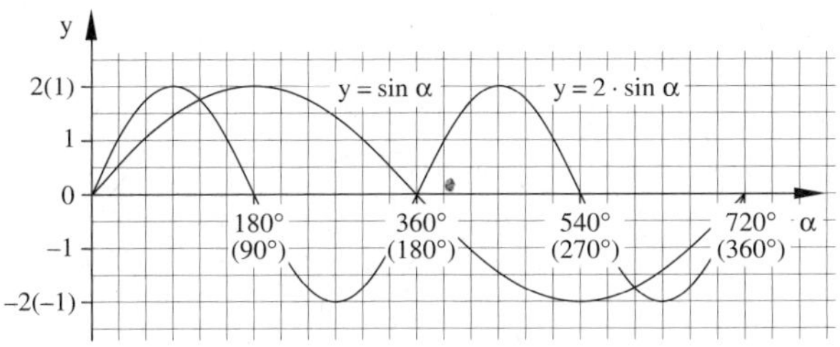

Einheit 1 cm (Einheit 2 cm)

Seite 84

7

a) Aus der Flächenformel (Schülerbuch, S. 63):
$A = \frac{1}{2} \cdot 12\,\text{cm} \cdot 18\,\text{cm} \cdot \sin\alpha = 108\,\text{cm}^2 \cdot \sin\alpha$

b) Aus $A = 12\,\text{cm}^2$ ergibt sich $\sin\alpha = \frac{12}{108}$, also $\alpha = 6{,}38°$.

c) Da $\sin\alpha$ den größten Wert für $\alpha = 90°$ annimmt, ist dann auch A maximal. Der Maximalwert ist $108\,\text{cm}^2$.

8

a) $\frac{c}{2} = 6\,\text{cm} \cdot \sin\gamma'$ und $u = 2 \cdot 6\,\text{cm} + 2 \cdot \frac{c}{2}$,
also ist $u = 12\,\text{cm} \cdot (1 + \sin\gamma')$

b)

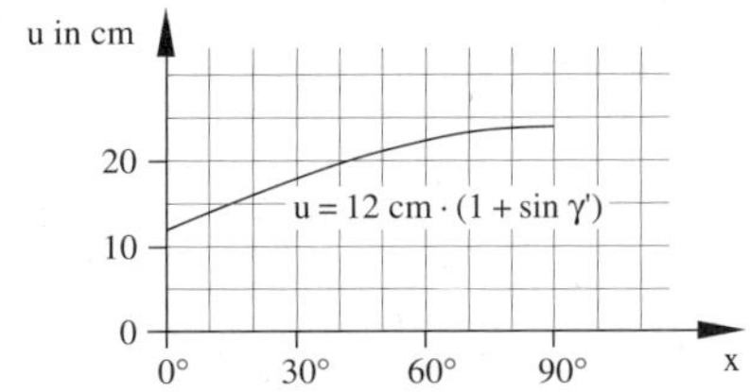

c) Ansatz: $15\,\text{cm} = 12\,\text{cm} \cdot (1 + \sin\gamma')$
$\sin\gamma' = \frac{1}{4} \Rightarrow \gamma' = 14{,}48°$

9 ✳

a) Die 1. Achse wird horizontal durch den Drehpunkt gelegt und um die Höhe des Drehpunktes nach unten verschoben (auf die Erde):
$h = 12\,\text{m} + 10\,\text{m} \cdot \sin\alpha$

b)

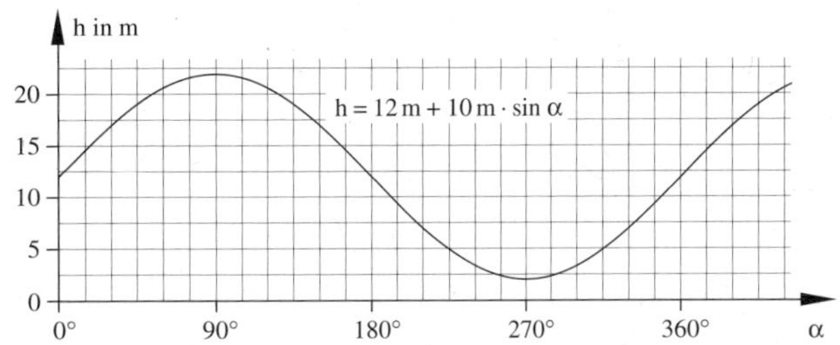

c) Die Frage kann so aufgefasst werden, dass die Intervalle [0°; 30°], [30°; 60°],… gemeint sind. Dann lautet die Antwort:
[0°; 30°], [150°; 180°], [180°; 210°], [330°; 360°],…
Bei genauerer Überlegung sind nur die 30°-Intervalle zu nennen, in denen die Höhe des Drehpunktes passiert wird; also [165°; 195°], [345°; 375°],…

Roboter

Der Erhebungswinkel des Unterarms ist $\alpha - \beta$.
Die Höhe h setzt sich zusammen aus den Kathetenlängen:
$h_1 = a \cdot \sin\alpha = 20{,}0\,\text{cm} \cdot \sin\alpha$ und
$h_2 = b \cdot \sin(\alpha - \beta) = 30{,}0\,\text{cm} \cdot \sin(\alpha - \beta)$.
Die Formel für s ergibt sich entsprechend:
$s_1 = a\cos\alpha = 20{,}0\,\text{cm} \cdot \sin\alpha$ und
$s_2 = b\cos(\alpha - \beta) = 30{,}0\,\text{cm} \cdot \cos(\alpha - \beta)$

α	30°	30°	30°	45°	45°	45°
β	0°	30°	45°	30°	45°	60°
h (in cm)	25,0	10,0	2,2	21,9	14,1	6,4
s (in cm)	43,3	47,3	46,3	43,1	44,1	43,1

α	60°	60°	60°
β	30°	45°	60°
h (in cm)	2,3	25,1	17,3
s (in cm)	36,0	39,0	40,0

Bei $\alpha = \beta$ gilt

$h = 20{,}0\,\text{cm} \cdot \sin\alpha + 30{,}0\,\text{cm} \cdot \sin(\alpha - \alpha)$
$\quad = 20{,}0\,\text{cm} \cdot \sin\alpha$

und

$s = 20{,}0\,\text{cm} \cdot \cos\alpha + 30{,}0\,\text{cm} \cdot \cos(\alpha - \alpha)$
$\quad = 20{,}0\,\text{cm} \cdot \cos\alpha + 30{,}0\,\text{cm}.$

α	0°	15°	30°	45°	60°	75°	90°
h (in cm)	0,0	5,2	10,0	14,1	17,3	19,3	20,0
s (in cm)	50,0	49,3	47,3	44,1	40,0	35,2	30,0

α	105°	120°	135°	150°	175°	180°
h (in cm)	19,3	17,3	14,1	10,0	5,2	0,0
s (in cm)	24,8	20,0	15,9	12,7	10,1	10,0

Eine Zeichnung zeigt, dass die Punkte auf der oberen Hälfte des Kreises um M(30,0 cm|0,0 cm) mit dem Radius 20,0 cm liegen.

Erklärung: Das Ellenbogengelenk läuft auf dem Kreis um den Ursprung mit dem Radius 20,0 cm; die Hand also auf dem horizontal um 20,0 cm verschobenen Kreis.

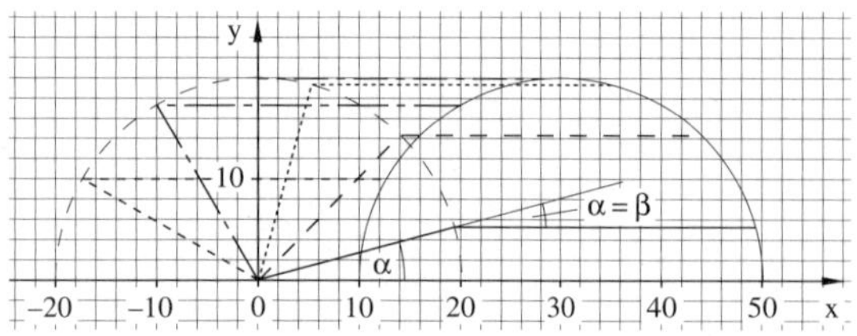

5 Tangensfunktion

Seite 85

1

Die Skizze zeigt, dass der Schatten bei 22,5° Sonnenstand deutlich mehr als doppelt so lang ist wie bei 45°. Ist der Öffnungswinkel 0°, also der Erhebungswinkel 90°, so ist der Schatten „unendlich lang". (Erhebungswinkel und Öffnungswinkel ergänzen sich zu 90°.)

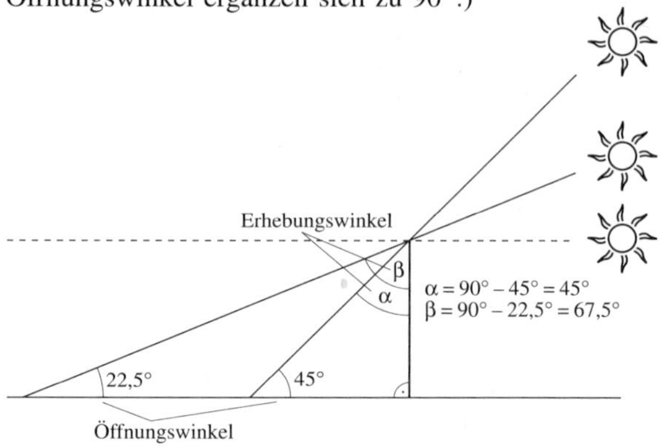

Korrektur im Schülerbuch:
Im Schaubild der Tangensfunktion zum Informationstext sind die Werte auf der positiven α-Achse zum Teil falsch bezeichnet. Es müsste lauten
„... 120° 150° 180° 210° 240° 270° 300°".
Außerdem sind die Graphen der Tangensfunktion nicht maßstabsgetreu gezeichnet.

Seite 86

2

a)

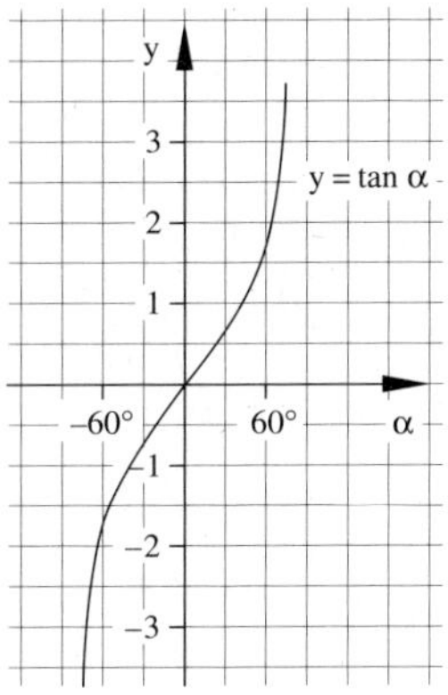

b)

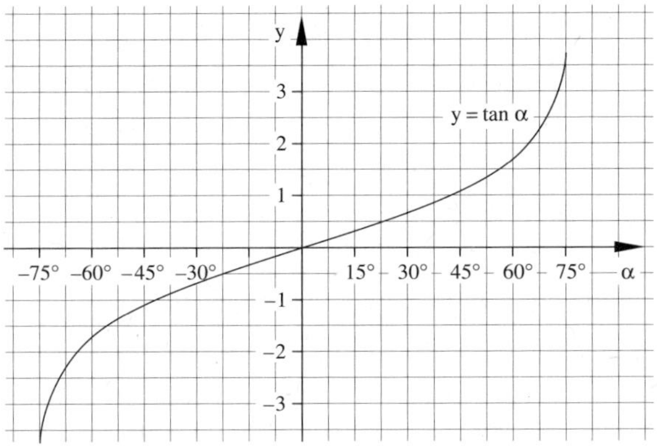

3

α	−60°	−45°	−30°	−0°	30°	45°	60°
tan α	$-\sqrt{3}$	−1	$-\frac{1}{3}\sqrt{3}$	0	$\frac{1}{3}\sqrt{3}$	1	$\sqrt{3}$

4

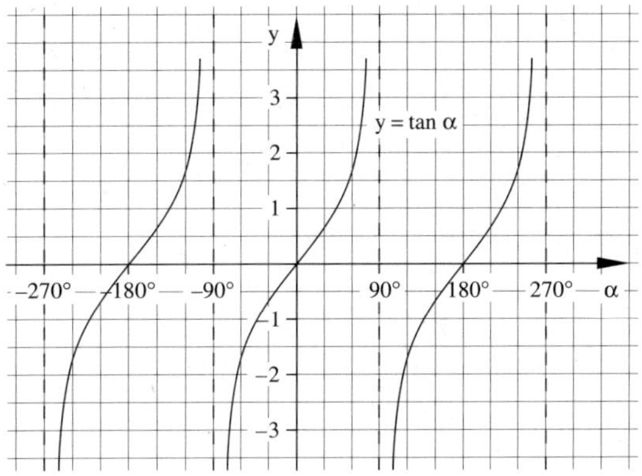

5

a) Überlauf (Anzeige Error oder ERROR oder -E-)

b) Mit den gängigen Taschenrechnern ist tan 89,999 . . .° (mit 6 oder 8 Nachkommaziffern) berechenbar. Über die Verlässlichkeit des Ergebnisses sollte die Betriebsanleitung informieren. Das extreme Wachstum der Tangensfunktion zeigt sich gut an der Folge

$\tan 89{,}9^\circ \approx 5{,}7 \cdot 10^2$,
$\tan 89{,}99^\circ \approx 5{,}7 \cdot 10^3$,
$\tan 89{,}999^\circ \approx 5{,}7 \cdot 10^4, \ldots$

6

a) $\tan(180^\circ - \alpha) = \dfrac{\sin(180^\circ - \alpha)}{\cos(180^\circ - \alpha)} = \dfrac{\sin\alpha}{-\cos\alpha}$

$= -\tan\alpha$

b) $\tan(90^\circ - \alpha) = \dfrac{1}{\tan\alpha}$

c) $\alpha = 30°$:

$\tan(90° - \alpha) = \tan 60° = \sqrt{3}$

und

$\frac{1}{\tan\alpha} = \frac{1}{\tan 30°} = \frac{1}{\frac{1}{3}\sqrt{3}} = \sqrt{3}$

$\alpha = 45°$:

$\tan(90° - \alpha) = \tan 45° = 1$

und

$\frac{1}{\tan\alpha} = \frac{1}{\tan 45°} = 1$

$\alpha = 60°$:

$\tan(90° - \alpha) = \tan 30° = \frac{1}{3}\sqrt{3}$

und

$\frac{1}{\tan\alpha} = \frac{1}{\tan 60°} = \frac{1}{\sqrt{3}} = \frac{1}{3}\sqrt{3}$

7

Die meisten Taschenrechner zeigen übereinstimmende Ergebnisse, beispielsweise

$\tan 89{,}999° = \frac{\sin 89{,}999°}{\cos 89{,}999°} = 57295{,}78.$

Daraus kann man schließen, dass diese Taschenrechner Tangenswerte nach der Formel

$\tan\alpha = \frac{\sin\alpha}{\cos\alpha}$

berechnen.

8

a) Für die Höhe h gilt $h = \frac{c}{2} \cdot \tan\alpha$.

Dies gibt $A = \frac{1}{4} \cdot c^2 \cdot \tan\alpha = 16\,cm^2 \cdot \tan\alpha$.

b)

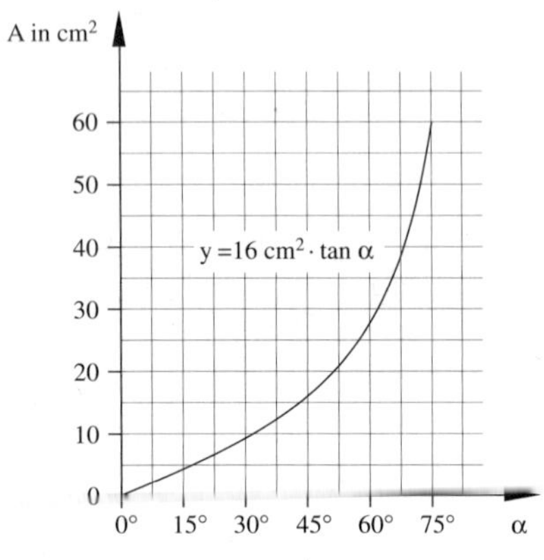

c) Ansatz: $40\,cm^2 = 16\,cm^2 \cdot \tan\alpha$

$\tan\alpha = 2{,}5 \Rightarrow \alpha = 68{,}2°$

9 ✳

a) Formel für den Flächeninhalt des Trapezes (Schülerbuch, S. 67):

$A = \frac{a+c}{2} \cdot h$

$a = c + b \cdot \tan\delta;\quad h = b$

$A = \frac{c + b \cdot \tan\delta + c}{2} \cdot b$

$= bc - \frac{1}{2}b^2 \cdot \tan\delta = 40{,}0\,cm^2 + 8{,}0\,cm^2 \cdot \tan\delta$

b)

S	0°	10°	20°	30°	40°	50°	60°	70°	80°
A	40,0	41,4	42,9	44,6	46,7	49,5	53,9	62,0	85,4

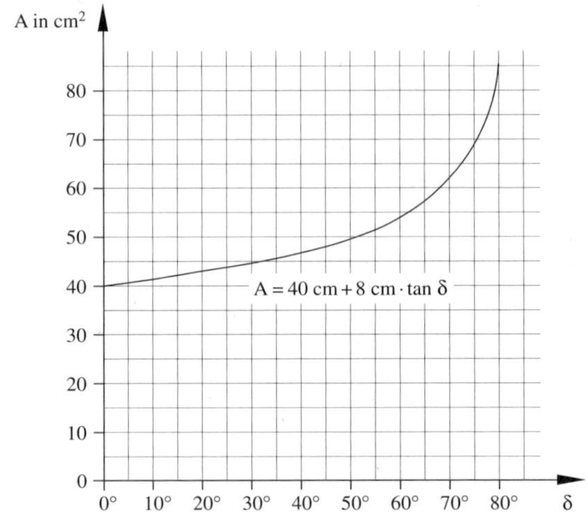

c) Der Flächeninhalt wächst beim Sprung von 60° auf 65° stärker als beim Sprung von 30° auf 35°. Die Kurve verläuft nach rechts hin immer steiler. Also wächst der Flächeninhalt um so schneller, je größer δ wird.

10 ✎

a)

p %	0 %	10 %	20 %	30 %	40 %	50 %	60 %
α	0°	5,7°	11,3°	16,7°	21,8°	26,6°	31,0°

p %	70 %	80 %	90 %	100 %	110 %	120 %	130 %
α	35,0°	38,7°	42,0°	45,0°	47,7°	50,2°	52,4°

p %	140 %	150 %	160 %	170 %	180 %	190 %	200 %
α	54,5°	56,3°	58,0°	59,5°	60,9°	62,2°	63,4°

b)

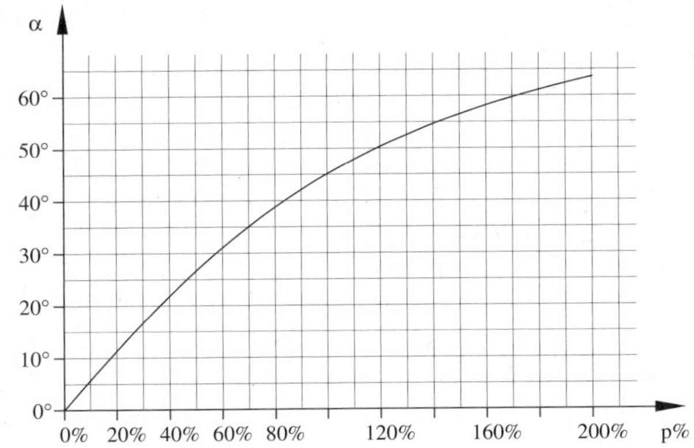

6 Trigonometrische Funktionen im Bogenmaß

Seite 87

1

Bei einer Volldrehung wickelt sich ein voller Umfang, d. h. $2\pi \cdot r$, also etwa $4 \cdot 3{,}14$ m Kabel ab, bei einer Vierteldrehung also etwa 3,14 m. Um 12 m Kabel abzuwickeln, muss die Trommel um $\frac{12}{4\pi} \cdot 360°$ gedreht werden, also um etwa 340°. Eine genauere Angabe ist nicht sinnvoll, da der Radius in der Realität nicht streng konstant ist.

2

Die Dose rollt bei einer vollen Drehung $\pi \cdot 8$ cm, also etwa 25,1 cm weit. Daher hat P_3 die Koordinaten (25,1|0) und P_2 die Koordinaten (12,6|8).

Seite 88

3

α	*10°*	74,48°	*27°*	51,57°	*50°*	120,32°
x	0,17	*1,3*	0,47	*0,9*	0,87	*2,1*

α	*105°*	171,89°	*250°*	275,02°	*305°*
x	1,83	*3,0*	4,36	*4,8*	5,32

4

a)

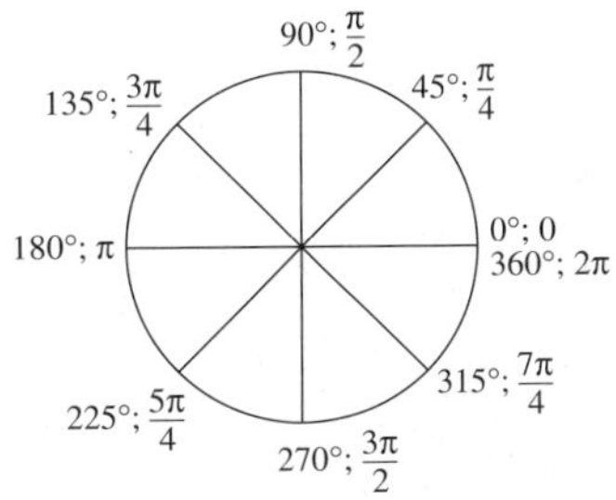

b)

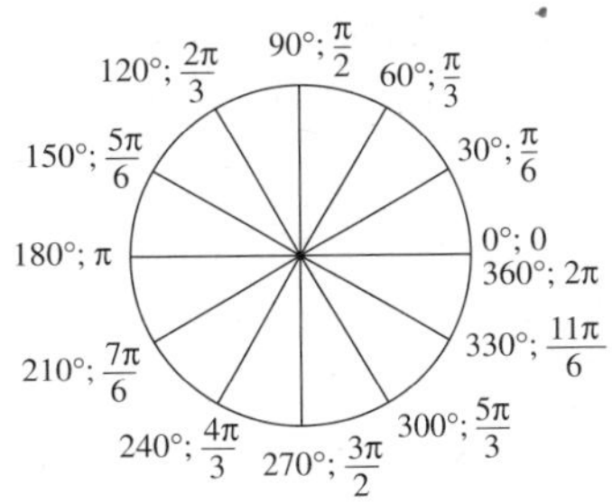

c)

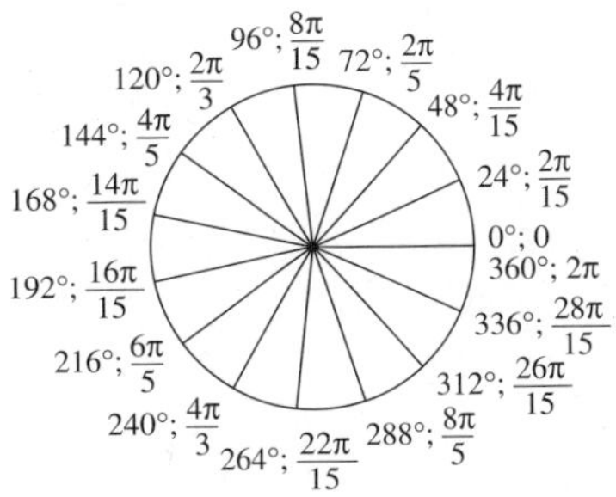

5

$\alpha = 1°$ gibt gerundet $x = 0{,}0175$, und $x = 1$ gibt gerundet $\alpha = 57{,}30°$.

6

a) $\sin 1{,}3 = 0{,}96$ $\sin 0{,}6 = 0{,}56$
$\sin 2{,}4 = 0{,}68$ $\sin 3{,}0 = 0{,}14$

b) $\cos 1{,}2 = 0{,}36$ $\cos 2{,}5 = -0{,}80$
$\cos 0{,}4 = 0{,}92$ $\cos 1{,}9 = -0{,}32$

7

x	$\frac{\pi}{6}$	$\frac{2\pi}{6}$	$\frac{3\pi}{6}$	$\frac{4\pi}{6}$	$\frac{5\pi}{6}$	π
sin x	$\frac{1}{2}$	$\frac{1}{2}\sqrt{3}$	1	$\frac{1}{2}\sqrt{3}$	$\frac{1}{2}$	0
cos x	$\frac{1}{2}\sqrt{3}$	$\frac{1}{2}$	0	$-\frac{1}{2}$	$-\frac{1}{2}\sqrt{3}$	-1

x	$\frac{7\pi}{6}$	$\frac{8\pi}{6}$	$\frac{9\pi}{6}$	$\frac{10\pi}{6}$	$\frac{11\pi}{6}$	2π
sin x	$-\frac{1}{2}$	$-\frac{1}{2}\sqrt{3}$	-1	$-\frac{1}{2}\sqrt{3}$	$-\frac{1}{2}$	0
cos x	$-\frac{1}{2}\sqrt{3}$	$-\frac{1}{2}$	0	$\frac{1}{2}$	$\frac{1}{2}\sqrt{3}$	1

x	$\frac{\pi}{4}$	$\frac{3\pi}{4}$	$\frac{5\pi}{4}$	$\frac{7\pi}{4}$
sin x	$\frac{1}{2}\sqrt{2}$	$\frac{1}{2}\sqrt{2}$	$-\frac{1}{2}\sqrt{2}$	$-\frac{1}{2}\sqrt{2}$
cos x	$\frac{1}{2}\sqrt{2}$	$-\frac{1}{2}\sqrt{2}$	$-\frac{1}{2}\sqrt{2}$	$\frac{1}{2}\sqrt{2}$

8

$\sin\frac{\pi}{12} \approx 0{,}26$; $\sin\frac{\pi}{8} \approx 0{,}38$

$\cos\frac{2\pi}{5} \approx 0{,}31$; $\cos\frac{4\pi}{15} \approx 0{,}67$

$\cos\frac{\pi}{10} \approx 0{,}95$; $\sin\frac{9\pi}{10} \approx 0{,}31$

$\cos\frac{3\pi}{5} \approx 0{,}38$; $\sin\frac{11\pi}{12} \approx 0{,}26$

Seite 89

❐ ??? Randspalte

Wird aus dem Winkel im Bogenmaß der Sinus berechnet (oder eine andere trigonometrische Funktion), erhält man eine vom Winkelmaß unabhängige Größe. Somit kann beliebig zwischen Gradmaß und Bogenmaß umgestellt werden. Rückrechnung durch die entsprechende inverse Funktion ergibt den entsprechenden Winkel im nun eingestellten Maß, ohne ein Rechenzeichen gedrückt zu haben.

Beispiel für eine mögliche Eingabe:

[DRG] [1] [.] [3] [4] [5] [sin] [DRG] [2nd] [sin]

mit

[DRG] Umschalten in RAD (Bogenmaß)
[1] [.] [2] [3] [4] [5] Eingabe von 1,2345
[sin] Sinusfunktion
[DRG] Umschalten in DEG (Winkelmaß)
[2nd] [sin] oder [$\sin^{-1}$] Umkehrfunktion

Anzeige:

70.73 164 DEG

Manche Taschenrechner (insbesondere wissenschaftliche Rechner) haben die [DRG]-Taste auch direkt mit der Umrechnung belegt, d. h. die Eingabe 1.2345 RAD [DRG] [DRG] ergibt direkt die Anzeige 70.73 16398 1 DEG (mit dem Umweg über Neugrad: 78.5907 109 GRAD).

9

Analog zu Aufgabe 10, Schülerbuch, S. 82, kann festgestellt werden, dass $\pi - x_1 = x_2 - \pi$ die symmetrische Lage von x_1 und x_2 in Bezug auf π beschreibt.

a) $x_1 = 0{,}93$ $x_2 = 5{,}36$
b) $x_1 = 1{,}37$ $x_2 = 4{,}91$
c) $x_1 = 2{,}35$ $x_2 = 3{,}94$
d) $x = \pi = 3{,}14$
e) $x_1 = 0{,}14$ $x_2 = 6{,}14$
f) $x_1 = \frac{\pi}{2} = 1{,}57$ $x_2 = \frac{3}{2}\pi = 4{,}71$

10

Wiederum ist es geschickt, die symmetrische Lage von x_1 und x_2 in Bezug auf $\frac{\pi}{2}$ bzw. $\frac{3\pi}{2}$ zu beschreiben (vgl. vorhergehende Aufgabe)

$\frac{\pi}{2} - x_1 = x_2 - \frac{\pi}{2}$ bzw. $\frac{3\pi}{2} - x_1 = x_2 - \frac{3\pi}{2}$

a) $x_1 = 0{,}64$ $x_2 = 2{,}50$

b) $x_1 = 0{,}20$ $x_2 = 2{,}94$

c) $x_1 = \frac{\pi}{4} = 0{,}79$ $x_2 = \frac{3\pi}{4} = 2{,}36$

d) $x_1 = \frac{5\pi}{4} = 3{,}93$ $x_2 = \frac{7\pi}{4} = 5{,}50$

e) $x_1 = 0{,}01$ $x_2 = 3{,}13$

f) $x_1 = 1{,}43$ $x_2 = 1{,}71$

Korrektur im Schülerbuch:
Im Schaubild muss die Bezeichnung der x-Stellen von links nach rechts lauten: x_1, x_2.

11

a)

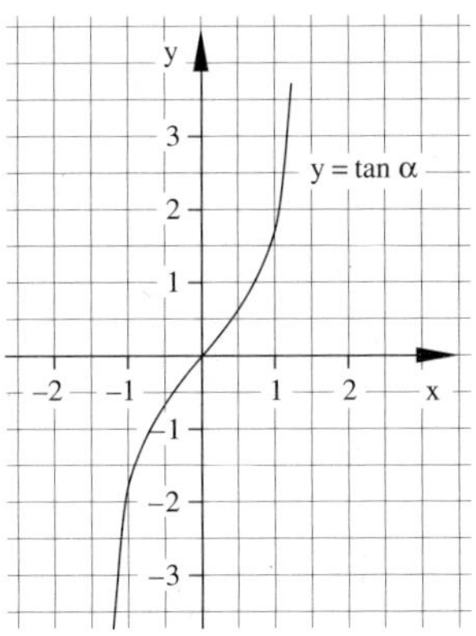

b) $\tan \frac{\pi}{4} = 1$

$\tan \frac{\pi}{3} = \sqrt{3} = 1{,}73$

$\tan 1{,}0 = 1{,}56$

$\tan 1{,}5 = 14{,}10$

c) $x = 0{,}73$

$x = 1{,}13$

$x = 1{,}47$

12

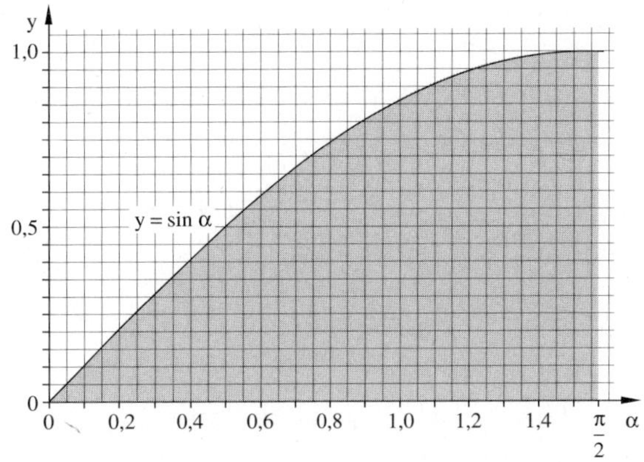

Der Flächeninhalt ergibt sich recht genau zu $100\,cm^2$. Dies ist auch der exakte Wert, wie man aus der Integralrechnung weiß.

Die Radkurve

$M_2(r\frac{\pi}{2}|r)$ $M_3(r\pi|r)$ $M_4(r\frac{3\pi}{2}|r)$ $M_5(2r\pi|r)$

$P_2(r\frac{\pi}{2} - r|r)$ $P_3(r\pi|2r)$ $P_4(r\frac{3\pi}{2} + r|r)$ $P_5(2r\pi|0)$

$\widehat{\alpha}$	0	$\frac{\pi}{6}$	$\frac{2\pi}{6}$	$\frac{3\pi}{6}$	$\frac{4\pi}{6}$
x_P (in cm)	0	0,05	0,36	1,14	2,46
y_P (in cm)	0	0,27	1	2	3

$\widehat{\alpha}$	$\frac{5\pi}{6}$	π	$\frac{7\pi}{6}$	$\frac{8\pi}{6}$	$\frac{9\pi}{6}$
x_P (in cm)	4,24	6,28	8,33	10,11	11,42
y_P (in cm)	3,73	4	3,73	3	2

$\widehat{\alpha}$	$\frac{10\pi}{6}$	$\frac{11\pi}{6}$	2π
x_P (in cm)	12,20	12,52	12,57
y_P (in cm)	1	0,27	0

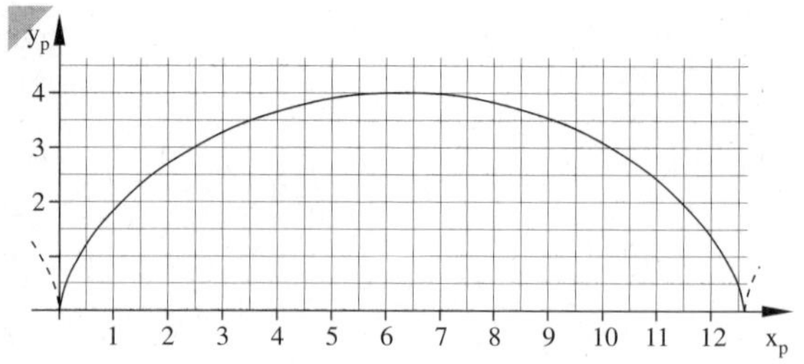

Die Kurve setzt sich periodisch fort; siehe Grafik oben.

In dem Gleichungspaar, das die Zykloide beschreibt, gibt jeweils der 1. Summand die Mittelpunktsbewegung des Rades wieder, der zweite die Drehung um den festen Mittelpunkt. Ist die Entfernung von P zum Mittelpunkt M nicht r, sondern a, so ist nur der zweite Summand abzuändern. Die Kurve hat die Darstellung

$x_P = r \cdot \widehat{\alpha} - a \cdot \sin\widehat{\alpha}$; $y_P = r - a \cdot \cos\widehat{\alpha}$

Eine günstige Wahl für die Zeichnung ist a = 4 cm. In der folgenden Wertetabelle ist der Winkel in Vielfachen von $\frac{\pi}{6}$ angegeben. Die Kopfzeile gibt nur die Faktoren k = 0, 1, 2, ... 12 bei $\frac{\pi}{6}$ an.
Die ganzzahlig angegebenen Werte sind exakt.

$\widehat{\alpha}/\frac{\pi}{6}$	0	1	2	3	4
x_P	0	−0,95	−1,37	−0,86	0,72
y_P	−2	−1,46	0	2	4

$\widehat{\alpha}/\frac{\pi}{6}$	5	6	7	8	9
x_P	3,24	6,28	9,33	11,84	13,42
y_P	5,46	6	5,46	4	2

$\widehat{\alpha}/\frac{\pi}{6}$	10	11	12
x_P	13,94	13,52	12,57
y_P	0	−1,46	−2

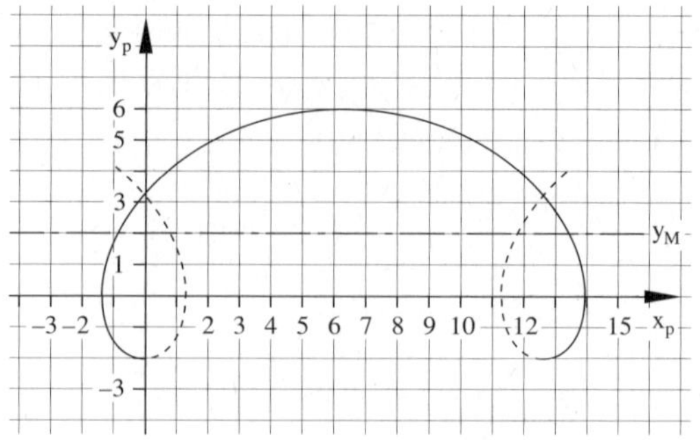

Die Kurve zeigt Schleifen. Es ist eine schöne fächerübergreifende Aufgabe, ein funktionstüchtiges Modell herzustellen, mit dem Kurven für verschiedene Werte von a gezeichnet werden können. Wenn a sehr groß gegen r wird, treten sogar „Mehrfachschleifen" auf (die Schleifen schneiden sich).

7 Vermischte Aufgaben

Seite 90

1

a) α = 70° b) α = 25°
c) α = 40° d) α = 75°
e) α = 53° f) α = 8°

2

a) α = 105° b) α = 52°
c) α = 312° d) α = 138°
e) α = 335° f) α = 205°
g) α = 206° h) α = 100°

3

a) 52,00° b) 337,00°
c) 335,00° d) 299,00°

4

a) 53,00° b) 127,00°
c) 33,00° d) 327,00°

5

a) $\alpha_1 = 40{,}54°$; $\alpha_2 = 139{,}46°$
b) $\alpha_1 = 58{,}67°$; $\alpha_2 = 301{,}33°$
c) $\alpha_1 = 104{,}48°$; $\alpha_2 = 255{,}52°$
d) $\alpha_1 = 202{,}33°$; $\alpha_2 = 337{,}67°$
e) $\alpha_1 = 244{,}16°$; $\alpha_2 = 295{,}84°$
f) $\alpha_1 = 39{,}65°$; $\alpha_2 = 320{,}35°$

6

$\alpha_1 = 45°$ $\alpha_2 = 135°$ $\alpha_3 = 225°$ $\alpha_4 = 315°$

7

Die Figuren werden gegen den Uhrzeigersinn umlaufen; die erste Ecke liegt jeweils im 1. Quadranten (einschließlich Rand). Der Kreisradius ist 1.

a) $(a|a)$, $(-a|a)$, $(-a|-a)$, $(a|-a)$ mit $a = \frac{1}{2}\sqrt{2}$

b) Winkel: 0°, 120°, 240°;
$(1|0)$, $\left(-\frac{1}{2} \,\middle|\, \frac{1}{2}\sqrt{3}\right)$, $\left(-\frac{1}{2} \,\middle|\, -\frac{1}{2}\sqrt{3}\right)$

c) Winkel: 90°, 210°, 330°;
$(0|1)$, $\left(-\frac{1}{2}\sqrt{3} \,\middle|\, -\frac{1}{2}\right)$, $\left(\frac{1}{2}\sqrt{3} \,\middle|\, -\frac{1}{2}\right)$

d) Winkel: Vielfache von 72°;
$(1|0)$, $(0{,}31|0{,}95)$, $(-0{,}81|0{,}59)$, $(-0{,}81|-0{,}59)$, $(0{,}31|-0{,}95)$

8

$\cos 70° = -\cos 110°$; $\sin 80° = -\sin 280°$;
$\sin 120° = -\sin 240°$; $\cos 230° = -\cos 310°$

9

a)

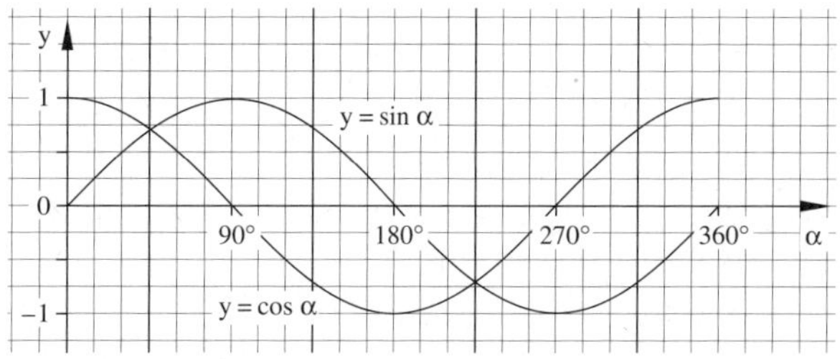

b)

α zwischen	0° u. 45°	45° u. 90°	90° u. 135°
sin α cos α	> 0 > 0	> 0 > 0	> 0 < 0
sin α cos α	steigt fällt	steigt fällt	fällt fällt
sin α ≷ cos α	<	>	>

α zwischen	135° u. 180°	180° u. 225°	225° u. 270°
sin α cos α	> 0 < 0	< 0 < 0	< 0 < 0
sin α cos α	fällt fällt	fällt steigt	fällt steigt
sin α ≷ cos α	>	>	<

α zwischen	270° u. 315°	315° u. 360°
sin α cos α	< 0 > 0	< 0 > 0
sin α cos α	steigt steigt	steigt steigt
sin α ≷ cos α	<	<

10

a) Individuelle Lösung.

	Rechtskurve	Linkskurve
Sinuskurve	$0° < \alpha < 180°$ $360° < \alpha < 540°$	$180° < \alpha < 360°$ $540° < \alpha < 720°$
Kosinuskurve	$0° < \alpha < 90°$ $270° < \alpha < 450°$ $630° < \alpha < 720°$	$90° < \alpha < 270°$ $450° < \alpha < 630°$

b) $180° < \alpha < 270°$; $540° < \alpha < 630°$

c) $270° < \alpha < 360°$, $630° < \alpha < 720°$

Seite 91

11

$a_1 = 2;\ a_2 = 3;\ a_3 = \frac{3}{2};\ a_4 = 1$

Den Koeffizienten a_4 kann man bei $\alpha = 450°$ oder bei oder bei $\alpha = 330°$ ablesen:

$1 = a \cdot \sin 450° = a \cdot \sin 90° = a$

oder

$-\frac{1}{2} = a \cdot \sin 330° = a \cdot (-\sin 30°) = -\frac{a}{2}$

12

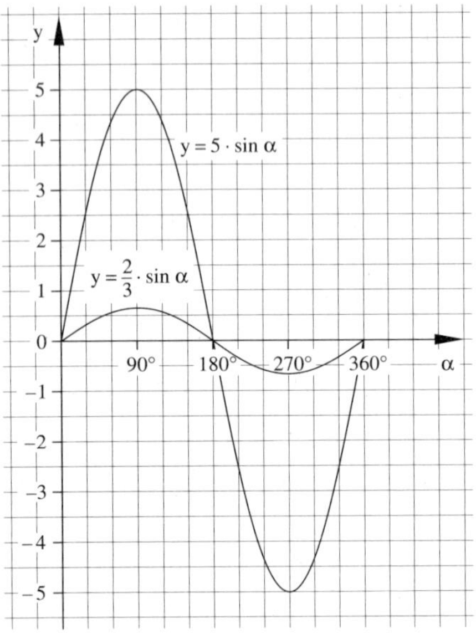

13 ✳

a) $A = 3 \cdot \frac{1}{2} \cdot a^2 \cdot \sin\gamma = 96\,\text{cm}^2 \cdot \sin\gamma$

b) Nimmt γ seinen Maximalwert 120° an, so fallen die zwei äußeren Seiten a zusammen. Das Fünfeck wird zum Dreieck.

c)

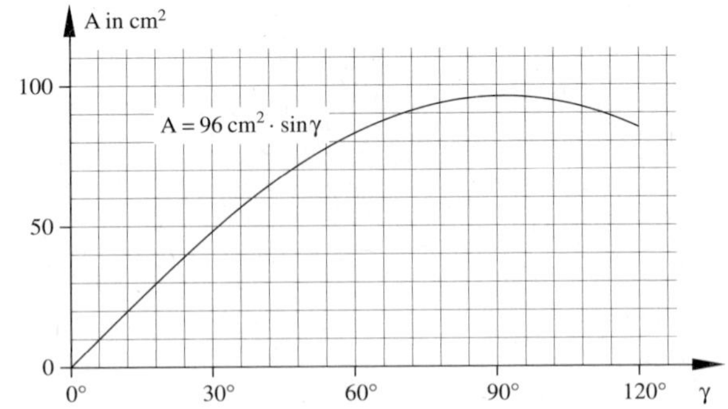

d) A nimmt seinen Maximalwert bei $\gamma = 90°$ an. Das Fünfeck ist dann ein Quadrat, aus dem ein gleichschenklig-rechtwinkliges Dreieck herausgeschnitten ist.

e) Basis der Teildreiecke: $\frac{c}{2} = a \cdot \cos\alpha$
Umfang:
$u = 2a + 3c = 2a + 6a \cdot \cos\alpha$
$= 16\,\text{cm} + 48\,\text{cm} \cdot \cos\alpha$
Dies gilt aber nur für $\gamma < 120°$, also für $\alpha > 30°$. Bei $\alpha = 30°$ fallen die zwei äußeren Seiten a weg, und es gilt $u = 48\,\text{cm} \cdot \cos 30° = 24 \cdot \sqrt{3}\,\text{cm} = 41{,}57\,\text{cm}$.

f) Wächst γ gegen 120°, so wächst der Umfang gegen den Wert $16\,\text{cm} + 24 \cdot \sqrt{3}\,\text{cm}$. Dieser wird aber nicht erreicht, da bei $\gamma = 120°$ der Umfang auf den Wert $24 \cdot \sqrt{3}\,\text{cm}$ springt. Der größte Umfang kann also mit den zur Verfügung stehenden Mitteln (z. B. ohne Grenzwertberechnung) analytisch nicht ermittelt werden. In der Praxis jedoch, in der ohnehin eher mit numerischen als mit analytischen Werten gerechnet wird, würde man so vorgehen:
Die Berechnung des Grenzwertes $16 + 24 \cdot \sqrt{3}$ mit dem Taschenrechner führt bei einer 8-stelligen Anzeige zu dem Ergebnis 57,569219. Knapp darunter liegt der abgerundete Wert 57,56921, der durchaus als größtmöglicher Umfang betrachtet werden kann.

Anmerkung:

c) Die Schüler haben sicher gemerkt, dass die im Schülerbuch vorgeschlagene Einheit auf der γ-Achse von 1 cm für 60° geometrisch gerade nicht sehr sinnvoll ist. Besser sind sicherlich 5 cm, wie oben gezeigt.

14 ✳

a) $h = 15{,}50\,m + 18{,}20\,m \cdot \sin\alpha$

b) Hier soll nicht gerechnet werden. Da sich die Auslegerspitze S auf einem Kreis mit Radius 18,20 m um A bewegt und der Haken um die konstante Strecke l vertikal unterhalb der Spitze hängt, bewegt er sich auf einem gleich großen Kreis um den Punkt A′, der um die Strecke l vertikal unterhalb A liegt.

15

a)

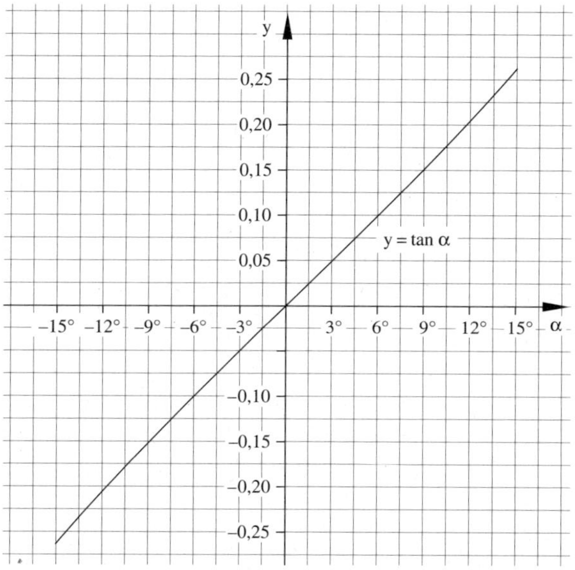

b) Die Tangenskurve und die Strecke fallen innerhalb der Zeichengenauigkeit zusammen.

16

a) $h = \frac{a-c}{2} \cdot \tan\alpha = 4\,cm \cdot \tan\alpha$

$A = \frac{1}{2}(a + c) \cdot h = 32\,cm^2 \cdot \tan\alpha$

b)

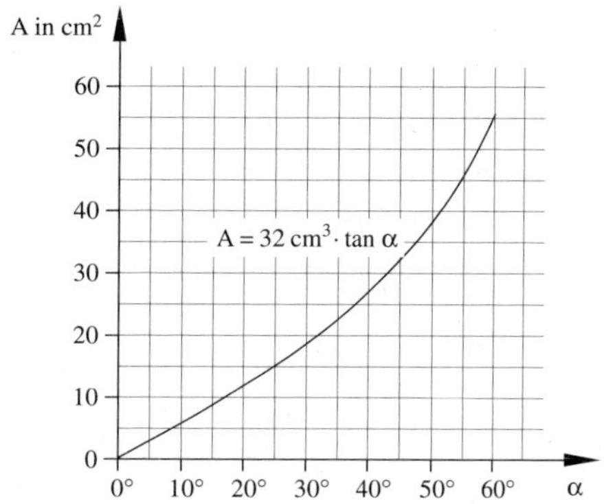

17 ✳

a) Der Flächeninhalt eines der herausgeschnittenen gleichschenkligen Dreiecke ist

$A_{\triangle} = \frac{1}{2} \cdot 10\,cm \cdot 5\,cm \cdot \tan\alpha = 25\,cm^2 \cdot \tan\alpha.$

Also

$A = 100\,cm^2 - 4 \cdot 25\,cm^2 \cdot \tan\alpha$

$= (1 - \tan\alpha) \cdot 100\,cm^2$

Wegen $0° \leq \alpha \leq 45°$ ist $A \geq 0$.

b)

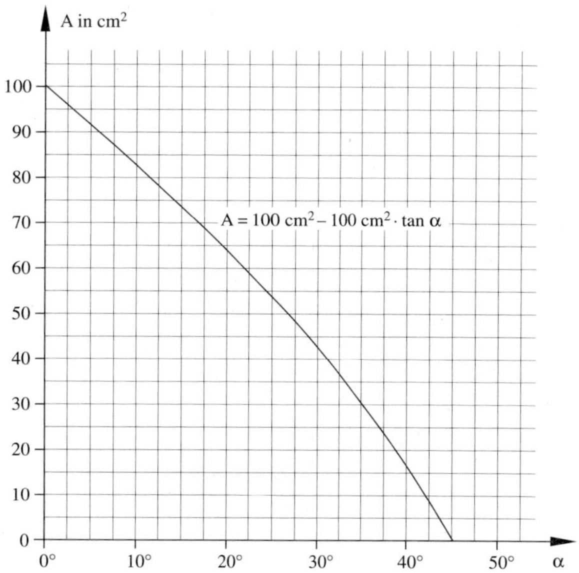

c) $A = 50\,cm^2$; also $\tan\alpha = \frac{1}{2} \Rightarrow \alpha = 26{,}57°$

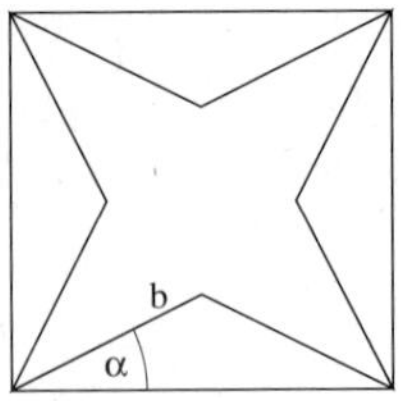

d) Für die Länge a eines Schenkels gilt $a \cdot \cos\alpha = 5\,cm$, also $a = \frac{5\,cm}{\cos\alpha}$. Damit ist $u = \frac{40\,cm}{\cos\alpha}$.

α	0°	5°	10°	15°	20°
u	40	40,15	40,62	41,41	42,57

α	25°	30°	35°	40°	45°
u	44,14	46,19	48,83	52,22	56,57

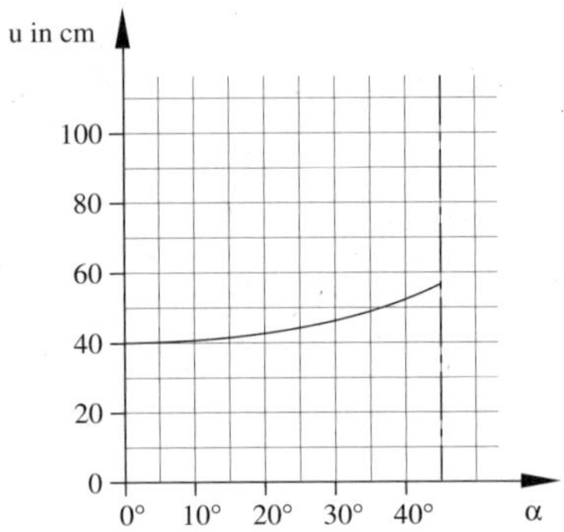

Seite 92

18

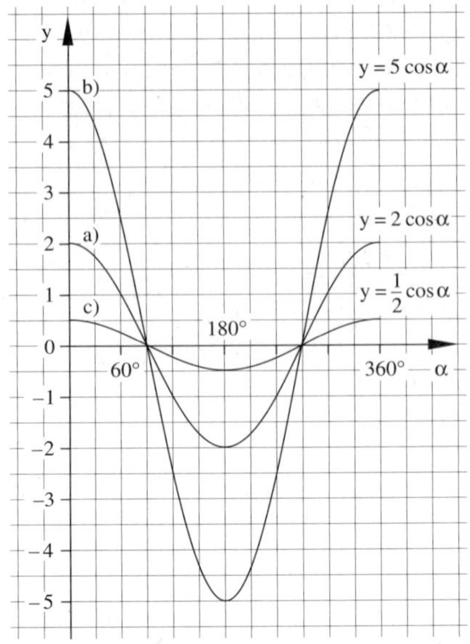

19

a)

α	0°	30°	60°	90°	120°	150°	180°
$\sin^2\alpha$	0	0,25	0,75	1	0,75	0,25	0
$\cos^2\alpha$	1	0,75	0,25	0	0,25	0,75	1

α	210°	240°	270°	300°	330°	360°
$\sin^2\alpha$	0,25	0,75	1	0,75	0,25	0
$\cos^2\alpha$	0,75	0,25	0	0,25	0,75	1

b)/c)

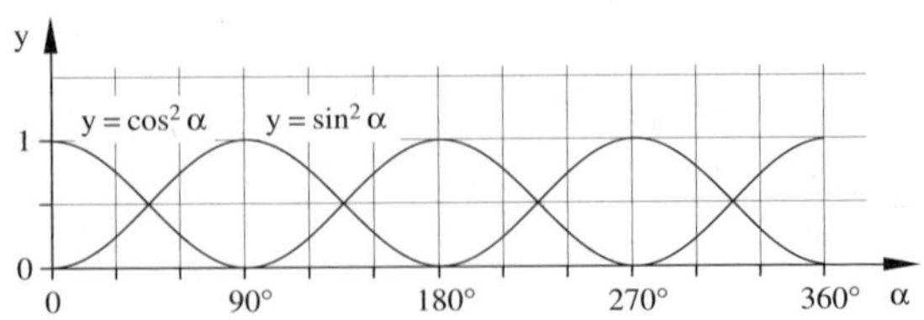

20 ✳

a) $A_{KA} = A_{Kreissektor} - A_{Dreieck}$

$= \pi r^2 \frac{\alpha}{360°} - \frac{1}{2} r^2 \cdot \sin\alpha$

b) Bei $\alpha > 180°$ besteht der Kreisabschnitt aus dem Kreisausschnitt und einem Dreieck mit dem Winkel $360° - \alpha$ an der Spitze, also dem Flächeninhalt $\frac{1}{2} r^2 \sin(360° - \alpha)$.

Wegen $\sin(360° - \alpha) = -\sin\alpha$ wird dieser Flächeninhalt in der Formel zum Flächeninhalt des Kreisausschnitts addiert.

c)

α	0°	30°	60°	90°	120°	150°	180°
A_{KA}	0	0,01	0,09	0,29	0,61	1,06	$\frac{1}{2}\pi$

α	210°	240°	270°	300°	330°	360°
A_{KA}	2,08	2,53	2,86	3,05	3,13	π

d)

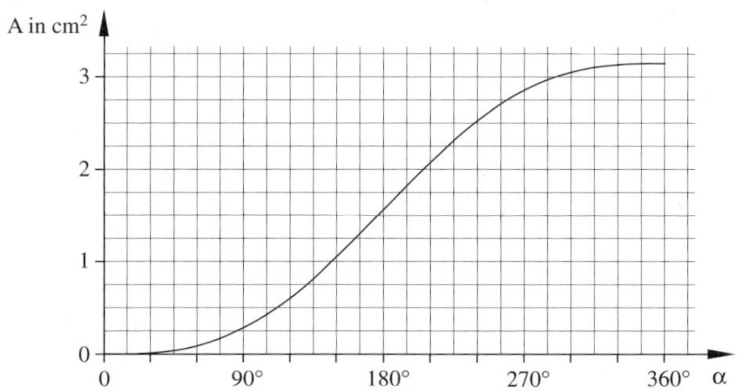

21

α	17°	48°	85°	100°	206°	250°	345°
x	0,30	0,84	1,48	1,75	3,60	4,36	6,02

22

a)

x	0,5	0,8	1,5	2,0	2,8	3,0
α	28,65°	45,84°	85,94°	114,59°	160,43°	171,89°

b)

x	$\frac{\pi}{4}$	$\frac{\pi}{5}$	$\frac{\pi}{9}$	$\frac{3\pi}{5}$	$\frac{4\pi}{9}$	$\frac{5\pi}{12}$	$\frac{\pi}{180}$
α	45°	36°	20°	108°	80°	75°	1°

23

a) $\alpha = \frac{14{,}52}{2\pi \cdot 0{,}35} \cdot 360° \approx 2\,377°$

b) $2\,377° = 6 \cdot 360° + 217°$

Die Trommel macht 6 volle Drehungen, dazu eine Drehung um 217°. Die Abbildung legt nahe, dass der Radius konstant bleibt.

24 ✳

a) Nach etwa 40 Durchläufen bleibt der Wert 0,739 085 11 (je nach Taschenrechner mit kleinen Abweichungen in der letzten Dezimalen) stehen.

b) In Worten: „Die [cos]-Taste ändert die Eingabe nicht". Also gilt für diesen Wert x im Bogenmaß $\cos x = x$.

c) Die Kosinuskurve und die Gerade $y = x$ schneiden sich an der Stelle $x \approx 0{,}74$. Wegen $y = x$ gilt für diesen Wert $\cos x \approx x$.

Vom Einspluseins zur Kosinusfunktion

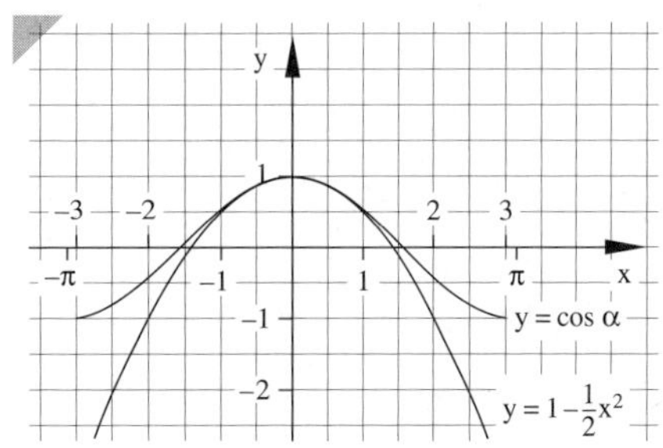

Die Wertetabelle zeigt die Qualität der zwei Näherungen. Es handelt sich um die bekannten Näherungen durch Taylorpolynome.

x	0	0,2	0,4	0,6
cos x	1	0,980	0,921	0,825
$1 - \frac{1}{2}x^2$	1	0,980	0,920	0,820
$1 - \frac{1}{2}x^2 + \frac{1}{24}x^4$	1	0,980	0,921	0,825

x	0,8	1,0	$\frac{\pi}{3}$	$\frac{\pi}{2}$
cos x	0,697	0,540	0,500	0
$1 - \frac{1}{2}x^2$	0,680	0,500	0,452	−0,234
$1 - \frac{1}{2}x^2 + \frac{1}{24}x^4$	0,697	0,542	0,502	0,020

Thema: Schwingungen

Die Kurven können mit Hilfe weniger Punkte skizziert werden. Diejenigen Punkte sind besonders einfach zu finden, bei denen einer der Summanden den Beitrag 0 liefert. Man kann auch zu ganz anschaulichen Einsichten kommen. Dort, wo eine der Summandenkurven horizontal verläuft und die andere steigt, steigt die Überlagerungskurve ebenfalls; ein Hochpunkt oder Tiefpunkt der Überlagerungskurve liegt dort vor, wo die eine Summenkurve steigt und die andere in entsprechendem Maße fällt.

Harmonische Schwingungen kommen zwar in vielen Bereichen vor, lassen sich aber meist erst durch Transformationsprozesse in geometrischer Form sichtbar machen. Eine attraktive Ausnahme bilden stehende Wellen; das Bild der großen Schraubenfeder entstand in einem physikalischen Erlebnis-Museum. Ein besonders interessantes, aber auch schwieriges Anwendungsgebiet ist die Analyse der Töne, Klänge und Geräusche.

Lösungen:

Seite 93

1

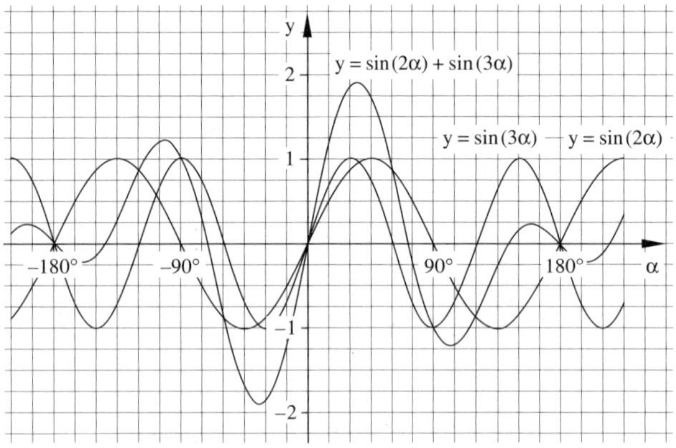

Die Überlagerungskurve wird hier zusätzlich abgebildet.

2

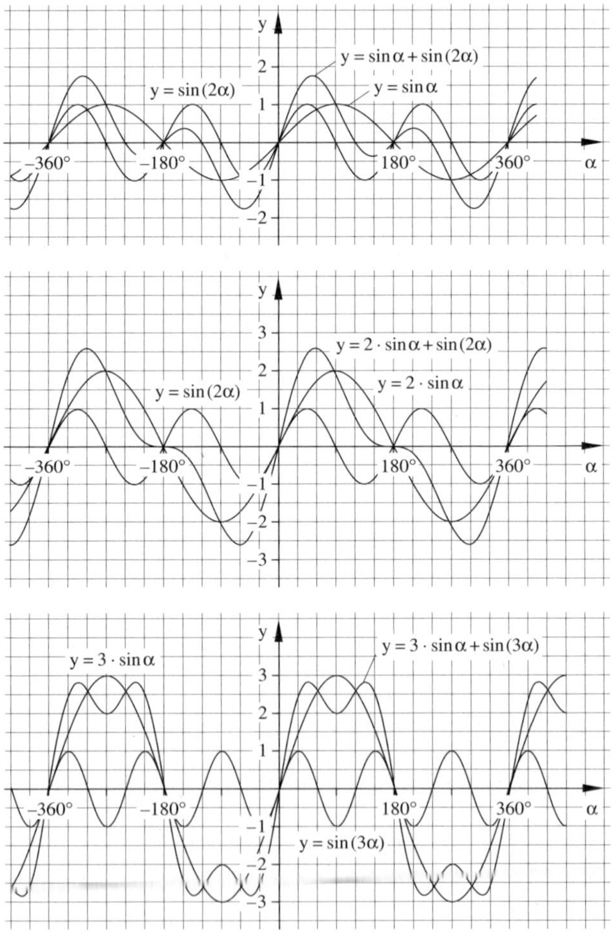

IV Pyramide. Kegel

Das Foto links oben zeigt Trulli-Häuser in Oberitalien.

Auf dem Bild unten sind Stahlplastiken von Viktor Bonato zu sehen. Diese Plastiken befinden sich vor dem Landesinstitut für Schule und Weiterbildung in Soest.

Das Bild unten rechts zeigt den Millennium Tower in Tokio von N. Forster.

1 Schrägbild von Pyramide und Kegel

Seite 96

1

Individuelle Lösung

2

Parallel zur Grundfläche entstehen Schnittflächen, die zur Grundfläche ähnlich sind (Die Fläche wird nicht halbiert! Volumenverhältnis und Flächenverhältnis sind nicht gleich). Beim Kegel entsteht ein Kreis. Bei Achsenschnitten entstehen stets gleichschenklige Dreiecke. Die Schnitte werden später noch unterschieden.

Seite 97

❒ Randspalte

Die Lösung erfolgt über die Körperhöhe h bzw. über ihr Verhältnis zur Grundseite.

z. B.

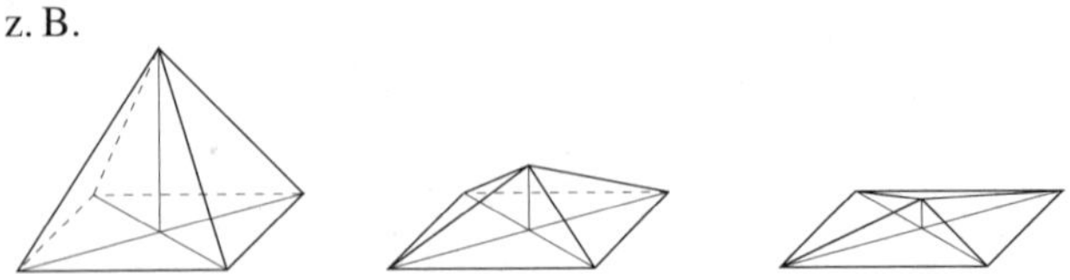

2 Mantelflächen 3 Mantelflächen 4 Mantelflächen

Grenzfälle:

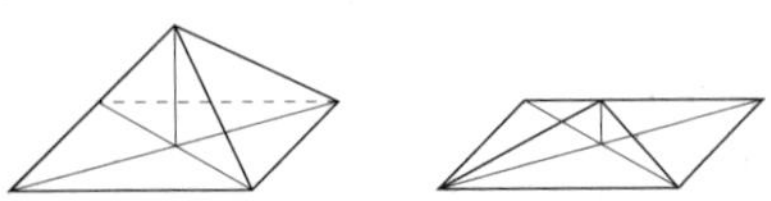

$h = \left(\frac{1}{2} - \frac{1}{4}\sqrt{2}\right)a$ $h = \frac{1}{4}\sqrt{2}a$

3

a)

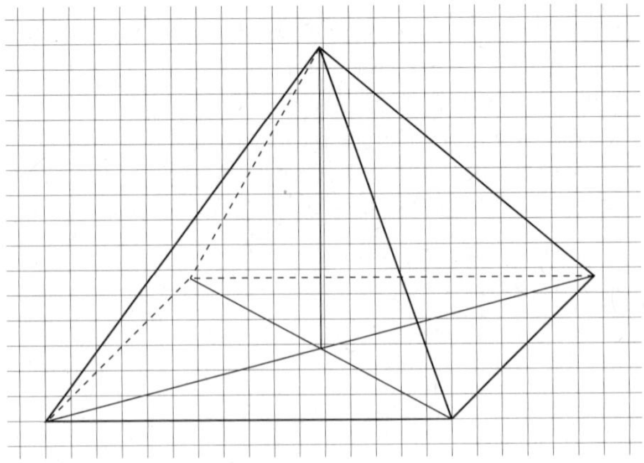

b), c), d) analog Teilaufgabe a).

4

Lösung analog Aufgabe 3.

5

a)

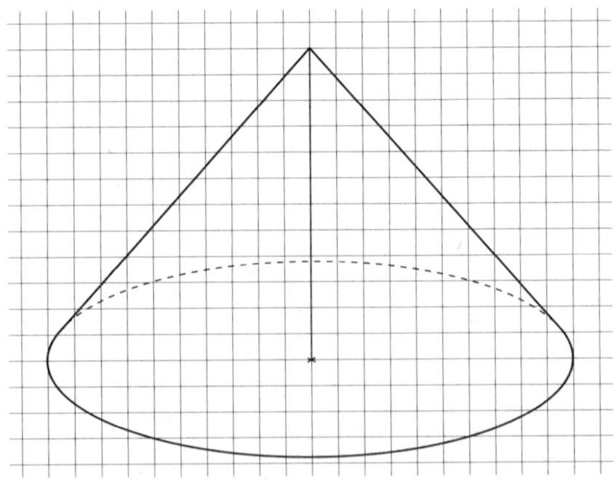

b), c), d) analog Teilaufgabe a).

6

Analog Aufgabe 5.

7

a)

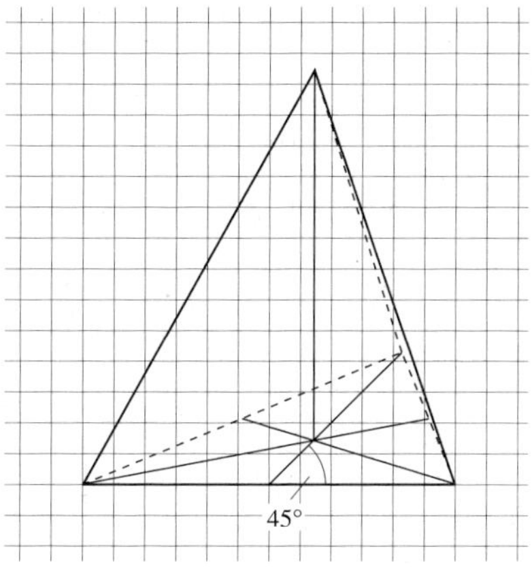

b)

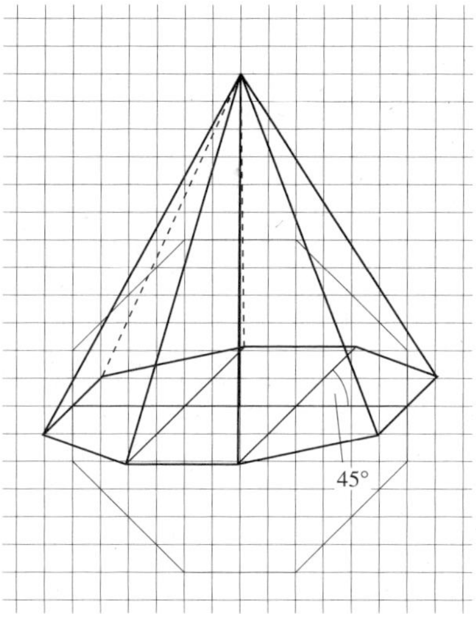

c)

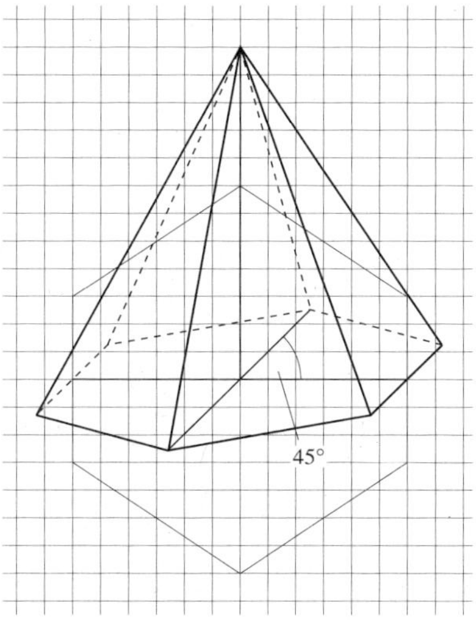

d)

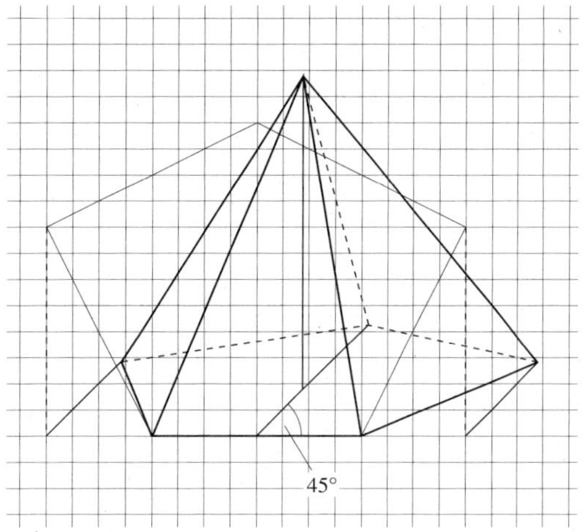

Anmerkung:
Da das Fünfeck nicht regelmäßig ist, kann der Fußpunkt der Höhe „nach Gefühl" festgelegt werden.

8

Lösung analog Aufgabe 7.

9

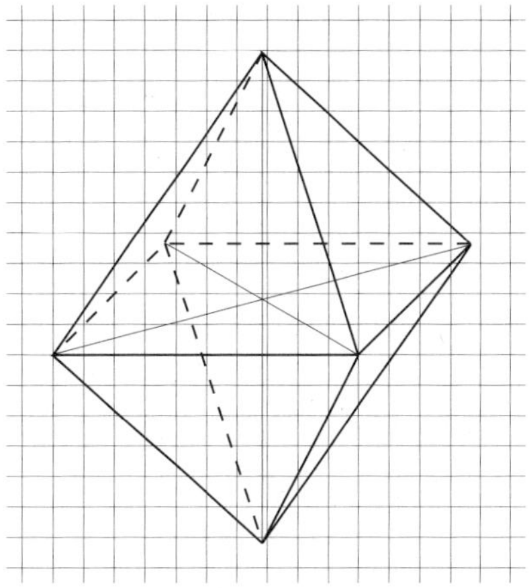

10

Individuelle Lösung

2 Mantelfläche und Oberfläche der Pyramide

Seite 98

1

Die Netze mit Dreieck und Sechseck als Grundfläche sind Pyramidennetze. Bei der quadratischen Grundfläche sind die Manteldreiecke zu klein (es muss $h_s > \frac{a}{2}$ sein, sonst liegen die Seitenflächen auf der Grundfläche). Bei der rechteckigen Grundfläche sind die Seitenkanten unterschiedlich lang.

2

ja

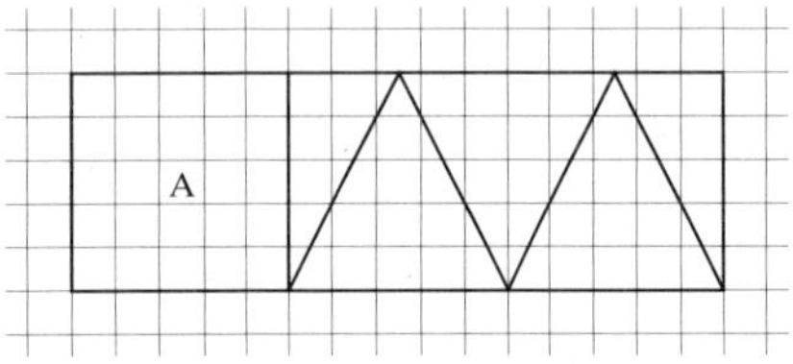

Es lassen sich 3 vollständige und 2 halbe Manteldreiecke bilden.

Seite 99

3

Das Modell aus nicht zu dünner Pappe fertigen.

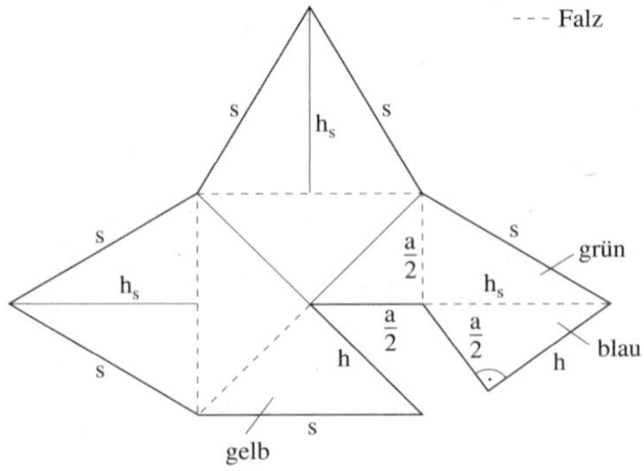

Hieraus lässt sich eine kleine Formelsammlung aufstellen, die in den folgenden Aufgaben von Nutzen sein wird:

$s^2 = h_s^2 + \frac{1}{4}a^2$

$s^2 = h + \frac{1}{2}a^2$

$h_s^2 = h^2 + \frac{1}{4}a^2$

$2h_s^2 = s^2 + h^2$

4

a) $M = 126\,cm^2$
$O = 175\,cm^2$

b) $M = 99{,}1\,cm^2$
$O = 133{,}9\,cm^2$

c) $M = 11{,}76\,m^2$
$O = 13{,}66\,m^2$

5

a) $M = 72{,}0\,cm^2$
$O = 97{,}0\,cm^2$

b) $M = 408\,m^2$
$O = 552\,m^2$

c) $h_s = 8{,}66\,cm$
$M = 135{,}1\,cm^2$
$O = 195{,}9\,cm^2$

d) $h_s = 38{,}04\,cm$
$M = 2\,244{,}4\,cm^2$
$O = 3\,114{,}6\,cm^2$

e) $h_s = 9{,}05\,cm$
$M = 112{,}2\,cm^2$
$O = 150{,}6\,cm^2$

f) $h_s = 19{,}24\,m$
$M = 481{,}0\,m^2$
$O = 637{,}3\,m^2$

g) $a = 6{,}93\,cm$
$M = 109{,}5\,cm^2$
$O = 157{,}5\,cm^2$

h) $a = 1{,}239\,m$
$M = 3{,}17\,m^2$
$O = 4{,}71\,m^2$

6

a) $a = 7{,}98\,cm$
$O = 197{,}7\,cm^2$

b) $a = 21{,}67\,m$
$O = 938{,}0\,m^2$

c) $a = 6{,}72\,cm$
$h_s = 7{,}23\,cm$
$O = 142{,}3\,cm^2$

d) $a = 3{,}39\,m$
$h_s = 6{,}72\,m$
$O = 57{,}1\,m^2$

e) $a = 9{,}14\,cm$
$h_s = 8{,}78\,cm$
$O = 244{,}0\,cm^2$

f) $a = 24{,}05\,m$
$h_s = 27{,}92\,m$
$O = 1\,921{,}4\,m^2$

7

a) $a = 4{,}1\,cm$
$h = 9{,}0\,cm$
$s = 9{,}4\,cm$

b) $h_s = 9{,}6\,cm$
$h = 9{,}1\,cm$
$s = 10{,}2\,cm$

c) $h_s = 18{,}4\,cm$
$h = 17{,}7\,cm$
$s = 19{,}0\,cm$

d) $a = 10{,}0\,cm$
$h_s = 11{,}7\,cm$
$h = 10{,}6\,cm$
$s = 12{,}7\,cm$

e) $a = 8{,}7\,cm$
$h = 7{,}2\,cm$

f) $a = 12{,}5\,m$
$s = 14{,}0\,m$

8

a) $O = 153{,}7\,cm^2$

b) $O = 791{,}0\,cm^2$

c) $a = 18{,}24\,cm$; $h_s = 24{,}13\,cm$; $M = 880{,}3\,cm^2$

9

a) $M = 80e^2$; $O = 105e^2$

b) $M = 300e^2$; $O = 400e^2$

c) $h_s = 4e$; $M = 48e^2$; $O = 84e^2$

d) $M = 624e^2$; $O = 1\,200e^2$

Seite 100

10

a) $M = 288\,cm^2$

b) $M = 1\,485{,}8\,cm^2$

c) $a = 6{,}00\,cm$
$M = 241{,}2\,cm^2$

d) $a = 14{,}50\,cm$
$M = 861{,}3\,cm^2$

11

Sechseckpyramide:

$h_s^2 = h^2 + \frac{3}{4}a^2$ $\qquad s^2 = h_s^2 + \frac{1}{4}a^2$ $\qquad s^2 = h^2 + a^2$

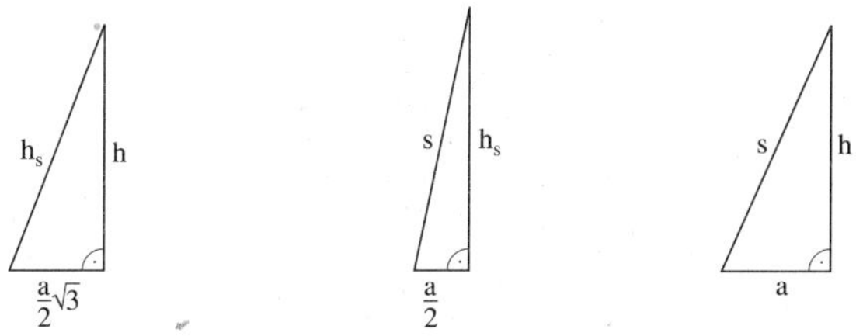

Rein rechnerisch ergibt sich auch (der Vollständigkeit halber) $4h_s^2 = 3s^2 + h^2$.

a) $h_s = 9{,}38\,cm$
$O = 293\,cm^2$

b) $h_s = 2{,}807\,m$
$O = 16{,}57\,m^2$

c) $h_s = 34{,}26\,cm$
$O = 3\,827\,cm^2$

d) $h_s = 9{,}205\,m$
$O = 195{,}57\,m^2$

e) $a = 31{,}1\,cm$
$O = 9\,510\,cm^2$

f) $a = 2{,}619\,m$
$O = 37{,}6\,m^2$

12

$a = 7{,}0\,cm$; $O = 305{,}8\,cm^2$

13

$h_s = 6{,}689\,m$
$M = 49{,}16\,m^2$
mit Verschnitt: $54{,}08\,m^2$
Das Material kostet 4 218,24 DM.

14

a) $M = 95{,}6\,cm^2$

b) $M = 55{,}5\,m^2$

c) $a = 6{,}00\,cm$; $M = 111{,}6\,cm^2$

d) $a = 14{,}00\,m$; $M = 529{,}2\,m^2$

15 ✳

Dreieckspyramide:

$s^2 = h_s^2 + \frac{1}{4}a^2$ $\quad h_s^2 = h^2 + \frac{1}{12}a^2$ $\quad s^2 = h^2 + \frac{1}{3}a^2$

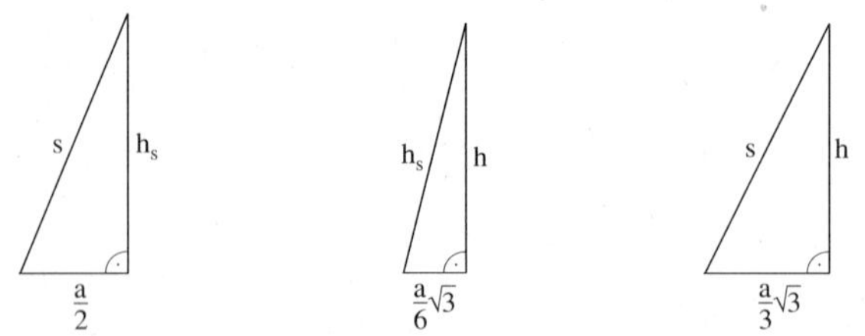

Rein rechnerisch ergibt sich auch (der Vollständigkeit halber) $4h_s^2 = s^2 + 3h^2$.

a) $h_s = 15{,}35\,\text{cm}$
$O = 197\,\text{cm}^2$

b) $h_s = 88{,}4\,\text{cm}$
$O = 9\,144\,\text{cm}^2$

c) $a = 10{,}76\,\text{cm}$
$O = 210\,\text{cm}^2$

d) $a = 4{,}171\,\text{m}$
$h_s = 5{,}924\,\text{m}$
$O = 44{,}6\,\text{m}^2$

16

$A = 18{,}29\,\text{cm}^2$
$M = 81{,}91\,\text{cm}^2$
$h_s = 8{,}4\,\text{cm}$

17

$O = 4A = a^2\sqrt{3}$
$\Rightarrow\ a = 13{,}2\,\text{cm}$

Seite 101

18

a) $\alpha = 69{,}4°$; $\beta = 62{,}1°$; $h_s = 8{,}54\,\text{cm}$; $\gamma = 70{,}7°$

b) $h = 25{,}1\,\text{cm}$; $\beta = 66{,}0°$; $h_s = 26{,}3\,\text{cm}$; $\gamma = 73{,}3°$

c) $h_s = 23{,}9\,\text{cm}$; $M = 1\,193\,\text{cm}^2$

d) $a = 17{,}02\,\text{cm}$; $O = 919{,}4\,\text{cm}^2$

e) $h = 26{,}9\,\text{cm}$; $a = 8{,}08\,\text{cm}$; $h_s = 27{,}2\,\text{cm}$
$O = 505\,\text{cm}^2$

19

$h_s = 4{,}17\,\text{m}$
Höhe 4,10 m
Dachneigung 79,6°

20

$M = \frac{a^2}{\cos\alpha} = \frac{100\,\text{cm}^2}{\cos\alpha}$

α	15°	30°	45°	60°	75°
M (cm^2)	103,5	115,5	141,4	200,0	386,4

Zur Wiederholung der trigonometrischen Funktionen könnte ein Schaubild gezeichnet werden.

21

$h = 1{,}20\,\text{m}$
$a = 0{,}80\,\text{m}$
$s = 1{,}44\,\text{m}$
$\alpha = 60{,}0°$
$\beta = 56{,}3°$
$\gamma = 73{,}9°$

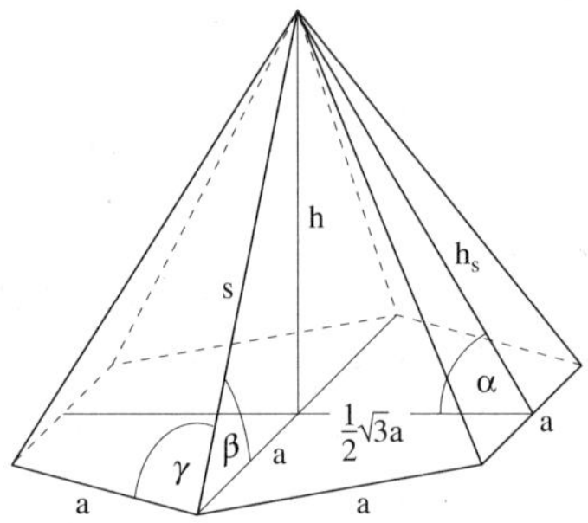

22

a) $h_s = 5e$
$M = 60e^2$; $O = 96e^2$

b) $h_s = 2e\sqrt{29}$
$M = 32e^2\sqrt{29}$; $O = 32e^2(2 + \sqrt{29})$

c) $a = 10e$; $h_s = 5e\sqrt{10}$
$M = 100e^2\sqrt{10}$; $O = 100e^2(1 + \sqrt{10})$

d) $a = 5e\sqrt{2}$; $h_s = \frac{e}{2}\sqrt{194}$
$M = 10e^2\sqrt{97}$; $O = 10e^2(5 + \sqrt{97})$

e) $h_s = 10e\sqrt{2}$
$M = 200e^2\sqrt{2}$; $O = 100e^2(1 + 2\sqrt{2})$

f) $h_s = \sqrt{15}e$
$M = 4e^2\sqrt{15}$; $O = 4e^2(1 + \sqrt{15})$

23

a) $h_s = 5e$; $a = 5e\sqrt{2}$
$O = 50e^2(1 + \sqrt{2})$

b) $a = s = 2e$; $h_s = e\sqrt{3}$
$O = 2 \cdot 2e \cdot e\sqrt{3} + (2e)^2 = 4e^2(1 + \sqrt{3})$, w. z. b. w.

24 ✳

a) $h_s = a = 6e$
$O = 108e^2$

b) $a = 2e\sqrt{2}$; $h_s = e\sqrt{14}$
$O = 8e^2(1 + \sqrt{7})$

25

$a = 6e$
$O = 96e^2$; $h = 4e$

26 ✳

$h_s = e\sqrt{91}$
$O = 18e^2(3\sqrt{3} + \sqrt{91})$

3 Mantelfläche und Oberfläche des Kegels

Seite 102

1

Von den 4 Vorschlägen stellen nur die beiden rechten Kegelmäntel dar. Allerdings passen nur in der unteren rechten Zeichnung die Längen von Grundkreisumfang und Kreisbogenlänge zusammen.

2

Flächen:

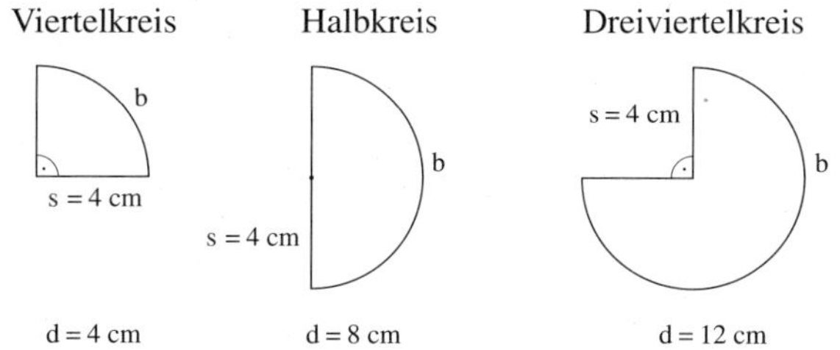

Da die Radien der Flächen zu den Mantellinien der Kegel werden, bezeichnet man sie zweckmäßigerweise mit s. Die Grundkreisradien können dann mit r bezeichnet werden, die Durchmesser mit d. (Die Bezeichnungen entsprechen denen des folgenden Informationstextes.)

Für die Berechnung der Bogenlänge gilt:

$$b = 2\pi s \cdot \frac{\alpha}{360°} = \frac{\pi \cdot \alpha}{180°} \cdot s$$

Die Bogenlänge entspricht dem Umfang des Kegelgrundkreises. Für den Grundkreisdurchmesser gilt daher:

$$d = \frac{u}{\pi} = \frac{b}{\pi} = \frac{\alpha}{180°} \cdot s$$

Seite 103

3

Individuelle Lösung

4

a) $126\,\text{cm}^2$ b) $73{,}5\,\text{cm}^2$ c) $66{,}5\,\text{dm}^2$

5

a) $113\,\text{cm}^2$ b) $2\,771\,\text{cm}^2$ c) $113{,}9\,\text{dm}^2$

6

a) $s = 10\,cm$
$M = 188{,}5\,cm^2$
$O = 301{,}6\,cm^2$

b) $s = 13\,cm$
$M = 204{,}2\,cm^2$
$O = 282{,}7\,cm^2$

c) $s = 2{,}5\,dm$
$M = 5{,}5\,dm^2$
$O = 7{,}0\,dm^2$

d) $r = 20\,cm$
$M = 1\,822\,cm^2$
$O = 3\,079\,cm^2$

e) $r = 64{,}5\,mm$
$M = 145{,}9\,cm^2$
$O = 276{,}6\,cm^2$

f) $r = 8{,}0\,dm$
$M = 223{,}7\,dm^2$
$O = 424{,}7\,dm^2$

7

a) $s = 12\,cm$
$h = 10{,}4\,cm$

b) $s = 9{,}0\,cm$
$h = 8{,}2\,cm$

c) $s = 22{,}0\,cm$
$h = 21{,}7\,cm$

d) $s = 9{,}0\,cm$
$h = 8{,}1\,cm$

e) $s = 42{,}0\,cm$
$h = 35{,}1\,cm$

f) $s = 0{,}93\,m$
$h = 0{,}83\,m$

8

a) $r^2 + 10r - \frac{176}{\pi} = 0$
$r = 4\,cm$

b) $r^2 + 12r - \frac{459{,}5}{\pi} = 0$
$r = 7{,}5\,cm$

c) $r^2 + 13{,}6r - \frac{330}{\pi} = 0$
$r = 55\,mm$

d) $r^2 + 19{,}5r - \frac{1\,215}{\pi} = 0$
$r = 12{,}2\,cm$

9 ✎

a) $r = 3\,cm$
$h = 6{,}3\,cm$
$O = 94{,}3\,cm^2$

b) $s = 19{,}0\,cm$
$h = 16{,}5\,cm$
$O = 850{,}6\,cm^2$

c) $A_O = 78{,}5\,cm^2$
$r = 5{,}0\,cm$
$s = 13{,}0\,cm$
$h = 12{,}0\,cm$

d) $r = 6{,}6\,cm$
$h = 12{,}5\,cm$
$M = 292{,}4\,cm^2$

e) $r = 4{,}3\,dm$
$h = 6{,}6\,dm$
$M = 106{,}7\,dm^2$

10

a) $s = 42\,cm$
$r = 21\,cm$
$h = 36{,}4\,cm$

b) $s = 28\,cm$
$r = 14\,cm$
$h = 24{,}2\,cm$

c) $s = 14{,}0\,cm$
$r = 7{,}0\,cm$
$h = 12{,}1\,cm$

d) $s = 32{,}28\,cm$
$r = 16{,}14\,cm$
$h = 28{,}0\,cm$

11

$s = 12\,cm$

α	90°	180°	270°
M (cm^2)	113,1	226,2	339,3
O (cm^2)	141,4	339,3	593,8

Die Mantelflächen verhalten sich proportional, die Oberflächen nicht.

12

a) $\alpha = 150°$

b) $s = 8{,}3\,cm$
$\alpha = 161°$

c) $r = 0{,}71\,cm$
$\alpha = 289°$

13 ✎

a) $s = 18\,cm$
$\alpha = 80°$

b) $s = 6{,}5\,cm$
$\alpha = 216°$

c) $r = 7{,}2\,dm$
$\alpha = 309°$

d) $r = 7{,}7\,dm$
$\alpha = 300°$

e) $M = 504{,}9\,cm^2$
$s = 14{,}6\,cm$
$\alpha = 271°$

f) $r = 1{,}25\,m$
$\alpha = 243°$

Seite 104

❒ ??? Randspalte

$u_{Grundkreis} = 6\pi\,cm$
$u_{Großkreis} = 24\pi\,cm$
$n = \frac{24\pi}{6\pi} = 4$

Nach 4 Umdrehungen befindet er sich wieder in seiner Ausgangslage.

14

$h = 1{,}80\,m$
$r = 0{,}89\,m$
$s = 2{,}00\,m$
$M = 5{,}6\,m^2$

15

$s = 12{,}2\,cm$
$V_{ges} = 15{,}3\,dm^3$

Man benötigt insgesamt $15{,}3\,dm^3$ Teig.

16

$s = 51{,}83\,cm$
$M = 1\,506\,cm^2$
$A_{ges} = M + A_{\square} = 1\,506\,cm^2 + 812\,cm^2 = 2\,318\,cm^2$

Es wird $23{,}18\,dm^2$ Material benötigt.

17

$r = 3{,}74\,m$
$s = 7{,}94\,m$
$M = 93{,}3\,m^2$
$n = 3\,732$

Man benötigt 3 732 Pfannen.

18

a) $M = 2\pi e^2$
$O = 3\pi e^2$

b) $M = \sqrt{2}\pi e^2$
$O = \pi e(e + e\sqrt{2})$

c) $s = 5e$
$M = 15\pi e^2$
$O = 24\pi e^2$

d) $s = e\sqrt{10}$
$M = \sqrt{10}\pi e^2$
$O = \pi e(e + e\sqrt{10})$

19

a) $M = \frac{1}{2}\pi e^2$
$\alpha = \frac{r}{s} \cdot 360° = 180°$

b) $M = \frac{\sqrt{2}}{2}\pi e^2$
$\alpha = \frac{r}{s} \cdot 360° = \frac{\sqrt{2}}{2} \cdot 360° = 255°$

20

a) $M_{sw} = 8\pi\,cm^2$ $M_{bl} = 11\pi\,cm^2$
$O_{sw} = 12\pi\,cm^2$ $O_{bl} = 12\pi\,cm^2$
gleiche Oberflächengrößen, verschiedene Mantelflächen

b) $M_{sw} = 20\pi\,cm^2$ $M_{bl} = 32\pi\,cm^2$
$O_{sw} = 36\pi\,cm^2$ $O_{bl} = 36\pi\,cm^2$
gleiche Oberflächengrößen, verschiedene Mantelflächen

c) Individuelle Lösung; z. B.:

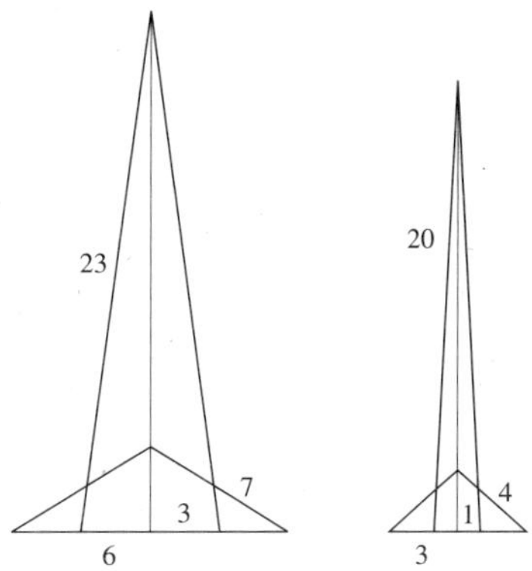

Eine systematische Suche ist über die gleiche Oberfläche möglich. Aus
$\pi r_1 (r_1 + s_1) = \pi r_2 (r_2 + s_2)$
ergibt sich
$\frac{r_1}{r_2} = \frac{r_2 + s_2}{r_1 + s_1}$ bzw. $s_1 = \frac{r_2}{r_1}(r_2 + s_2) - r_1$
Es lassen sich also beispielsweise r_1, r_2 und s_2 wählen mit $r_1 < r_2$ und $s_2 > r_2$ und daraus unter der genannten Bedingung s_1 bestimmen.

Für ganzzahlige Seitenlängen muss ein ganzzahliges Verhältnis $\frac{r_2}{r_1}$ gewählt werden.

21

$\frac{M}{A} = \frac{\pi rs}{\pi r^2} = \frac{s}{r} = 2$

a) $r : s = 1 : 2$

b) $r : s = 1 : x$

c) $r : s = 1 : 1$

4 Volumen der Pyramide

Seite 105

1

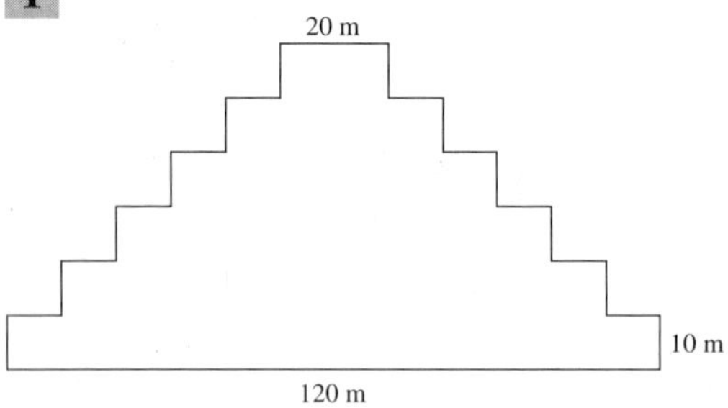

Näherungsweise könnte über 6 jeweils 10 m hohe Quader gerechnet werden.

$V = 10 \cdot (120^2 + 100^2 + 80^2 + 60^2 + 40^2 + 20^2)\,m^3$
$= 364\,000\,m^3$

Das entspricht einem Würfel mit der Kantenlänge 71,4 m.

2

Kann im Versuch gezeigt werden (3-mal).

Seite 106

Die Lösungen der nachfolgenden Aufgaben sind absichtlich zum Teil nicht korrekt gerundet, da sonst die Taschenrechneranzeige nicht verifiziert werden kann.

3

a) $V = 1\,800\,cm^3$ b) $V = 1\,020{,}6\,cm^3$
c) $V = 1\,682{,}6\,cm^3$ d) $V = 2\,468{,}2\,m^3$

4

Teildreiecke siehe Schnittmodell im Schülerbuch am Rand.

a) $h = 16{,}4\,cm$; $V = 1\,230\,cm^3$
b) $h = 16{,}88\,cm$; $V = 476{,}2\,cm^3$
c) $a = 10{,}49\,cm$; $V = 286{,}1\,cm^3$
d) $a = 16{,}514\,m$; $V = 1\,176{,}30\,m^3$
e) $h = 7{,}36\,cm$; $V = 177{,}3\,cm^3$
f) $h = 1{,}341\,m$; $V = 0{,}27\,m^3$
g) $a = 95{,}86\,m$; $V = 191\,440{,}4\,m^3$
h) $a = 3{,}51\,cm$; $V = 24{,}2\,cm^3$

5

a) $h = 29{,}3\,cm$
b) $h = 15{,}0\,dm$

6

a) $a = 10{,}5\,cm$
b) $a = 10{,}4\,cm$

7

a) $h_s = 7{,}15\,cm$; $h = 5{,}34\,cm$; $V = 160{,}6\,cm^3$
b) $a = 16{,}82\,m$; $h = 9{,}25\,m$; $V = 872{,}3\,m^3$
c) $h_s = 22\,cm$; $h = 20{,}7\,cm$; $V = 1\,552{,}5\,cm^3$
d) $h_s = 10{,}25\,cm$; $h = 9{,}39\,cm$; $V = 210{,}5\,cm^3$

8 ✳

a) $O = 168{,}8\,cm^2$; $V = 121{,}9\,cm^3$
b) $O = 210{,}0\,cm^2$; $V = 159{,}0\,cm^3$
c) $O = 401{,}1\,cm^2$; $V = 467{,}5\,cm^3$

9

Volumen $83{,}09\,m^3$
Gewicht 149,6 t, also ungefähr 150 t.

Seite 107

❐ Randspalte

Es handelt sich um einen Tetraeder mit der Kantenlänge $10\sqrt{2}\,\text{cm} \approx 14{,}4\,\text{cm}$ und $V = 333{,}\overline{3}\,\text{cm}^3$.

Der Tetraeder hat ein Drittel des Würfelvolumens.

10

a) $V = 4\,871\,\text{cm}^3$

b) $V = 148{,}80\,\text{m}^3$

c) $h = 9{,}82\,\text{cm};\; V = 530{,}8\,\text{cm}^3$

d) $h = 1{,}134\,\text{m};\; V = 0{,}8312\,\text{m}^3$

e) $a = 24{,}91\,\text{cm};\; V = 21\,226{,}3\,\text{cm}^3$

f) $h = 7{,}87\,\text{cm};\; V = 206{,}2\,\text{cm}^3$

11

a) $h = 15\,\text{cm}$

b) $h = 20{,}0\,\text{cm}$

c) $a = 18{,}6\,\text{dm}$

d) $a = 14\,\text{cm}$ $(13{,}9\,\text{cm})$

12

a) $a = 9\,\text{cm};\; h = 9{,}1\,\text{cm};\; V = 638\,\text{cm}^3$

b) $h_s = 25{,}00\,\text{cm};\; h = 19{,}88\,\text{cm};\; V = 5\,275\,\text{cm}^3$

c) $h_s = 18{,}87\,\text{cm};\; h = 17{,}48\,\text{cm};\; V = 1\,018\,\text{cm}^3$

d) $a = 12{,}7\,\text{dm};\; h_s = 24{,}9\,\text{dm};\; h = 22{,}3\,\text{dm};\; V = 3\,115\,\text{dm}^3$

13

a) $V = 27e^3\sqrt{3}$

b) $a = 6e;\; V = 144e^3\sqrt{3}$
$e = 1{,}47\,\text{cm}$

14

a) $V = 1\,461\,\text{cm}^3$

b) $V = 148\,\text{cm}^3$

c) $V = 49{,}4\,\text{cm}^3$

d) $V = 97{,}5\,\text{m}^3$

15 ✳

a) $V = 230\,\text{cm}^3$

b) $a = 17{,}7\,\text{cm}$

c) $V = 494\,\text{cm}^3$

d) $a = 20{,}4\,\text{cm};\; h = 16{,}7\,\text{cm}$

e) Dreieckspyramide:

gleichseitige Grundfläche: $A = \frac{a^2}{4} \cdot \sqrt{3}$

Höhe: $h = \frac{a}{3}\sqrt{6}$

Volumen: $V = \frac{a^2}{12} \cdot \sqrt{3} \cdot h$

Seite 108

16

a) $A = 124{,}3\,\text{cm}^2;\; V = 622\,\text{cm}^3$

b) $A = \frac{9a^2}{4 \cdot \tan 20^\circ};\; V = 376\,\text{cm}^3$

c) $\alpha = 30^\circ$
$h_a = r\cos\frac{\alpha}{2};\; a = 2r\sin\frac{\alpha}{2}$
$A = 12 \cdot \frac{1}{2} \cdot r\cos\frac{\alpha}{2} \cdot 2r\sin\frac{\alpha}{2}$
$= 507\,\text{cm}^2 \cdot \sin 15^\circ \cdot \cos 15^\circ$
$V = 528\,\text{cm}^2$

17

a) $V = 48e^3;\; h_s = 5e;\; O = 96e^2$

b) $h = 2e\sqrt{21};\; V = \frac{128}{3}e^3\sqrt{21};\; O = 224e^2$

c) $h_s = 10e;\; h = 8e;\; V = 384e^3;\; O = 384e^2$

d) $h_s = \frac{e}{2}\sqrt{5};\; V = \frac{e^3}{3};\; O = e^2(1 + \sqrt{5})$

18

a) $V = 7\,794\,\text{cm}^3;\; O = 2\,700\,\text{cm}^2$

b) $a = 6e;\; h_s = 6e;\; h = 3e\sqrt{3}$
$V = 36e^3\sqrt{3};\; O = 108e^2$

c) $e = 2{,}39\,\text{cm};$

d) $e = 2{,}04\,\text{cm};\; V = 530{,}3\,\text{cm}^3$

19

a) $h = 22{,}31\,\text{cm}$
$V = 1\,564\,\text{cm}^3$
$h_s = 23{,}46\,\text{cm}$
$O = 891\,\text{cm}^2$
$\beta = 65{,}3°$

b) $h = 24{,}53\,\text{cm}$
$a = 9{,}30\,\text{cm}$
$V = 707\,\text{cm}^3$
$h_s = 24{,}97\,\text{cm}$
$O = 551\,\text{cm}^2$
$\alpha = 79{,}2°$

20

a) $V = \frac{500}{3}\,\text{cm}^3 \cdot \tan\alpha$

b)

α	30°	45°	60°	75°
V	96 cm³	167 cm³	289 cm³	622 cm³

c) $\alpha = 71{,}6°$

21

a) $V = \frac{1}{2}\sqrt{3}ha^2 = \frac{1}{2}\sqrt{3} \cdot 6e \cdot 36e^2 = 108e^3\sqrt{3}$

b) $h = \frac{2V}{\sqrt{3}a^2} = \frac{2 \cdot 162e}{\sqrt{3} \cdot 36e^2} = 3e\sqrt{3}$

$s = \sqrt{h^2 + a^2} = 3e\sqrt{7}$

5 Volumen des Kegels

Seite 109

1

Halbkugel:
$V_{HK} = \frac{2}{3}\pi \cdot r^3$

Zylinder:
$V_Z = \pi \cdot r^3$

$V_Z = 1{,}5 \cdot V_{HK}$

Schätzung: Individuelle Lösung.

Seite 110

❒ Randspalte

Da $V_{Zy} = 3 \cdot V_{Ke}$, besteht das Gesamtvolumen des Pfahls aus $16V_{Ke}$. Davon befinden sich $\frac{9}{16}$ oberhalb und $\frac{7}{16}$ unterhalb der Bodenfläche.

2

a) $75{,}4\,\text{cm}^3$ b) $233{,}3\,\text{cm}^3$
c) $530{,}1\,\text{cm}^3$ d) $272{,}4\,\text{cm}^3$

3

a) 5,3 cm b) 8,0 cm
c) 57 mm d) 1,25 m

4

a) 11,0 cm b) 14,2 dm
c) 1,11 m d) 2,76 m

5

a) $h = 12\,\text{cm}$, $V = 314\,\text{cm}^3$
b) $h = 15\,\text{cm}$, $V = 1\,005\,\text{cm}^3$
c) $h = 14{,}75\,\text{cm}$, $V = 112{,}6\,\text{cm}^3$
d) $r = 12\,\text{cm}$, $V = 5\,278\,\text{cm}^3$
e) $r = 6{,}63\,\text{cm}$, $V = 460{,}3\,\text{cm}^3$
f) $r = 5{,}63\,\text{dm}$, $V = 325{,}3\,\text{cm}^3$

6

a) $s = 10\,\text{cm}$, $V = 301{,}6\,\text{cm}^3$, $O = 301{,}6\,\text{cm}^2$
b) $h = 40\,\text{cm}$, $V = 3\,393\,\text{cm}^3$, $O = 1\,414\,\text{cm}^2$
c) $r = 15\,\text{cm}$, $V = 4\,712\,\text{cm}^3$, $O = 1\,885\,\text{cm}^2$
d) $h = 4{,}7\,\text{cm}$, $s = 10{,}2\,\text{cm}$, $O = 543\,\text{cm}^2$

e) $r = 4{,}89\,\text{cm}$
$s = 7{,}74\,\text{cm}$
$O = 194\,\text{cm}^2$

f) $s = 7{,}73\,\text{cm}$
$h = 5{,}90\,\text{cm}$
$V = 154{,}4\,\text{cm}^3$

g) $r = 10{,}2\,\text{cm}$
$h = 21{,}7\,\text{cm}$
$V = 2\,364\,\text{cm}^3$

Korrektur im Schülerbuch:
g) r, h und V aus $s = 24{,}0\,\text{cm}$ und $O = 1\,092\,\text{cm}^2$

7

$h = 23\,\text{cm}$

8

$d = 7{,}6\,\text{cm}$

9

Nach Strahlensätzen hat der „Flüssigkeitskegel" einen Radius von $r = 1{,}5\,\text{cm}$ und eine Höhe von $h = 7{,}5\,\text{cm}$.

Daraus folgt:

Flüssigkeit: $V_{Fl} = 17{,}7\,\text{cm}^3$

Glas: $V_{Gl} = 141{,}4\,\text{cm}^3$

$p\,\% = \frac{V_{Fl}}{V_{Gl}} = 12{,}5\,\%$

Anderer Lösungsansatz: Da sich die Volumen ähnlicher Körper wie die 3. Potenzen entsprechender Längen verhalten, muss bei halber Höhe das Teilvolumen ein Achtel betragen, also 12,5%.

10 ✳

a) $h = 20{,}4\,\text{cm}$

b) Aus den Angaben lässt sich das konstante Verhältnis von $h : r = 20{,}4 : 7{,}5$ bilden. Damit können für alle ähnlichen „Messkegel" die Höhen berechnet werden:

$$\frac{V}{V_{ges}} = \frac{\frac{1}{3}\pi r^2 h}{\frac{1}{3}\pi r_{ges}^2 h_{ges}} = \frac{\frac{r^2}{h^2} h^3}{\frac{r_{ges}^2}{h_{ges}^2} h_{ges}^2} = \frac{h^3}{h_{ges}^3}$$

$$\Rightarrow\ h = \sqrt[3]{\frac{h_{ges}^3}{V_{ges}} \cdot V} = \sqrt[3]{7{,}045\ V}$$

V	1,2 l	1 l	$\frac{3}{4}$ l	$\frac{1}{2}$ l	$\frac{1}{4}$ l
h	20,4 cm	19,2 cm	17,4 cm	15,2 cm	12,1 cm

11

Die Berechnung erfolgt über die Bogenlänge der Mantelfläche und den Grundkreisumfang des Kegels (vgl. Einstiegsaufgabe 2, Lerneinheit 3).

$s = 10\,\text{cm}$

r	2,5 cm	5,0 cm	7,5 cm
h	9,7 cm	8,7 cm	6,6 cm
V	63,5 cm³	227,8 cm³	388,8 cm³

12

$A = 254{,}5\,\text{m}^2$

Seite 111

❒ Randspalte

Zylinder halb hoch gefüllt ⇒ halbes Volumen

Kegel halb hoch gefüllt ⇒ ein Achtel zu sieben Achtel

Halbbkugel halb hoch gefüllt:

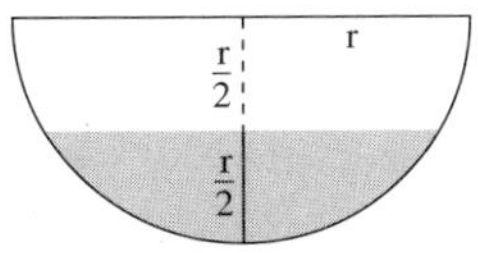

Über die Berechnung des Kugelabschnittvolumens

$V = \frac{1}{3}\pi h^2 (3r - h)$

erhält man das Verhältnis von Flüssigkeitsvolumen zu Halbkugelvolumen:

$V_{1/2\,HK} : V_{HK} = \frac{5}{24}\pi r^3 : \frac{2}{3}\pi r^3 = 5 : 16$

und daraus das Verhältnis von Flüssigkeitsvolumen zu Restvolumen:

$V_{1/2\,HK} : V_{Rest} = 5 : 11$

Kugel halb hoch gefüllt ⇒ halbes Volumen

13

$d = 4{,}0\,\text{cm}$

14

$V_{Abfall} = \frac{2}{3}\pi r^2 h = \frac{2}{3}\pi \cdot 1\,mm^2 \cdot 5\,mm = 10{,}47\,mm^3$

$V_{ges} = \pi r^2 h = \pi \cdot 1\,mm^2 \cdot 60\,mm = 188{,}5\,mm^3$

$p\,\% = \frac{10{,}47}{188{,}5} = 5{,}6\,\%$

15

a) Ansatz:
$V = \frac{1}{3}\pi r^2 h = \frac{2}{3}\pi r^3$
$r = 6{,}5\,cm$

b) $s = \sqrt{5}r = 14{,}5\,cm$
$M = 296{,}8\,cm^2$

16

$r = 11\,cm$; $h = 20{,}69\,cm$; $s = 23{,}43\,cm$
$V = 2\,622\,cm^3$; $O = 1\,190\,cm^2$

17

$r = 27{,}77\,m$

$A = 2\,423\,m^2$

$V = 20\,189\,m^3$

18

a) $r = 3e$
$V = 12\pi e^3$
$O = 24\pi e^2$

b) $s = 13e$
$V = 100\pi e^3$
$O = 90\pi e^2$

c) $s = \sqrt{29}e$
$V = \frac{20}{3}\pi e^3$
$O = 14{,}77\pi e^2$

d) $h = \sqrt{24{,}75}e$
$V = 0{,}41\pi e^3$
$O = \frac{11}{4}\pi e^2$

19

a) $s = 2r$
$h = r\sqrt{3}$
$V = \frac{1}{3}\pi\sqrt{3}r^3$
$O = 3\pi r^2$

b) $h = r$
$s = r\sqrt{2}$
$V = \frac{1}{3}\pi r^3$
$O = (1 + \sqrt{2})\,\pi r^2$

c) $s = \frac{2}{3}\sqrt{3} \cdot r$
$h = \frac{1}{3}\sqrt{3} \cdot r$
$V = \frac{1}{9}\sqrt{3}\pi r^3$
$O = \pi r^2 \left(1 + \frac{2}{3}\sqrt{3}\right)$

d) $s = r\sqrt{5}$
$V = \frac{2}{3}\pi r^3$
$O = \pi r^2(1 + \sqrt{5})$

20

a) $d = 12\sqrt{5}e$

b) $h = \frac{80}{3}e$

c) $h = \frac{15}{2}e$

d) $h = \frac{15}{4}e$

6 Zusammengesetzte Körper

Seite 112

1

oben links: Zylinder mit aufgesetztem Zylinder und aufgesetztem Kegel. Das Volumen ergibt sich aus der Summe der Teilvolumen. Die Oberfläche setzt sich zusammen aus Kreisflächen (kleiner Kreis plus Kreisring), Zylindermantel des schlanken Zylinders, Zylindermantel des dicken Zylinders und Kegelmantel.

unten links: Dicker Zylinder mit aufgesetztem schlanken Zylinder und aufgesetztem Kegel. Das Volumen ergibt sich aus der Summe der Teilvolumen. Die Oberfläche setzt sich zusammen aus einer Kreisfläche, einem großen Zylindermantel, einem Kreisring, einem kleinen Zylindermantel und einem Kegelmantel.

unten Mitte: Kegel, aus dem konzentrisch ein kleiner Kegel ausgebohrt wurde. Das Volumen ergibt sich aus der Differenz der beiden Kegelvolumen. Die Oberfläche setzt sich zusammen aus einem großen und einem kleinen Kegelmantel und einem Kreisring.

rechts: Kegel mit einem aufgesetzten schlanken und einem dicken Zylinder und darauf aufgesetzten zweiten Kegel. Das Volumen ergibt sich aus der Summe der Teilvolumen. Die Oberfläche setzt sich zusammen aus einem Kegelmantel, einem kleinen und einem großen Zylindermantel, zwei Kreisringen und nochmals einem Kegelmantel.

Da die Teilkörper gemeinsame Flächen haben, können die Oberflächen der Teilkörper nicht einfach zur Gesamtoberfläche aufaddiert werden.

2

Bei der Oberfläche ging nichts verloren, sondern es kam etwas dazu, da der Pyramidenmantel größer ist als das wegfallende Quadrat.

Seite 113

3

a) $h_s = 10{,}11\,\text{cm}$; $V = 809{,}1\,\text{cm}^3$; $O = 523\,\text{cm}^2$

b) $h_s = 14{,}99\,\text{cm}$; $h = 12{,}80\,\text{cm}$
$V = 4\,835\,\text{cm}^3$; $O = 1\,685\,\text{cm}^2$

c) $h_s = 8{,}29\,\text{cm}$; $V = 1\,267\,\text{cm}^3$; $O = 676\,\text{cm}^2$

d) $h_{s_1} = 12{,}95\,\text{cm}$; $h_{s_2} = 17{,}89\,\text{cm}$
$V = 4\,778\,\text{cm}^3$; $O = 1\,700\,\text{cm}^2$

4

a) $h_{Pyr} = 10{,}52\,\text{cm}$
$V = 27\,072\,\text{cm}^3$
$O = 6\,128\,\text{cm}^2$

b) $h_s = 24{,}45\,\text{cm}$
$a_{Pyr} = 18{,}67\,\text{cm}$
$V = 7\,086\,\text{cm}^3$
$O = 2\,634\,\text{cm}^2$

Seite 114

5 ✱

a) $V = \frac{1}{3}a^2(h_1 + h_2) = 452\,\text{cm}^3$

b) Zuerst muss die zweite Höhe bestimmt werden:

$$\frac{\frac{1}{2}\sqrt{2}a}{h_1} = \frac{h_2}{\frac{1}{2}\sqrt{2}a}$$

$$h_2 = \frac{a^2}{2h_1} = 17{,}21\,\text{cm}$$

$$V = \frac{1}{3}a^2(h_1 + h_2) = 2\,391\,\text{cm}^3$$

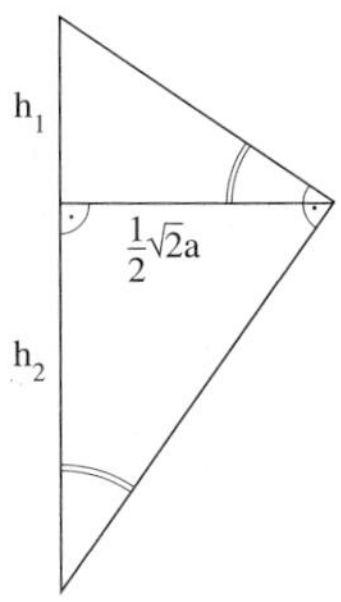

6

a) $V = 921\,\text{cm}^3$; $O = 541\,\text{cm}^2$

b) Die Seitenflächen des Oktaeders sind gleichseitige Dreiecke, also $s = a$ und $h_s = \frac{a}{2}\sqrt{3}$; im Parallelschnitt erhält man $h = \sqrt{2}a$.
Daraus folgt:
$V = \frac{1}{3}a^2\sqrt{2}a = \frac{a^3}{3}\sqrt{2}$
$O = 8 \cdot \frac{1}{2}a \cdot \frac{1}{2}\sqrt{3}a = 2a^2\sqrt{3}$

c) $a = 11{,}4\,\text{cm}$

d) $a = 12{,}3\,\text{cm}$

7

$h_2 = 1{,}80\,\text{m}$; $h_s = 3{,}79\,\text{m}$
$V = 196{,}4\,\text{m}^3$; $O = 186{,}2\,\text{m}^2$

8 ✱

a) $V_{Pr} = \frac{3}{2}a^2\sqrt{3} \cdot a = \frac{3}{2}\sqrt{3}a^3 = 1\,096\,\text{cm}^3$
$V_{Pyr} = \frac{1}{3} \cdot \frac{3}{2}a^2\sqrt{3}\frac{a}{2} = \frac{1}{4}\sqrt{3}a^3 = 183\,\text{cm}^3$
$V = V_{Pr} - 2V_{Pyr} = 730\,\text{cm}^3$
$h_s = \sqrt{h^2 + \frac{3}{4}a^2} = a$
$O = M_{Pr} + 2M_{Pyr}$
$= 6 \cdot a^2 + 2 \cdot 3a \cdot a = 12a^2 = 675\,\text{cm}^2$

b) $V = V_{Pr} - 2V_{Pyr} = \frac{3}{2}\sqrt{3}a^3 - 2 \cdot \frac{1}{4}\sqrt{3}a^3 = \sqrt{3}a^3$

9

a) $V = V_{Zyl} + V_{Kegel}$
$O = A_{Kreis} + M_{Zyl} + A_{Ring} + M_{Kegel}$

b) $V = V_{Kegel_1} + V_{Zyl_1} + V_{Zyl_2} + V_{Kegel_2}$
$O = M_{Kegel_1} + M_{Zyl_1} + A_{Ring} + M_{Zyl_2} + M_{Kegel_2}$

c) $V = V_{Zyl} + V_{HK} - V_{Kegel}$
$O = M_{Kegel} + M_{Zyl} + \frac{1}{2}O_K$

d) $V = V_{Zyl}$ (die beiden Kegelvolumina heben sich auf)
$O = 2A_{Ring} + M_{Zyl} + 2M_{Kegel}$

10

a) $s = 15{,}20\,cm$; $V = 4\,313\,cm^3$; $O = 1\,423{,}3\,cm^2$

b) $s = 12{,}53\,cm$; $V = 3\,927\,cm^3$; $O = 1\,645{,}4\,cm^2$

11 ✳

a) $s_1 = 38{,}93\,cm$; $s_2 = 17{,}41\,cm$
$V = 17\,578\,cm^3$; $O = 5\,037\,cm^2$

b) $s = 5{,}54\,cm$
$V = 2\,262\,cm^3$; $O = 1\,028\,cm^2$

c) $s = 10{,}11\,cm$
$V = 3\,616\,cm^3$; $O = 1\,371\,cm^2$

d) $h_1 = 7{,}87\,cm$; $s_1 = 15{,}28\,cm$
$h_2 = 5{,}91\,cm$; $s_2 = 9{,}39\,cm$
$V = 13\,190\,cm^3$; $O = 3\,496\,cm^2$

Korrektur im Schülerbuch:
a) die Höhe des kleinen Kegels fehlt: 15,25 cm

Seite 115

12

$V = 148\,dm^3 = 148\,l$

$s_1 = 67{,}3\,cm$; $s_2 = 49{,}2\,cm$

$O = 164{,}7\,dm^2$

Es werden $181{,}2\,dm^2$ Blech benötigt.

13

$r = 40\,cm$ (39,9 cm)

14

$r = 30{,}0\,cm$; $h = 75{,}02\,cm$; $V = 127{,}3\,dm^3$

15 ✳

$V_{HK} = \frac{2}{3}\pi r^3 = 32{,}7\,l$; $h_{HK} = r = 25\,cm$

$V_{Zyl} = \frac{5}{6}\left(V_{ges} - V_{HK}\right) = 139{,}4\,l$; $h_{Zyl} = 71{,}00\,cm$

$V_{Ke} = \frac{1}{5}V_{Zyl} = 27{,}88\,l$; $h_{Ke} = 42{,}60\,cm$

$h_{ges} = h_{HK} + h_{Zyl} + h_{Ke} = 139\,cm$

16

a) $V_{Pr} = 36{,}62\,m^3$; $V_{Pyr} = 5{,}75\,m^3$
Es sind $21{,}2\,m^3$ umbauter Raum.

b) $M_{Pr} = 46{,}98\,m^2$; $h_s = 2{,}58\,m$; $M_{Pyr} = 13{,}91\,m^2$
Es werden insgesamt $30{,}4\,m^2$ Glas verbraucht.

17

a) Die Hilfslinien trennen zwei Pyramidenhälften ab, die sich zu einer quadratischen Pyramide ergänzen; in der Mitte bleibt ein Dreiecksprisma.

b) $h_s = 6{,}52\,m$
$A_{Pr} = 56{,}11\,m^2$
$M_{Pyr} = 125{,}18\,m^2$
$M = 2A_{Pr} + M_{Pyr} = 237{,}4\,m^2$
$237{,}4\,m^2$ sind mit Platten zu decken.

c) $h = 4{,}42\,m$
$V_{Pyr} = 135{,}78\,m^3$
$V_{Pr} = 182{,}46\,m^3$
$V = V_{Pyr} + V_{Pr} = 318\,m^3$
Der umbaute Raum ist $318\,m^3$ groß.

d) Das Dach ist 4,42 m hoch (vgl. c)).
Der Neigungswinkel beträgt 42,6°.

7 Vermischte Aufgaben

Seite 116

1

Individuelle Lösung

2

Individuelle Lösung

3

Individuelle Lösung

4

Schrägbild:

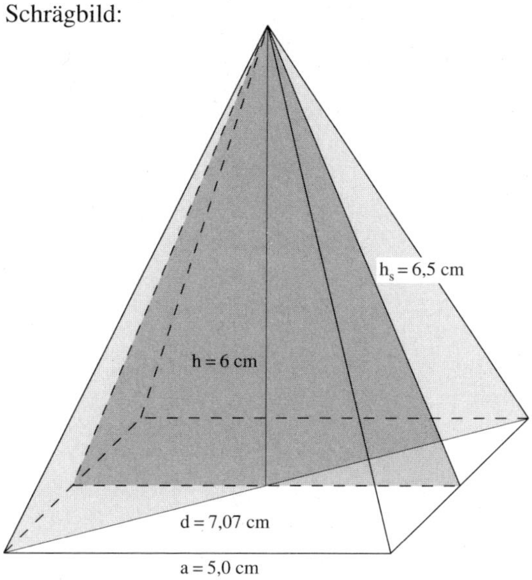

Diagonalschnitt:

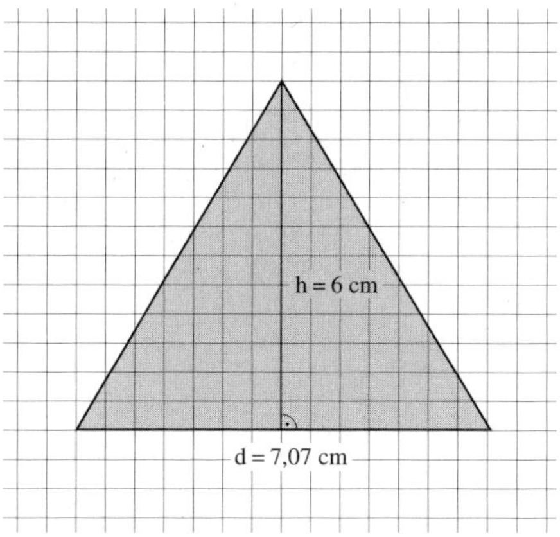

Parallelschnitt:

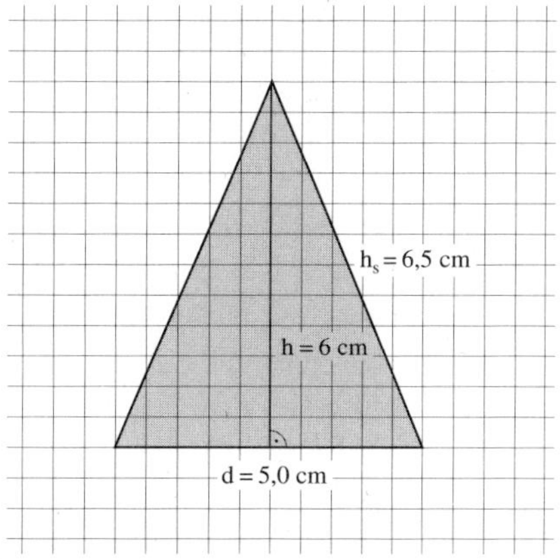

Seitenfläche:

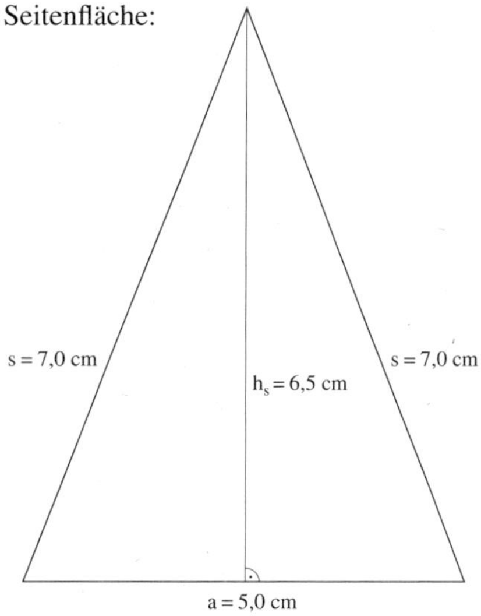

5

a) $M = 93{,}6\,\text{cm}^2$
$O = 113{,}85\,\text{cm}^2$

b) $h_s = 12{,}88\,\text{cm}$
$M = 159{,}7\,\text{cm}^2$
$O = 198{,}2\,\text{cm}^2$

c) $h_s = 17{,}74\,\text{dm}$
$M = 397{,}3\,\text{dm}^2$
$O = 522{,}8\,\text{dm}^2$

d) $a = 4{,}05\,\text{cm}$
$h_s = 5{,}86\,\text{cm}$
$M = 47{,}5\,\text{cm}^2$
$O = 63{,}9\,\text{cm}^2$

6

a) $h_s = 6{,}08\,cm$
$h = 5{,}04\,cm$
$O = 128{,}9\,cm^2$
$V = 77{,}7\,cm^3$

b) $a = 1{,}40\,m$
$h = 2{,}30\,m$
$O = 8{,}68\,m^2$
$V = 1{,}50\,m^3$

7

a) $h = 8{,}77\,cm$
$a = 10{,}04\,cm$
$h_s = 10{,}11\,cm$
$O = 303{,}8\,cm^2$
$V = 295\,cm^3$

b) $h = 8{,}12\,dm$
$a = 4{,}41\,dm$
$h_s = 8{,}41\,dm$
$O = 93{,}6\,dm^2$
$V = 52{,}6\,dm^3$

8

	a	h	h_s	s	O	V
a)	6,8	*6,8*	*7,6*	8,3	149,3	104,5
b)	*12*	13,6	14,8	*16*	500,0	651,1
c)	6	*9*	9,5	9,9	149,8	*108*
d)	*9,2*	5,5	7,2	8,5	*216,6*	155,2
e)	5,2	6,9	*7,4*	7,8	*104*	62,5

9

a) $\alpha = 63{,}5°$
$\beta = 70{,}5°$

b) $a = 5{,}33\,cm$
$\varepsilon = 69{,}0°$
$\delta = 75{,}3°$
$\gamma = 74{,}8°$

10

$h_s = 9{,}10\,cm$
$O = 201{,}4\,cm^2$
$V = 173{,}2\,cm^3$

Seite 117

11

a) $a = 12{,}00\,cm$
$h_s = 31{,}43\,cm$
$h = 29{,}66\,cm$
$O = 1\,506\,cm^2$
$V = 3\,699\,cm^3$

b) $a = 1{,}04\,m$
$h = 1{,}94\,m$
$h_s = 2{,}14\,m^3$
$O = 9{,}5\,m^2$
$V = 1{,}8\,m^3$

12

a) $h_s = 4{,}38\,cm$
$O = 57{,}4\,cm^2$
$V = 22{,}2\,cm^3$

b) $a = 6{,}08\,cm$
$h = 8{,}83\,cm$
$O = 98{,}1\,cm^2$
$V = 47{,}1\,cm^3$

13 ✎ ✳

a) $h_s = 11{,}91\,cm$
$\gamma = 41{,}4°$
$s = 12{,}73\,cm$
$\beta = 75{,}5°$
$\alpha = 90°$

b) $h_s = \frac{a}{2}\sqrt{15}$
$s = 2a$
$\alpha = 60°$
$\beta = 51{,}3°$
$\gamma = 29{,}0°$

14

a) $a = 12\,cm$
$s = 12\,cm$
$h = 8{,}49\,cm$
$h_s = 10{,}39\,cm$
$O = 393\,cm^2$
$V = 407\,cm^3$

b) $a = 12\,cm$
$h_s = 12\,cm$
$h = 10{,}39\,cm$
$O = 432\,cm^2$
$V = 499\,cm^3$

c) $s = 12\,cm$
$a = 8{,}49\,cm$
$h = 10{,}39\,cm$
$h_s = 11{,}22\,cm$
$O = 262\,cm^2$
$V = 249\,cm^3$

15 ✳

a) $s = 5e$
$a = 3\sqrt{2}e$
$h = 4e$
$h_s = \frac{1}{2}\sqrt{82}e$
$O = 6(3 + \sqrt{41})e^2$
$V = 24e^3$

b) $h = 12e$
$a = 8e$
$h_s = 4\sqrt{10}e$
$O = 64(1 + \sqrt{10})e^2$
$V = 256e^3$

c) $a = 2\sqrt{6}e$
$h = 2e$
$h_s = \sqrt{10}e$
$O = 8(3 + \sqrt{15})e^2$
$V = 16e^3$

d) $h = 5e$
$a = 5\sqrt{2}e$
$h_s = \frac{5}{2}\sqrt{6}e$
$O = 50(1 + \sqrt{3})e^2$
$V = \frac{250}{3}e^3$

16

$V = \frac{(7{,}5\,\text{cm})^3}{6}\sqrt{2} = 99{,}44\,\text{cm}^3$

$h = \frac{12\,V}{\sqrt{3}\,(7{,}5\,\text{cm})^2} = 12{,}2\,\text{cm}$

17

$h = 4{,}50\,\text{m}$
$a = s = \sqrt{2}h = 6{,}364\,\text{m}$
$h_s = \sqrt{\frac{3}{2}}h = 5{,}511\,\text{m}$
$M = 70{,}1\,\text{m}^2$

18

a) $\alpha = 67{,}0°$
$\beta = 73{,}3°$

b) $a = 6\sqrt{2}e$
$\gamma = 62{,}1°$
$\delta = 64{,}9°$
$\varepsilon = 53{,}1°$

19

$h_s = 27{,}00\,\text{m}$
$M = 1\,846{,}8\,\text{m}^2$

Seite 118

Kegel

20

a) $M = 540{,}4\,\text{cm}^2$
$O = 854{,}6\,\text{cm}^2$

b) $M = 62{,}2\,\text{cm}^2$
$O = 102{,}9\,\text{cm}^2$

c) $M = 572{,}8\,\text{cm}^2$
$O = 744{,}8\,\text{cm}^2$

21

a) $V = 1\,195{,}5\,\text{cm}^3$
b) $V = 0{,}22\,\text{m}^3$
c) $V = 87{,}1\,\text{dm}^3$
d) $V = 10\,446\,\text{cm}^3$
e) $V = 1{,}20\,\text{m}^3$
f) $V = 25{,}0\,\text{dm}^3$

22

a) $r = 6{,}7\,\text{cm}$
b) $r = 5{,}9\,\text{cm}$
c) $r = 2{,}8\,\text{cm}$
d) $r = 7{,}5\,\text{cm}$

23

	r	h	s	M	O	V
a)	7,5	*9,4*	*12,0*	281,2	456,0	547,7
b)	*1,9*	3,2	*3,7*	22,1	33,4	12,0
c)	9,7	8,6	13,0	*395*	*690*	848,5
d)	4,2	*9,9*	10,7	140,6	195,2	*180*
e)	10,5	8,0	*13,2*	435,4	*782*	923,6

24

a) $s = 14{,}36\,\text{cm}$
$O = 620{,}3\,\text{cm}^2$
$V = 891\,\text{cm}^3$

b) $r = 17{,}49\,\text{cm}$
$O = 2\,528\,\text{cm}^2$
$V = 7\,210\,\text{cm}^3$

c) $r = 3{,}71\,\text{cm}$
$s = 6{,}47\,\text{cm}$
$O = 119\,\text{cm}^2$
$V = 76{,}4\,\text{cm}^3$

d) $h = 51{,}83\,\text{cm}$
$s = 56{,}30\,\text{cm}$
$O = 5\,412\,\text{cm}^2$
$V = 26\,270\,\text{cm}^3$

25

a) $s = 13e$

$O = 90\pi e^2$

$V = 100\pi e^3$

b) $h = \frac{5}{2}\sqrt{3}e$

$O = \frac{75}{4}\pi e^2$

$V = \frac{125}{24}\sqrt{3}\pi e^3$

26 ✳

a) $s = 4e$

$b = u = \frac{8}{3}\pi e$

$r = \frac{4}{3}e$

$h = \frac{8}{3}\sqrt{2}e$

$O = \frac{64}{9}\pi e^2$

$V = \frac{128}{81}\sqrt{2}\pi e^3$

b) $s = e$

$b = u = \frac{3}{2}\pi e$

$r = \frac{3}{4}e$

$h = \frac{1}{4}\sqrt{7}e$

$O = \frac{21}{16}\pi e^2$

$V = \frac{3}{64}\sqrt{7}\pi e^3$

27

a) $r = 7{,}42\,\text{cm}$

$h = 7{,}86\,\text{cm}$

$V = 453\,\text{cm}^3$

b) $h_{Zy} = 2{,}62\,\text{cm}$

28

a) $V = \frac{2}{3}\pi a^3$

$s = \sqrt{5}a$

$O = 254\,\text{cm}^2$

$V = 262\,\text{cm}^3$

b) $V = \frac{4}{3}\pi a^3$

$s = \sqrt{5}a$

$O = 665\,\text{cm}^2$

$V = 524\,\text{cm}^3$

Seite 119

Zusammengesetzte Körper

29

a) $h_s = 24{,}1\,\text{cm}$

$O = 5\,622\,\text{cm}^2$

$V = 30\,240\,\text{cm}^3$

b) $h_s = 15{,}4\,\text{cm}$

$O = 1\,245\,\text{cm}^2$

$V = 2\,655\,\text{cm}^3$

c) $h_s = 14{,}5\,\text{cm}$

$h = 12{,}7\,\text{cm}$

$O = 753\,\text{cm}^2$

$V = 1\,535\,\text{cm}^3$

d) $h = 19{,}0\,\text{cm}$

$h_s = 20{,}5\,\text{cm}$

$O = 1\,301\,\text{cm}^2$

$V = 3\,056\,\text{cm}^3$

30

a) $V = x^3 + \frac{x^3}{6}\sqrt{2}$ (Würfel und halber Oktaeder)

$x = 15{,}0\,\text{cm}$

b) $O = 5x^2 + x^2\sqrt{3}$

$x = 12{,}5\,\text{cm}$

31 ✎

a) $h_s = 14{,}1\,\text{cm}$

$O = 2\,566\,\text{cm}^2$; $V = 6\,667\,\text{cm}^3$

b) $a' = 11{,}3\,\text{cm}$; $h_s = 17{,}0\,\text{cm}$

$O = 1\,792\,\text{cm}^2$; $V = 3\,413\,\text{cm}^3$

c) obere Pyramide:

$a = 5{,}7\,\text{cm}$; $h_s = 10{,}4\,\text{cm}$

$V_1 = 106{,}7\,\text{cm}^3$; $M_1 = 117{,}6\,\text{cm}^2$; $A_1 = 32{,}0\,\text{cm}^2$

untere Pyramide:

$h_s = 11{,}3\,\text{cm}$; $h_s = 10{,}6\,\text{cm}$

$V_2 = 225{,}8\,\text{cm}^3$; $O_2 = 245{,}0\,\text{cm}^2$

Gesamtkörper:

$V = V_1 + V_2 = 333\,\text{cm}^3$

$O = M_1 + O_2 - A_1 = 331\,\text{cm}^2$

d) $h_s = 13{,}9\,\text{cm}$; $h = 11{,}3\,\text{cm}$

$O = 6{,}5 \cdot \frac{1}{2}ah_s + \frac{1}{2} \cdot \frac{a}{2} \cdot h + \frac{1}{2} \cdot \frac{a}{2}\sqrt{2}h + \frac{3}{8}a^2 = 926\,\text{cm}^2$

$V = \frac{13}{16}V_{\text{Oktaeder}} = \frac{13}{48}a^3\sqrt{2} = 1\,569\,\text{cm}^3$

32

a) $s = 1{,}42\,\text{dm}$

$O = 18{,}78\,\text{dm}^2$; $V = 4{,}83\,\text{dm}^3$

b) $s = 2{,}01\,\text{dm}$

$O = 20{,}96\,\text{dm}^2$; $V = 4{,}58\,\text{dm}^3$

c) $s = 5{,}65\,\text{dm}$

$O = 247{,}6\,\text{dm}^2$; $V = 196{,}5\,\text{dm}^3$

d) Verschiedene Zylinderhöhen!

$s = 6{,}21\,\text{dm}$

$O = 270{,}3\,\text{dm}^2$; $V = 209{,}4\,\text{dm}^3$

Bei diesen Körpern kann durch geschicktes Kombinieren viel Aufwand gespart werden, z. B. ist bei

a) $V = V_{Zyl}$

b) $V = \frac{2}{3}V_{Zyl} + V_{HK}$

c) $V = V_{Zyl} - \frac{1}{3}V_{Zyl,\,\text{innen}}$

d) $O = O_{Ke} + M_{Zyl,\,\text{außen}} + M_{Zyl,\,\text{innen}}$

33 ✳

a) Ansatz:

$O = \pi r^2 + 2\pi rh + \pi rs$

$r^2 + 29{,}2r - \frac{664}{\pi} = 0$

$r = 6{,}00\,\text{cm}$

$h = 6{,}97\,\text{cm}$

$V = 869\,\text{cm}^3$

b) Ansatz:

$\frac{3}{2}\sqrt{3}a^2 + 6 \cdot a \cdot 3{,}5 + 3a \cdot 7{,}2 = 264$

$a^2 + \frac{142}{15}\sqrt{3}a - \frac{176}{3}\sqrt{3} = 0$

$a = 4{,}79\,\text{cm}$

$h_{Pyr} = 5{,}88\,\text{cm}$

$V = 326\,\text{cm}^3$

34

$r = 3e$

Ansatz:

$66\pi e^3 = \frac{2}{3}\pi \cdot (3e)^3 + \pi\,(3e)^2 \cdot 4e + \frac{1}{3} \cdot \pi \cdot (3e)^2 \cdot h$

$h = 4e$

$s = 5e$

Thema: Pyramiden von einst bis heute

Lösungen:

Seite 121

1

a) 118,0 m b) 183,4 m c) 126,2 m

2

ursprüngliches Volumen:
$V = 2\,574\,467\ m^3$

heutiges Volumen:
$V = 2\,353\,158\ m^3$

Unterschied $221\,309\ m^3$; dieses Volumen entspricht einem Würfel mit einer Kantenlänge von etwa 60 m.

V Pyramidenstumpf. Kegelstumpf

Wenn man die Formel $V = h \cdot \left(\left(\frac{a+b}{2} \right)^2 + \frac{1}{3} \left(\frac{a-b}{2} \right)^2 \right)$ mit Hilfe der binomischen Formeln auflöst und umformt, erhält man die heute verwendete Formel für den quadratischen Pyramidenstumpf, wobei $a = a_1$ und $b = a_2$ ist.

Das Foto oben zeigt ein Hotel in Las Vegas.

Rechts ist der Marktplatzbrunnen von Sachsenheim abgebildet.

Unten links ist die beleuchtete Spitze des Frankfurter Messeturms und auf dem Bild unten in der Mitte ist der Konstanzer Trichter zu sehen.

1 Pyramidenstumpf und Kegelstumpf. Schrägbildskizzen

Seite 124

1

Individuelle Lösung

2

Es entstehen Pyramiden- oder Kegelstümpfe.

Ihre obere Fläche (Deckfläche) hat die gleiche Form und Proportion wie die Grundfläche. Je weiter oben (zur Spitze hin) die Körper durchgeschnitten werden, desto kleiner ist diese obere Fläche.

Seite 125

3

a)

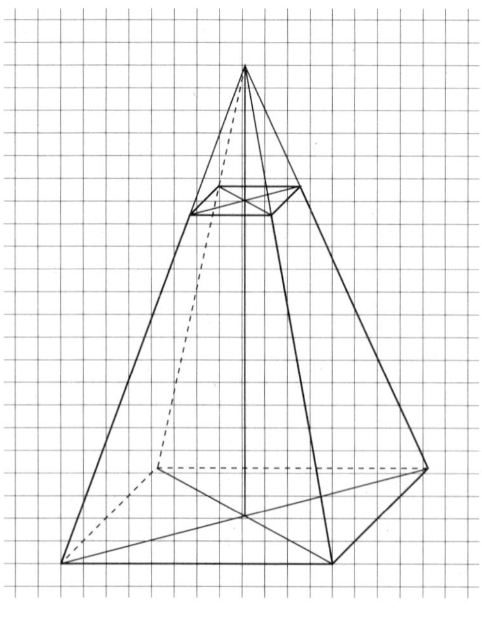

b)

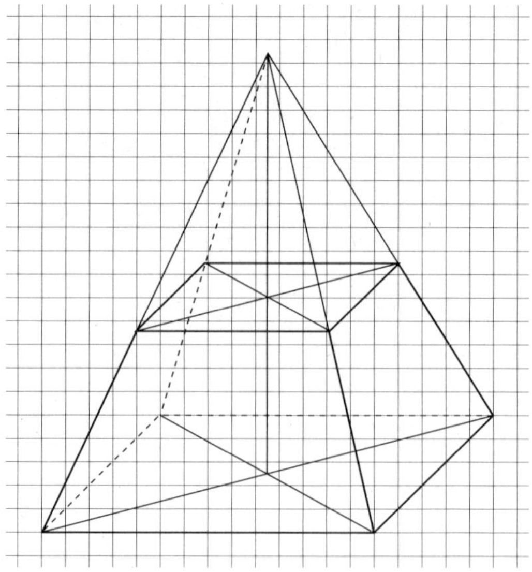

4

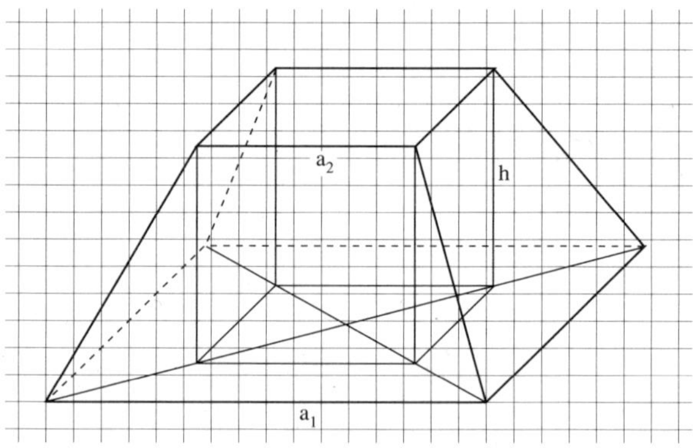

5

a)

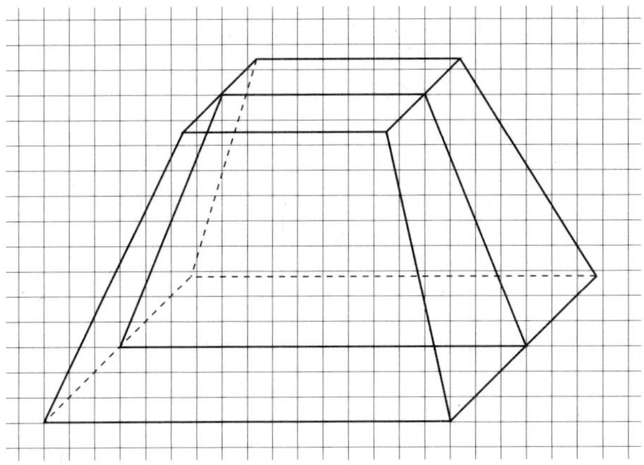

b), c) analog

6

a)

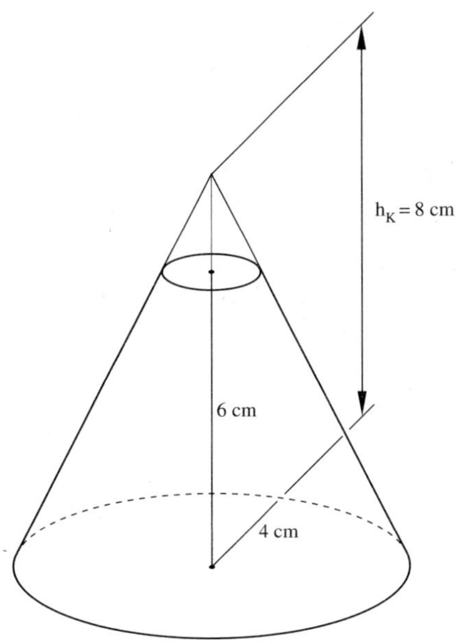

b)

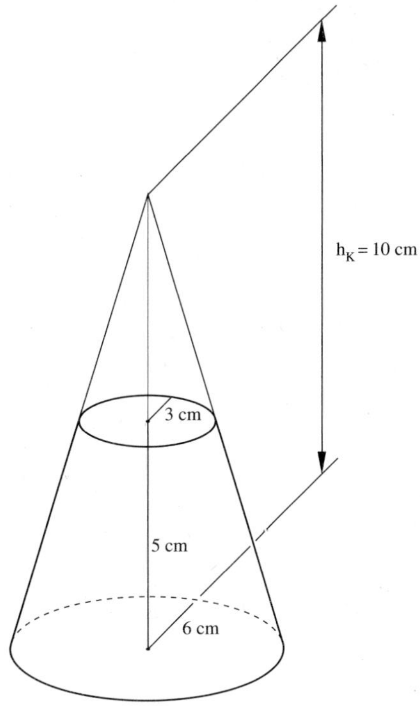

7

a)

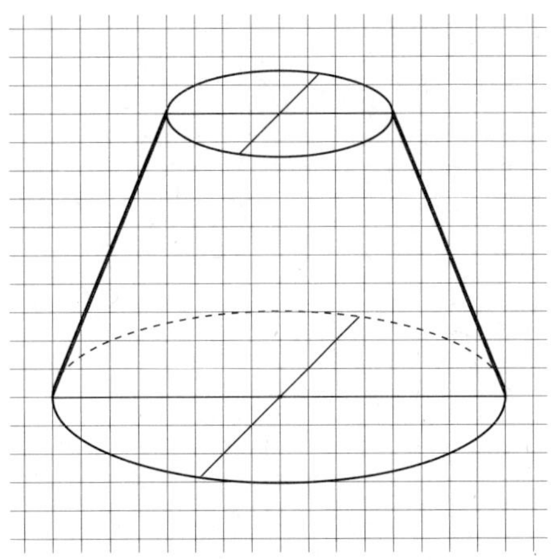

b)

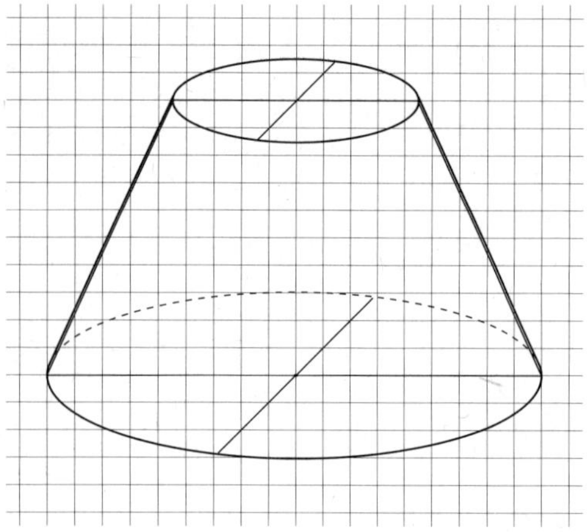

Wer genau zeichnet, erkennt, dass die sichtbare Körperkante und die Mantellinie aus dem Trapez nicht identisch sind (bei b) noch besser als bei a)).

8

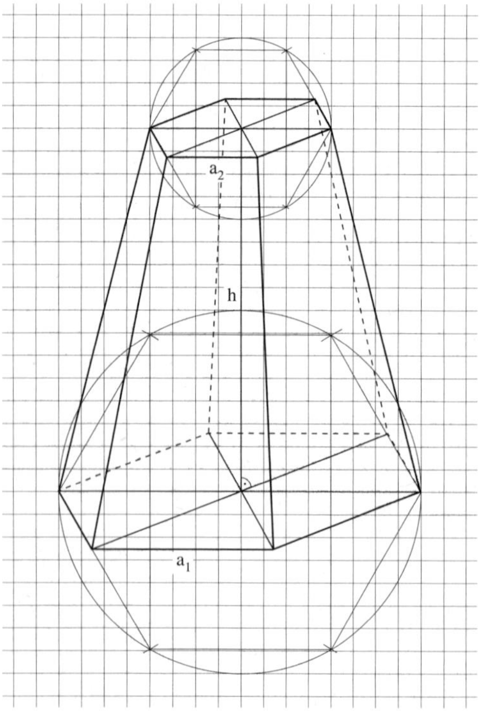

9

a)

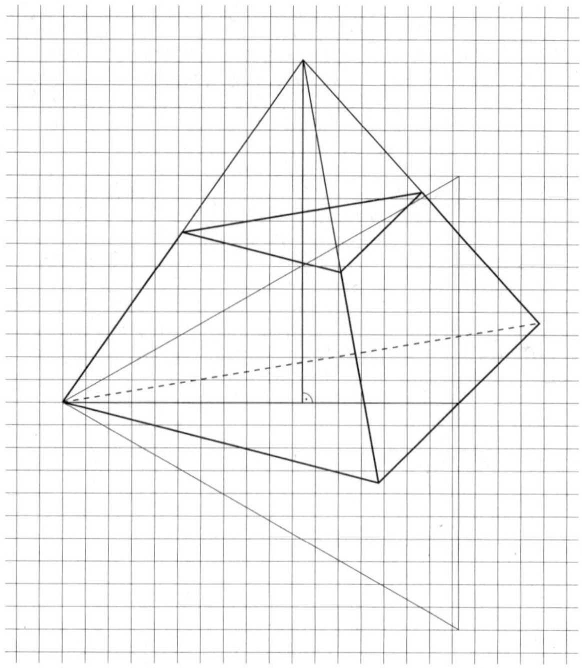

b)

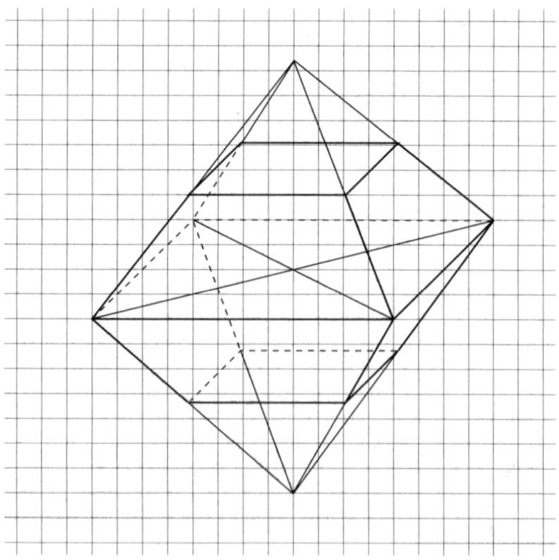

2 Mantelfläche und Oberfläche des Pyramidenstumpfs

Seite 126

1

Beim Sechseckpyramidenstumpf fehlen 3 Seitenflächen (Trapeze), beim Dreieckspyramidenstumpf die Grundfläche (gleichseitiges Dreieck) und beim quadratischen Pyramidenstumpf die Deckfläche (Quadrat).

Die Oberflächen setzen sich jeweils aus zwei ähnlichen Vielecken und Trapezen (entsprechend der Eckenzahl der Vielecke) zusammen.

2

Der rechte hat die größere Oberfläche.

Seite 127

3

Es ist sinnvoll, das zugehörige Schnittmodell der Ergänzungspyramide herzustellen.

4

a) $M = 182{,}0\,\text{cm}^2;\quad O = 289{,}7\,\text{cm}^2$

b) $M = 5\,688\,\text{cm}^2;\quad O = 9\,289\,\text{cm}^2$

c) $h_s = \sqrt{h^2 + \left(\frac{a_1 - a_2}{2}\right)^2} = 8{,}72\,\text{cm}$
$M = 190{,}2\,\text{cm}^2;\quad O = 260{,}6\,\text{cm}^2$

d) $h_s = \sqrt{h^2 + \left(\frac{a_1 - a_2}{2}\right)^2} = 1{,}50\,\text{cm}$
$M = 7{,}3\,\text{m}^2;\quad O = 11{,}09\,\text{m}^2$

e) $h_s = \sqrt{s^2 - \left(\frac{a_1 - a_2}{2}\right)^2} = 7{,}42\,\text{cm}$
$M = 216{,}6\,\text{cm}^2;\quad O = 325{,}6\,\text{cm}^2$

f) $h_s = \sqrt{s^2 - \left(\frac{a_1 - a_2}{2}\right)^2} = 4{,}47\,\text{m}$
$M = 53{,}7\,\text{m}^2;\quad O = 72{,}2\,\text{m}^2$

g) $a_2 = a_1 - 2\sqrt{h_s^2 - h^2} = 6{,}68\,\text{cm}$
$M = 236{,}5\,\text{cm}^2;\quad O = 434{,}9\,\text{cm}^2$

h) $a_2 = a_1 - 2\sqrt{s^2 - h_s^2} = 53\,\text{cm}$
$M = 31\,400\,\text{cm}^2;\quad O = 49\,880\,\text{cm}^2$

i) $a_2 = a_1 - \sqrt{2}\sqrt{s^2 - h^2} = 8{,}7\,\text{cm}$
$h_s = \sqrt{h^2 + \left(\frac{a_1 - a_2}{2}\right)^2} = 13{,}0\,\text{cm}$
$M = 690\,\text{cm}^2;\quad O = 1\,082\,\text{cm}^2$

k) $a_1 = a_2 + 2\sqrt{h_s^2 - h^2} = 11{,}3\,\text{cm}$
$M = 263\,\text{cm}^2;\quad O = 420\,\text{cm}^2$

5

a) $h_s = \frac{M}{2(a_1 + a_2)} = 14{,}5\,\text{cm}$

b) $h_s = \frac{O - a_1^2 - a_2^2}{2(a_1 + a_2)} = 7{,}5\,\text{cm}$

c) $a_2 = \sqrt{O - M - a_1^2} = 6\,\text{cm}$
$h_s = \frac{M}{2(a_1 + a_2)} = 10{,}7\,\text{cm}$

6

a) $a_1 = -h_s \overset{+}{(-)} \sqrt{h_s^2 - 2h_s a_2 - a_2^2 + O} = 8{,}5\,\text{cm}$

b) $a_2 = -h_s \overset{+}{(-)} \sqrt{h_s^2 - 2h_s a_1 - a_1^2 + O} = 4{,}2\,\text{cm}$

7

a) $O = 519\,\text{cm}^2$

b) $h_s = 4{,}0\,\text{cm};\ O = 168\,\text{cm}^2$

c) $h_s = 6{,}0\,\text{cm};\ O = 271\,\text{cm}^2$

d) $a_1 = 10{,}9\,\text{cm};\ a_2 = 7{,}9\,\text{cm}$
$h_s = 7{,}7\,\text{cm};\ O = 469\,\text{cm}^2$

8

Deckkante: $a_2 = a$

Grundkante: $a_1 = a + 2 \cdot a \cdot \sin 30° = 2a$

Seitenhöhe: $h_s = a \cdot \cos 30° = \frac{1}{2}\sqrt{3}a$

Flächeninhalt der Seitenfläche: $A = \frac{a_1 + a_2}{2} \cdot h_s = \frac{3}{4}\sqrt{3}a^2$

Oberfläche des quadratischen Pyramidenstumpfs:

$O = a^2 + 4\left(\frac{3}{4}\sqrt{3} \cdot a^2\right) + 4a^2$
$= a^2(5 + 3\sqrt{3})$

Seite 128

❒ ??? Randspalte

Die Seitenflächen würden auf die Grundfläche „fallen“; es wäre $h = 0$.

9

a) $M = 6 \cdot h_s \cdot \frac{a_1+a_2}{2} = 3 \cdot h_s \cdot (a_1 + a_2) = 151{,}2\,\text{cm}^2$

b) $M = 21\,708\,\text{cm}^2$

c) $h_s = \sqrt{s^2 - \left(\frac{a_1-a_2}{2}\right)^2} = 10{,}36\,\text{cm}$

$M = 382{,}2\,\text{cm}^2$

d) $h_s = 6{,}39\,\text{m}$

$M = 230{,}0\,\text{m}^2$

10 ✳

a) $O = \frac{3}{2}\sqrt{3}a_1^2 + 3h_s(a_1 + a_2) + \frac{3}{2}\sqrt{3}a_2^2 = 13\,199\,\text{cm}^2$

b) $h_s = \sqrt{s^2 - \left(\frac{a_1-a_2}{2}\right)^2} = 8{,}0\,\text{cm}$

$O = 546\,\text{cm}^2$

c) $h_s = \sqrt{h^2 + \left(\frac{a_1}{2}\sqrt{3} - \frac{a_2}{2}\sqrt{3}\right)^2} = \sqrt{h^2 + \frac{3}{4}(a_1 - a_2)^2}$

$= 7{,}32\,\text{m}$

$O = 115\,\text{m}^2$

d) $a_1 = \sqrt{\frac{2}{9}\sqrt{3}A_1} = 5{,}0\,\text{cm}$

$a_2 = \sqrt{\frac{2}{9}\sqrt{3}A_2} = 3{,}0\,\text{cm}$

$O = A_1 + A_2 + 3 \cdot h_s \cdot (a_1 + a_2) = 238\,\text{cm}^2$

e) $a_1 = 7{,}55\,\text{m}$

$a_2 = 6{,}14\,\text{m}$

$h_s = 5{,}4\,\text{m}$

$O = 469\,\text{m}^2$

11

a) $h_s = \frac{M}{3\cdot(a_1+a_2)} = 5{,}1\,\text{cm}$

b) $a_1 = \frac{M}{3\cdot h_s} - a_2 = 19{,}5\,\text{cm}$

12

a) $O = \frac{3}{2}a_1^2\sqrt{3} + 3 \cdot h_s \cdot (a_1 + a_2) + \frac{3}{2}a_2^2\sqrt{3}$

$= 3(5\sqrt{3} + 32)\,e^2$

b) $h_s = \sqrt{s^2 - \left(\frac{a_1-a_2}{2}\right)^2} = \sqrt{21}e$

$O = \frac{3}{2}a_1^2\sqrt{3} + 3 \cdot h_s \cdot (a_1 + a_2) + \frac{3}{2}a_2^2\sqrt{3}$

$= 12\sqrt{3}(10 + 3\sqrt{7})\,e^2$

c) $h_s = \sqrt{h^2 + \left(\frac{a_1}{2}\sqrt{3} - \frac{a_2}{2}\sqrt{3}\right)^2} = \frac{1}{2}\sqrt{91}e$

$O = \frac{3}{2}a_1^2\sqrt{3} + 3 \cdot h_s \cdot (a_1 + a_2) + \frac{3}{2}a_2^2\sqrt{3}$

$= \frac{3}{2}(29\sqrt{3} + 7\sqrt{91})\,e^2$

13

$h_s = \sqrt{s^2 - \left(\frac{a_1-a_2}{2}\right)^2} = \sqrt{4e^2 - \frac{e^2}{4}} = \frac{e}{2}\sqrt{15}$

$M = 3 \cdot h_s \cdot (a_1 + a_2) = 3 \cdot \frac{e}{2}\sqrt{15} \cdot 3e = \frac{9}{2}\sqrt{15}e^2$

14

$O = A_1 + M + A_2$

$= \frac{1}{2}a_1 \cdot h_{a_1} + 3 \cdot \frac{a_1+a_2}{2} \cdot h_s + \frac{1}{2} \cdot a_2 \cdot h_{a_2}$

$= \frac{1}{4}\sqrt{3}a_1^2 + \frac{3}{2}h_s(a_1 + a_2) + \frac{1}{4}\sqrt{3}a_2^2$

a) $h_s = \sqrt{h^2 + \left(\frac{a_1}{6}\sqrt{3} - \frac{a_2}{6}\sqrt{3}\right)^2} = \sqrt{h^2 + \frac{1}{12}(a_1 - a_2)^2}$

$= 8{,}19\,\text{cm}$

$O = 299\,\text{cm}^2$

b) $h_s = \sqrt{h^2 + \frac{1}{12}(a_1 - a_2)^2} = 5{,}38\,\text{cm}$

$O = 187\,\text{cm}^2$

c) $h_s = \sqrt{s^2 - \left(\frac{a_1-a_2}{2}\right)^2} = 20{,}1\,\text{cm}$

$O = 1\,681\,\text{cm}^2$

d) $h_s = \sqrt{s^2 - \left(\frac{a_1-a_2}{2}\right)^2} = 13{,}6\,\text{cm}$

$O = 693\,\text{cm}^2$

15

a) $h_s = \frac{1}{2} \cdot \sqrt{a_1^2 - \left(\frac{a_1}{2}\right)^2} = 4{,}33\,\text{cm}$

$a_2 = \frac{1}{2}a_1 = 5\,\text{cm}$

$M = 3 \cdot \frac{a_1+a_2}{2} h_s = 97\,\text{cm}^2$

$O = \frac{1}{4}\sqrt{3}a_1^2 + M + \frac{1}{4}\sqrt{3}a_2^2 = 152\,\text{cm}^2$

b) Die Mantelflächen stehen im Verhältnis 3 : 1, da die großen Dreiecksflächen und die kleinen im Verhältnis 4 : 1 (Quadrat der Seitenverhältnisse) stehen.

Allgemein (a sei Tetraederkante):

Pyramidenstumpf:

$M_{St} = 3 \cdot \frac{a_1+a_2}{2} h_s = 3 \cdot \frac{3}{4}a \cdot \frac{1}{2}\sqrt{a^2 - \left(\frac{a}{2}\right)^2} = \frac{9}{16}a^2\sqrt{3}$

Ergänzungspyramide:

$M_E = 3 \cdot \frac{a_2}{2} h_s = 3 \cdot \frac{a}{4} \cdot \frac{1}{2}\sqrt{a^2 - \left(\frac{a}{2}\right)^2} = \frac{3}{16}a^2\sqrt{3}$

$M_{St} : M_E = 3 : 1$

Pyramidenstumpf:

$O = \frac{1}{4}\sqrt{3}a_1^2 + 3 \cdot \frac{a_1+a_2}{2} h_s + \frac{1}{4}\sqrt{3}a_2^2$

$= \frac{1}{4}\sqrt{3}a^2 + 3 \cdot \frac{3}{4}a\frac{1}{2}\sqrt{a^2 - \left(\frac{a}{2}\right)^2} + \frac{1}{4}\sqrt{3}\left(\frac{a}{2}\right)^2$

$= \frac{7}{8}a^2\sqrt{3}$

Seite 129

❐ ??? Randspalte

h_s muss größer als 5 cm, s größer als $5\sqrt{2}$ sein, weil sonst der Pyramidenstumpf „keine Höhe“ hat.

16

a) $\frac{a_1 - a_2}{2} = h_s \cdot \cos\alpha$

$h_s = \frac{a_1 - a_2}{2\cos\alpha} = 5{,}7\,\text{cm}\ (5{,}68\,\text{cm})$

$O = a_1^2 + 2(a_1 + a_2)\,h_s + a_2^2 = 274\,\text{cm}^2$

b) $h_{sE} = \frac{a_2}{2\cos\alpha} = 5{,}6\,\text{cm}\ (5{,}56\,\text{cm})$

$h_E = h_{sE} \cdot \sin\alpha = 5{,}0\,\text{cm}\ (5{,}04\,\text{cm})$

$M_E = 4 \cdot \frac{1}{2}a_2 h_{sE} = 52\,\text{cm}^2$

17

a) $h_s = s \cdot \sin\beta = 6{,}4\,\text{cm}\ (6{,}36\,\text{cm})$

$a_2 = a_1 - 2 \cdot s \cdot \cos\beta = 0{,}55\,\text{cm}$

$O = a_1^2 + 2(a_1 + a_2)\,h_s + a_2^2 = 188\,\text{cm}^2$

b) $h_{sE} = \frac{\frac{1}{2}a_2}{\cos\beta} = 0{,}52\,\text{cm}$

$O_E = 4 \cdot \frac{1}{2}a_2 h_{sE} + a_2^2 = 0{,}9\,\text{cm}^2$

18

$s = \frac{\frac{1}{2}\left(\sqrt{2}a_1 - \sqrt{2}a_2\right)}{\cos\gamma} = 7{,}6\,\text{cm}\ (7{,}58\,\text{cm})$

$h = s \cdot \sin\gamma = 6{,}0\,\text{cm}\ (5{,}97\,\text{cm})$

$h_s = \sqrt{s^2 - \left(\frac{a_1 - a_2}{2}\right)^2} = 6{,}8\,\text{cm}\ (6{,}82\,\text{cm})$

$O = a_1^2 + 2(a_1 + a_2)\,h_s + a_2^2 = 462\,\text{cm}^2$

19 ✳

a) $A = 8 \cdot \frac{a}{2} \cdot \frac{a}{2} \cdot \tan 67{,}5° = 2a^2 \cdot \tan 67{,}5°$

Grundfläche: $A_1 = 120{,}7\,\text{cm}^2$

Deckfläche: $A_2 = 43{,}5\,\text{cm}^2$

b) $O = A_1 + 8 \cdot h_s \cdot \frac{a_1+a_2}{2} + A_2$

$= 356{,}2\,\text{cm}^2$

c) $O_{10\text{-Eck}} = 10 \cdot \frac{1}{4}a_1^2 \tan 72° + 10 \cdot \frac{1}{2}h_s\,(a_1 + a_2)$

$+ 10 \cdot \frac{1}{4}a_2^2 \tan 72°$

$= 501{,}6\,\text{cm}^2$

$O_{12\text{-Eck}} = 12 \cdot \frac{1}{4}a_1^2 \tan 75° + 12 \cdot \frac{1}{2}h_s\,(a_1 + a_2)$

$+ 12 \cdot \frac{1}{4}a_2^2 \tan 75°$

$= 668{,}7\,\text{cm}^2$

Ambitionierte Schüler schaffen hier den Übergang zur Verallgemeinerung:

$A_{n\text{-Eck}} = n \cdot \frac{1}{4}a^2 \tan\left(\frac{n-2}{2n} \cdot 180°\right)$

$O_{n\text{-Eck}} = n \cdot \frac{1}{4}a_1^2 \tan\left(\frac{n-2}{2n} \cdot 180°\right) + n \cdot \frac{1}{2}h_s\,(a_1 + a_2)$

$+ n \cdot \frac{1}{4}a_2^2 \tan\left(\frac{n-2}{2n} \cdot 180°\right)$

20

Zum Lösungsweg vgl. Aufgabe 17.

$O = e^2(5 + 3\sqrt{3})$

21

Zum Lösungsweg vgl. Aufgabe 16.

$O = 2e^2(5 + 4\sqrt{2})$

22

a) $a_2 = \frac{M}{2h_s} - a_1 = 3e$

$$O = a_1^2 + M + \left(\frac{M}{2h_s} - a_1\right)^2$$
$$= 2a_1^2 + M\left(1 - \frac{a_1}{h_s}\right) + \frac{M^2}{4h_s^2} = 135e^2$$

b) Nachweis über Teildreieck im Parallelschnitt:

$$h = \sqrt{h_s^2 - \left(\frac{a_1 - a_2}{2}\right)^2} = \frac{e}{2}\sqrt{91}$$

23 ✳

Der Ansatz

$O = a_1^2 + 2\,(a_1 + a_2)\,h_s + a_2^2$

führt zur quadratischen Gleichung

$a_1^2 + 8ea_1 - 65e^2 = 0$

$\Rightarrow \quad a_1 = 5e$

3 Mantelfläche und Oberfläche des Kegelstumpfs

Seite 130

1

Aus dem Verhältnis der beiden Kegelstumpfdurchmesser von 1 : 2 lässt sich mit den Strahlensätzen auf die Mantellinie des Gesamtkegels schließen. Sie hat das gleiche Verhältnis zur Mantellinie des Stumpfs, ist also $2 \cdot 12\,\text{cm} = 24\,\text{cm}$ lang.

Damit beträgt der Umfang des Kreises, auf dem der große Grundkreis abrollt, $48\,\pi$. Der Umfang des großen Grundkreises von 6π ist genau 8-mal darin enthalten.

2

Das Flächenstück ganz rechts.

Korrektur im Schülerbuch:
Der erste Absatz des Informationstextes muss wie folgt enden:
„. . . und des Mantels des Ergänzungskegels M_E."

Seite 131

❐ ??? Randspalte

Vgl. Aufgabe 1, Schülerbuch, Seite 130.

Durch das Verhältnis der Grundkreisradien ist die Mantellinie des Kegelstumpfs und des Ergänzungskegels 20 cm lang, der äußere Abrolldurchmesser beträgt also 40 cm. Die Tischbreite beträgt nur 35 cm, so dass also nach dem Vollzug eines Halbkreises bei der Drehung der Kegelstumpf augenscheinlich (Zeichnung!) vom Tisch herunterkippt.

Wer sich darauf nicht verlassen will, kann dies auch mit Hilfe der Schwerpunktermittlung beweisen:

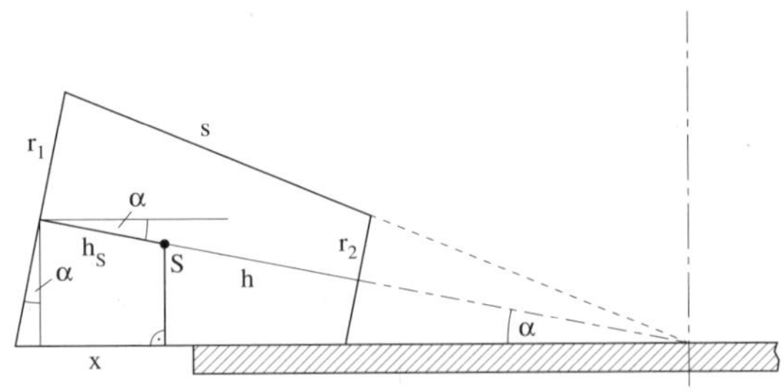

$s = 10\,\text{cm}; \quad r_1 = 4\,\text{cm}; \quad r_2 = 2\,\text{cm}$

$h = \sqrt{s^2 - (r_1 - r_2)^2} = 9{,}80\,\text{cm}$

$\sin\alpha = \frac{r_1}{2s} \quad \Rightarrow \quad \alpha = 11{,}54°$

Schwerpunkthöhe des Kegelstumpfs über Grundfläche (Formel ist den Schülern nicht bekannt):

$$h_S = \frac{h}{4}\,\frac{r_1^2 + 2r_1r_2 + 3r_2^2}{r_1^2 + r_1a_2 + r_2^2} = 3{,}85\,\text{cm}$$

Projektion auf die Tischebene:

$x = r_1 \sin\alpha + h_S \cos\alpha = 4{,}57\,\text{cm}$

Überhang:

$5\,\text{cm} - x = 0{,}43\,\text{cm}$

d. h. der Schwerpunkt liegt außerhalb der Tischplatte.

3

a) $M = 276{,}5\,cm^2$
$O = 402{,}1\,cm^2$

b) $M = 145{,}1\,cm^2$
$O = 240{,}9\,cm^2$

c) $M = 141{,}8\,cm^2$
$O = 205{,}9\,cm^2$

d) $M = 276{,}8\,cm^2$
$O = 419{,}4\,cm^2$

4

a) 9,0 cm

b) 12,3 cm

c) 1,2 m

d) 19,0 mm

5

a) $r_2 = 3{,}0\,cm$

b) $r_1 = 15{,}8\,dm$

c) $s = \frac{O - \pi r_1^2 - \pi r_2^2}{\pi(r_1 + r_2)} = \frac{M}{\pi(r_1 + r_2)}$

$\Rightarrow r_2 = \sqrt{\frac{O - M - \pi r_1^2}{\pi}} = 2{,}5\,cm$

d) $r_1 = \sqrt{\frac{O - M - \pi r_2^2}{\pi}} = 6{,}2\,dm$

6

a) $r_2 = 6{,}0\,cm$
$s = 7{,}0\,cm$

b) $r_1 = 20{,}5\,mm$
$s = 26{,}8\,mm$

c) $r_1 = 0{,}88\,m$
$s = 0{,}33\,m$

7

a) $h = 3\,cm$

b) $r_2 = 11\,cm$

c) $r_1 = 12{,}3\,cm$

d) $s = 13\,cm$

e) $h = 21{,}7\,cm$

f) $d_2 = 173\,mm$

Die Aufgabe soll verhindern, dass die Schüler in ein unüberlegtes Anwenden der Formeln verfallen. In b) und f) sind entgegen der Zeichnung am Rand die Radien r_2 bewusst größer als die entsprechenden Radien r_1 gewählt.

8

$r_2 = -\frac{s}{2} \overset{+}{(-)} \sqrt{\frac{s^2}{4} - sr_1 - r_1^2 + \frac{O}{\pi}}$

a) $r_2 = 3\,cm$

b) $r_2 = 5{,}0\,cm$

$r_1 = -\frac{s}{2} \overset{+}{(-)} \sqrt{\frac{s^2}{4} - sr_2 - r_2^2 + \frac{O}{\pi}}$

c) $r_1 = 2{,}4\,cm$

d) $r_1 = 66\,mm$

9

$r_1 = 8\,cm$; $r_2 = 4\,cm$; $s = 10\,cm$

Ergänzungskegel: $M_E = 62{,}8\,cm^2$

Kegelstumpf: $M_{St} = 188{,}5\,cm^2$

Die Mantelflächen stehen im Verhältnis 3 : 1, da die Grundflächen im Verhältnis 4 : 1 (Quadrate der Radien) stehen.

10

Liegt die Deckfläche auf der Grundfläche (Höhe $h = 0$), ist $s = r_1 - r_2$, also ist $O_{min} > 2\pi r_1^2 = 402\,cm^2$.

11

a) $M = 90{,}2\,dm^2$

b) $s = 31{,}8\,cm$; $M = 18{,}5\,dm^2$

Natürlich müssen bei realen Ausführungen Verschnitt oder Überlappung einkalkuliert werden (vgl. Aufgabe 12).

12

$s = 35{,}4\,cm$

$M = 2\,777\,cm^2$

$A_{Boden} = 62{,}8\,cm^2$

$O_{Eimer} = M + A_{Boden} = 2\,840\,cm^2$

$A_{Material} = O_{Eimer} \cdot 110\,\% = 31{,}2\,dm^2$

Seite 132

❒ ??? Randspalte

$r_2 = 0 \Rightarrow$ Kegel

$r_2 = r_1 \Rightarrow$ Zylinder

$r_2 > r_1 \Rightarrow$ Kegelstumpf

13

$s \approx h$

$M = 23{,}1\ m^2$

14

$s = 19{,}3\ cm$

$h = 18{,}2\ cm$

15

a) $M = 224{,}1\ cm^2$
$O = 349{,}9\ cm^2$

b) $s = 10{,}73\ cm$
$M = 419{,}6\ cm^2$
$O = 708{,}1\ cm^2$

16

a) $s = 6{,}58\ cm$
$M = 118{,}8\ cm^2$
$O = 178{,}7\ cm^2$

b) $d_1 = 34{,}34\ cm$
$s = 18{,}15\ cm$
$M = 1\,321\ cm^2$
$O = 2\,361\ cm^2$

17

a) $s_E = 3{,}1\ cm$
$M_E = 24{,}7\ cm^2$

b) $s_{St} = 42{,}1\ cm$

Die Bestimmung der Mantellinie ist auf unterschliedlichen Wegen möglich: Über Strahlensätze, Pythagoras oder dem Winkel $\alpha = 56{,}3°$ zwischen Grundfläche und Mantellinie.

18 ✶

Gesamtkegel:
$s = 10{,}9\ cm$
$r_1 = 2{,}8\ cm$
$M = 96\ cm^2$

Kegelstumpf:
$s_{St} = 7{,}3\ cm$
$h_{St} = 7{,}0\ cm$
$M_{St} = 85\ cm^2$

Ergänzungskegel:
$h_E = 3{,}5\ cm$
$s_E = 3{,}6\ cm$
$r_2 = 0{,}9\ cm$
$M_E = 11\ cm^2$

19

a) $M = 65\pi e^2$
$O = 154\pi e^2$

b) $M = 90\pi e^2$
$O = 143\pi e^2$

c) $r_2 = 4e$
$M = 272\pi e^2$
$O = 432\pi e^2$

d) $r_1 = 4{,}5e$
$M = 20\sqrt{2}\pi e^2$
$O = (20\sqrt{2} + 20{,}5)\pi e^2$

e) $s = 4e$
$M = 16\pi e^2$
$O = 26\pi e^2$

f) $s = 6{,}5e$
$M = 61{,}75\pi e^2$
$O = 110\pi e^2$

20 ✶

a) $s = 2e$
$M = 6\pi e^2$
$O = 11\pi e^2$

b) $r_1 = 2e;\quad s = e\sqrt{2}$
$M = 3\sqrt{2}\pi e^2$
$O = \pi\,(3\sqrt{2} + 5)\,e^2$

c) $r_1 = (3 + 2\sqrt{3})e$
$M = 8(3 + \sqrt{3})\,\pi e^2$
$O = 2\pi(27 + 10\sqrt{3})\,e^2$

d) $s = 9e$
$M = 49{,}5\pi e^2$
$O = 74{,}75\pi e^2$

21 ✳ ✳

a) $s_E = 2e$

$$s_{Ke} = \sqrt{\frac{2M}{\pi} - s_E} = 6\sqrt{2}e$$

$$s = r_{Ke} - r_E = 2(3\sqrt{2} - 1)e$$

$$\frac{s_e}{s} = \frac{r_2}{r_1 - r_2} \qquad (1)$$

$$M = \pi s(r_1 + r_2) \qquad (2)$$

$$\Rightarrow r_2 = \frac{M}{\pi s\left(\frac{s}{s_E} + 2\right)} = e$$

$$r_1 = r_2 \frac{s + s_E}{s_E} = 3\sqrt{2}e$$

b) $s_e = 6e$

$$s_{Ke} = \sqrt{\frac{4M}{\pi} + s_E^2} = 10e$$

$$s = s_{Ke} - s_E = 4e$$

$$\frac{s_E}{r_2} = \frac{s + s_E}{r_1} \qquad (1)$$

$$M = \pi s(r_1 + r_2) \qquad (2)$$

$$\Rightarrow r_1 = \frac{M}{\pi s\left(\frac{s_E}{s+s_E} + 1\right)} = 2{,}5e$$

$$r_2 = r_1 \frac{s_E}{s + s_E} = 1{,}5e$$

4 Volumen des Pyramidenstumpfs

Seite 133

1

Das Quadervolumen errechnet sich mit der Formel

$$V = \left(\frac{a_1 + a_2}{2}\right)^2 \cdot h$$

Man kann zeigen, dass im Vergleich zum Pyramidenstumpfvolumen vier halbe quadratische Pyramiden mit der Grundkantenlänge $\frac{a_1 - a_2}{2}$ und der Körperhöhe $\frac{h}{2}$ fehlen.
Der „Volumenverlust“ beträgt also

$$2 \cdot \frac{1}{3}\left(\frac{a_1 - a_2}{2}\right)^2 \cdot \frac{h}{2} = \frac{h}{3}\left(\frac{a_1 - a_2}{2}\right)^2.$$

Mit einem entsprechenden Modell lässt sich dies schon demonstrieren. Berechnen lässt sich der Volumenverlust durch Differenz von Pyramidenstumpfvolumen und Quadervolumen.

Seite 134

Die Ergebnisse der folgenden Aufgaben sind zum Teil der Einfachheit halber nur die nicht korrekt gerundeten Taschenrechner-Ausgaben.

2

a) $V = 14\,945\,\text{cm}^3$

b) $V = 521{,}1\,\text{cm}^3$

c) $V = 25\,781\,\text{cm}^3$

d) $V = 85{,}0\,\text{m}^3$

3

a) $h = 11{,}6\,cm$; $V = 2\,312\,cm^3$

b) $h = 5{,}76\,cm$; $V = 315{,}3\,cm^3$

c) $h = 14{,}3\,cm$; $V = 11\,016\,cm^3$

d) $h = 14{,}0\,cm$; $V = 1\,683{,}5\,cm^3$

e) $a_2 = 4{,}32\,cm$; $V = 230{,}6\,cm^3$

f) $a_1 = 109{,}9\,cm$; $V = 432\,281\,cm^3$

4

a) $h = 42\,cm$

b) $h = 6{,}3\,cm$

c) $h = 7{,}5\,m$

5

Quadratische Gleichungen

a) $a_2 = -\frac{a_1}{2} \overset{+}{(-)} \sqrt{\frac{a_1^2}{4} - a_1^2 + \frac{3V}{h}} = 4{,}3\,cm$

b) $a_1 = -\frac{a_2}{2} \overset{+}{(-)} \sqrt{\frac{a_2^2}{4} - a_2^2 + \frac{3V}{h}} = 36{,}0\,cm$

6

a) $h = 8{,}93\,cm$; $V = 1\,432{,}6\,cm^3$

b) $h = 0{,}63\,cm$; $h_s = 2{,}72\,cm$; $V = 31{,}0\,cm^3$

c) $a_1 = 18{,}10\,cm$; $a_2 = 7{,}92\,cm$; $h_s = 6{,}68\,cm$
$h = 4{,}33\,cm$; $V = 769{,}8\,cm^3$

Seite 135

7

Gesamtfläche der Hülle:

$A = (90\,cm)^2 + 4 \cdot \frac{1}{2}(90\,cm + 30\,cm)\,120\,cm$
$= 3{,}69\,m^2 \quad (36\,900\,cm^2)$

Höhe:

$h = \sqrt{(120\,cm)^2 - \left(\frac{90\,cm - 30\,cm}{2}\right)^2} = 116{,}2\,cm$

Volumen:

$V = 453\,139\,cm^3 \approx 435\,l = 0{,}453\,m^3$

8

quadratischer Kübel: $V = 82{,}3\,l$

sechseckiger Kübel: $V = 65{,}8\,l$

9

a) $h = \sqrt{s^2 - (a_1 - a_2)^2} = 70{,}2\,cm$
$A_1 = \frac{3}{2}\sqrt{3}a_1^2 = 3\,003{,}4\,cm^2$
$A_2 = \frac{3}{2}\sqrt{3}a_2^2 = 841{,}8\,cm^2$
$V = 127\,183\,cm^3 \approx 127{,}2\,dm^3$

b) $h = \sqrt{h_s^2 - \left(\frac{a_1 - a_2}{2}\right)^2} = 14{,}9\,cm$
$A_1 = \frac{3}{2}\sqrt{3}a_1^2 = 158{,}1\,cm^2$
$A_2 = \frac{3}{2}\sqrt{3}a_2^2 = 26{,}6\,cm^2$
$V = 1\,241\,cm^3 = 1{,}241\,dm^3$

10

a) $A_{\bigcirc} = 8 \cdot \frac{a}{2} \cdot \frac{a}{2} \tan 67{,}5° = 2a^2 \tan 67{,}5°$
$A_1 = 173{,}8\,cm^2$; $A_2 = 43{,}5\,cm^2$
$V = 1\,217\,cm^3$

b) $A_{12\text{-Eck}} = 12 \cdot \frac{a}{2} \cdot \frac{a}{2} \tan 75° = 3a^2 \tan 75°$
$A_1 = 403{,}1\,cm^2$; $A_2 = 100{,}8\,cm^2$
$V = 2\,821\,cm^3$

11

Man sollte diese Aufgabe auch praktisch durchführen.

a) Am besten lassen sich die Maße in einer Tabelle darstellen (Maße in cm). Es entstehen Pyramidenstümpfe.

x	0,5	1,0	1,5	2,0	2,5
a_1	9	8	7	6	5
a_2	4	4	4	4	4
h_s	3	3	3	3	3
h	1,66	2,24	2,60	2,83	2,96
O	94,0	88,0	82,0	76,0	70,0
V	73,5	83,5	80,5	71,7	60,2

b) Während die Oberfläche mit einer bestimmten Gesetzmäßigkeit (arithmetische Folge) abnimmt, gibt es beim Volumen einen maximalen Wert in dieser Folge für x = 1.

Die Volumenformel
$V = \frac{h}{3}(a_1^2 + a_1a_2 + a_2^2)$ ist mit
$a_1 = 10 - 2x$, $h = \sqrt{h_s^2 - \left(\frac{a_1 - a_2}{2}\right)^2}$ und konstanten
$a_2 = 4$, $h_s = 3$ darstellbar als Funktion von x:
$V = \frac{4}{3}\sqrt{6x - x^2}\left(39 - 12x + x^2\right)$

Diese eignet sich auf Grund des Störglieds leider nicht zu einem kurzen Rückblick auf die quadratischen Funktionen.

c) Für x = 3 entsteht ein quadratisches Prisma mit $O = 64{,}0\,\text{cm}^2$ und $V = 48{,}0\,\text{cm}^3$.

Für $x > 3\,\text{cm}$ entstehen Pyramidenstümpfe, die sich nach oben verjüngen, bis für $x = 5\,\text{cm}$ eine Pyramide entsteht mit $O = 40{,}0\,\text{cm}^2$ und $V = 11{,}9\,\text{cm}^3$.

Seite 136

❒ ??? Randspalte

Die Ergänzungspyramide und die gesamte Pyramide sind ähnlich zueinander. Wenn $V_E : V_P = 1 : 2$ gilt, bilden die entsprechenden Strecken (hier Höhen) das Verhältnis $\sqrt[3]{1} : \sqrt[3]{2} \approx 1 : 1{,}26$. Also gilt $h_E : 80\,\text{m} = 1 : \sqrt[3]{2}$; die Höhe der Ergänzungspyramide beträgt also 63,5 m.
In einer Höhe von 16,5 m ist die halbe Baumasse verbaut.

Entsprechend gilt dann für das Volumenverhältnis $V_E : V_P = 1^3 : 2^3 = 1 : 8$. In halber Höhe sind also $\frac{7}{8}$ oder 87,5 % der Baumasse verbaut.

Die Schüler sollten fairer Weise gewarnt werden, bevor sie versuchen, diese Zusammenhänge über die Volumenformeln zu ergründen.

12 ✳

a) Mit dem Strahlensatz erhält man die Gleichung
$$\frac{h_E}{h_E + 14{,}5} = \frac{12{,}4}{16{,}8}$$
und hieraus
$h_E = 40{,}9\,\text{cm}$
sowie
$V_E = 2\,094\,\text{cm}^3$.

b) $s_{St} = 14{,}83\,\text{cm}$; $s_E = 41{,}33\,\text{cm}$
Die Kante a_2 muss 8-mal berücksichtigt werden. Der Drahtbedarf beträgt dann
$l = 4a_1 + 4a_2 + 4s_{St} + 4a_2 + 4s_E = 391{,}0\,\text{cm}$.

13

a) Gemischt-quadratische Gleichung:
$$a_2^2 + a_1a_2 + a_1^2 - \frac{3V}{h} = 0$$
$$\Rightarrow \quad a_2 = 10\,\text{cm}$$

b) Strahlensatz:
$$\frac{h_E}{h_E + h_{St}} = \frac{a_2}{a_1} \Rightarrow h_E = 20\,\text{cm}$$

14

$a_2 = 4{,}7\,cm$
$h_1 = 7{,}2\,cm$
$h_{ges} = 17{,}2\,cm$
$V = 293\,cm^3$

15

a) $V = \frac{76}{3}e^3$
b) $h = 3e\sqrt{3};\quad V = 156e^3\sqrt{3}$
c) $h = 4e\sqrt{2};\quad V = \frac{448}{3}e^3\sqrt{2}$

16 ✳

a) $s = e$
$h_s = \frac{1}{2}\sqrt{3}e$
$h = \frac{1}{2}\sqrt{2}e$
$V = \frac{7}{6}\sqrt{2}e^3$
$O = (5 + 3\sqrt{3})\,e^2$

b) $h_s = e$
$h = \frac{1}{2}\sqrt{3}e$
$V = \frac{7}{6}\sqrt{3}e^3$
$O = 11e^2$

c) $s = e$
$a_1 = \frac{1}{2}\sqrt{2}e$
$a_2 = \sqrt{2}e$
$h = \frac{1}{2}\sqrt{3}e$
$h_s = \frac{1}{4}\sqrt{14}e$
$V = \frac{7}{12}\sqrt{3}e^3$
$O = \frac{e^2}{4}(10 + 6\sqrt{7})$

Die größten Maßzahlen erhält man hier beim Parallelschnitt, die kleinsten beim Diagonalschnitt. Interessant ist noch, dass das Volumen beim Parallelschnitt doppelt so groß wie beim Diagonalschnitt ist.

17

a) $h = 5e$
b) $h_s = e\sqrt{26}$
$M = 4 \cdot \frac{4e + 2e}{2}\,e\sqrt{26} = 12e^2\sqrt{26}$
c) $O = 20e^2 + 12e^2\sqrt{26}$
Für $O = 500\,cm^2$ muss $e = 2{,}48\,cm$ gewählt werden.

18 ✳

a) Gemischt-quadratische Gleichung:
$49e^2 = e\,(25e^2 + 5ea_2 + a_2^2)$
$\Rightarrow \quad a_2 = 3e$
b) $h_s = e\sqrt{10}$
$M = 4 \cdot \frac{5e + 3e}{2}\,e\sqrt{10} = 16e^2\sqrt{10}$

19

a) $h = \sqrt{s^2 - (a_1 - a_2)^2} = e$
b) $A_1 = 6e^2\sqrt{3}$
$A_2 = \frac{3}{2}e^2\sqrt{3}$
$V = \frac{7}{2}e^3\sqrt{3}$

5 Volumen des Kegelstumpfs

Seite 137

1

$V_Z \approx V_Z = \pi r^2 h = 0{,}707\,m^3$

Das tatsächliche Volumen ist größer, wie das rechnerische Beispiel für x = 5 cm zeigt:
$V_{St} \approx 0{,}733\,m^3$.

Allgemeine Begründung:
Teilt man den Kegelstumpf wie in der Abbildung in der Mitte, lässt sich das Restvolumen zwischen Säule und Stumpf anschaulich berechnen (für $r_2 = r_1 - x$):

$$V_{Rest,\,re} = \pi r_1^2 \frac{h}{2} - \frac{\pi h}{6}\left[r_1^2 + r_1(r_1 - x) + (r_1 - x)^2\right]$$
$$= \frac{1}{2}\pi h r_1 x - \frac{1}{6}\pi h x^2$$

Berechnet man nun das Restvolumen der anderen Hälfte für $r_2 = r_1 + x$, ergibt sich:

$$V_{Rest,\,li} = \frac{\pi h}{6}\left[(r_1 + x)^2 + (r_1 + x)\cdot r_1 + r_1^2\right] - \pi r_1^2 \frac{h}{2}$$
$$= \frac{1}{2}\pi h r_1 x + \frac{1}{6}\pi h x^2$$

Damit ist das Restvolumen zwischen „überstehendem" Kegelstumpf und „überstehendem" Zylinder um $\frac{1}{3}\pi h x^2$ größer!

Die Differenz kann natürlich auch direkt berechnet werden:

$$\Delta V = V_{St} - V_{Zyl} = \frac{\pi h}{3}\left(r_1^2 + r_1 r_2 + r_2^2\right) - \pi r^2 h$$
$$= \frac{1}{3}\pi h x^2$$

2

$$\begin{aligned} V_{Ke} &= 261{,}8\,cm^3 \\ -V_E &= 16{,}8\,cm^3 \\ \hline V_{St} &= 245{,}0\,cm^3 \end{aligned}$$

Seite 138

3

a) $119{,}4\,cm^3$ b) $875{,}2\,cm^3$
c) $7\,964{,}8\,cm^3$ d) $0{,}045\,m^3$

4

a) $h = 2{,}65\,cm$, $V = 108\,cm^3$
b) $h = 8\,cm$, $V = 5\,755\,cm^3$
c) $h = 24\,cm$, $V = 82{,}42\,dm^3$
d) $r_2 = 54\,cm$, $V = 263{,}4\,dm^3$
e) $r_1 = 8{,}71\,dm$, $V = 1\,089\,dm^3$
f) $r_1 = 2{,}229\,m$, $V = 10{,}29\,m^3$

5

a) $h = 5{,}0\,cm$ b) $h = 32\,mm$
c) $h = 5{,}6\,dm$ d) $h = 1{,}23\,m$

6

a) $r_2 = 5\,cm$ b) $r_2 = 10{,}5\,cm$
c) $r_1 = 8{,}9\,dm$ d) $r_1 = 0{,}55\,m$

7

a) $h = 10{,}61\,cm$, $V = 4\,614\,cm^3$, $O = 1\,836\,cm^2$
b) $r_2 = 16{,}91\,cm$, $V = 4\,687\,cm^3$, $O = 2\,104\,cm^2$
c) $r_2 = 7{,}90\,cm$, $h = 12{,}60\,cm$, $V = 2\,565\,cm^3$, $O = 1\,045\,cm^2$
d) $r_2 = 2{,}73\,cm$, $h = 11{,}35\,cm$, $V = 1\,154\,cm^3$, $O = 667{,}3\,cm^2$
e) $r_2 = 6{,}30\,cm$, $h = 12{,}46\,cm$, $V = 2\,069\,cm^3$, $O = 909{,}9\,cm^2$
f) $r_2 = 7{,}27\,cm$, $h = 12{,}57\,cm$, $V = 2\,366\,cm^3$, $O = 989{,}6\,cm^2$

Korrektur im Schülerbuch:
a) $r_2 = 15{,}0\,cm$

8

$V = 297{,}39\,\text{m}^3 = 297\,390\,\ell$

$t = \dfrac{V}{2\,500 \cdot 140\frac{\ell}{d}} = 0{,}85\,\text{d} = 20{,}4\,\text{h}$

9

$h = 43{,}9\,\text{cm}$

$V = 87{,}3\,\text{dm}^3$

Es werden ein ganzer 80-ℓ-Sack und weitere 7,3 ℓ benötigt.

10

$r_2 = 0{,}75\,\text{m}$
$r_1 = 1{,}75\,\text{m}$
$V = 3{,}87\,\text{m}^3$
$m = 2{,}3\frac{\text{t}}{\text{m}^3} \cdot V = 8{,}9\,\text{t}$

Der Marmorsockel wiegt 8,9 t.

11 ✶

a) $V = 554{,}8\,\text{cm}^3$

b) Berechnung der Höhe h_E des Ergänzungskegels über Strahlensatz oder Tangens: $h_E = 4{,}88\,\text{cm}$

Schnitt in 8 cm Höhe: $\dfrac{h_E}{d_2} = \dfrac{h_E + 8\,\text{cm}}{d_S}$

Durchmesser in 8 cm Höhe: $d_S = 7{,}92\,\text{cm}$

c) $\dfrac{V}{V_x} = \dfrac{h^3}{h_x^3} \Rightarrow h_x = \sqrt[3]{\dfrac{h^3}{V}V_x}$

$h_1 = 12{,}6\,\text{cm}$ für $V_1 = 500\,\text{cm}^3$
$h_2 = 10{,}0\,\text{cm}$ für $V_2 = 250\,\text{cm}^3$
$h_3 = 7{,}9\,\text{cm}$ für $V_3 = 125\,\text{cm}^3$

Seite 139

❐ ??? Randspalte

$\dfrac{V_x}{V} = \dfrac{1}{2} = \dfrac{x^3}{10^3} \Rightarrow x = 7{,}94\,\text{cm}$

Er muss in der Höhe 10 cm – 7,94 cm = 2,06 cm durchgeschnitten werden (unabhängig vom Radius!).

12

a) $V = 215{,}3\,\text{cm}^3$

b) $h = 27{,}03\,\text{cm}$
$r_1 = 19{,}55\,\text{cm}$
$r_2 = 12{,}25\,\text{cm}$
$V = 21\,845{,}0\,\text{cm}^3 = 21{,}85\,\text{dm}^3$

c) $h = 3{,}0\,\text{cm}$
$r_1 = 2{,}8\,\text{cm}$
$r_2 = 1{,}4\,\text{cm}$
$V = 43{,}1\,\text{cm}^3$

d) $r_2 = 35{,}1\,\text{cm}$
$h = 47{,}0\,\text{cm}$
$r_1 = 5{,}73\,\text{cm}$
$V = 72\,152{,}3\,\text{cm}^3 = 72{,}1\,\text{dm}^3$

13 ✎ ✶

$\Delta d = d_1 - d_2 = 18\,\text{cm}$
$\Delta r = \frac{1}{2}\Delta d = 9\,\text{cm}$
$h = 20{,}1\,\text{cm}$
$r_2 = r_1 - \Delta r$

Der Ansatz

$V = \frac{\pi h}{3}\left[r_1^2 + r_1(r_1 - \Delta r) + (r_1 - \Delta r)^2\right]$

führt zu der quadratischen Gleichung

$r_1^2 - 9r_1 + 27 - \frac{V}{\pi h} = 0$

$\Rightarrow \quad r_1 = 16{,}0\,\text{cm}$

$r_2 = 7{,}0\,\text{cm}$

Oberfläche:
$O = 2\,548\,\text{cm}^2$

14

$V = 2\,958\,\text{cm}^3$

a) $h = \frac{4V}{\pi d_1^2} = 9{,}6\,\text{cm}$

b) $r = \sqrt{\frac{3V}{\pi h}} = 13{,}3\,\text{cm}$

15

a) Strahlensatz:

$$\frac{h_2}{h_1} = \frac{r_2}{r_1 - r_2} \Rightarrow h_2 = 28{,}8\,\text{cm}$$

b) $\frac{V_E}{V_G} = \frac{r_2^3}{r_1^3} = \frac{27}{64}$

16

$V = 527{,}8\,\text{cm}^3$

a) Teilung von oben:

$\frac{h_E}{h_{St}} = \frac{1}{3} = \frac{r_2}{r_1 - r_2} \Rightarrow r_2 = \frac{1}{4}r_1 = 1{,}5\,\text{cm}$

$V_E = \frac{r_2^3}{r_1^3} \cdot V = \frac{1}{64}V = 8{,}3\,\text{cm}^3$

$V_{St} = V - V_E = 519{,}5\,\text{cm}^3$

Teilung von unten:

$\frac{h_E}{h_{St}} = \frac{3}{1} = \frac{r_2}{r_1 - r_2} \Rightarrow r_2 = \frac{3}{4}r_1 = 4{,}5\,\text{cm}$

$V_E = 222{,}7\,\text{cm}^3$

$V_{St} = 305{,}1\,\text{cm}^3$

b) Teilung von oben:

$\frac{h_E}{h_{St}} = \frac{3}{5} = \frac{r_2}{r_1 - r_2} \Rightarrow r_2 = \frac{3}{8}r_1 = 2{,}25\,\text{cm}$

$V_E = 27{,}8\,\text{cm}^3$

$V_{St} = 500{,}0\,\text{cm}^3$

Teilung von unten:

$\frac{h_E}{h_{St}} = \frac{5}{3} = \frac{r_2}{r_1 - r_2} \Rightarrow r_2 = \frac{5}{8}r_1 = 3{,}75\,\text{cm}$

$V_E = 128{,}9\,\text{cm}^3$

$V_{St} = 398{,}9\,\text{cm}^3$

17

a) das Volumen vervierfacht sich

b) das Volumen vergrößert sich um das 2,25-fache

c) das Volumen verkleinert sich im Verhältnis 16 : 9 ($4^2 : 3^2$)

18 ✳

a) $h = 2\sqrt{2}e$

$V = \frac{14}{3}\sqrt{2}\pi e^3$

b) $r_1 = 5e + 3e\sqrt{3}$

$V = 9\pi e^3(34 + 15\sqrt{3})$

19 ✳

a) $h = 6e$

$s = 3\sqrt{5}e$

b) $r_1 = 6e$

$h = 6e$

c) Der Ansatz

$52\pi e^3 = \frac{\pi}{3} \cdot 4e\left(25e^2 + 5er_2 + r_2^2\right)$

ergibt die quadratische Gleichung

$r_2^2 + 5er_2 - 14e^2 = 0$

$\Rightarrow \quad r_2 = 2e$

$s = 5e$

d) $s = 18e$

$r_1 = \frac{1}{2}\sqrt{329}e + \frac{9}{2}e$

$r_2 = \frac{1}{2}\sqrt{329}e - \frac{9}{2}e$

6 Zusammengesetzte Körper

Seite 140

1

Es kommen verschiedene gut bekannte Körper (Prisma, Zylinder, unterschiedliche Pyramiden, Kegelstumpf und Kugel) vor; manche davon nur in Teilen (Abschnitten).

2

Der untere Körper (Zylinder mit ausgedrehtem Kegelstumpf) hat sowohl ein größeres Volumen als auch eine größere Oberfläche als der obere Körper (Kegelstumpf mit konisch abgedrehtem Zylinder).

Die Achsenschnitte der beiden Körper verdeutlichen den Unterschied beim Volumen (größerer Abstand der rotierenden Fläche von der Rotationsachse.

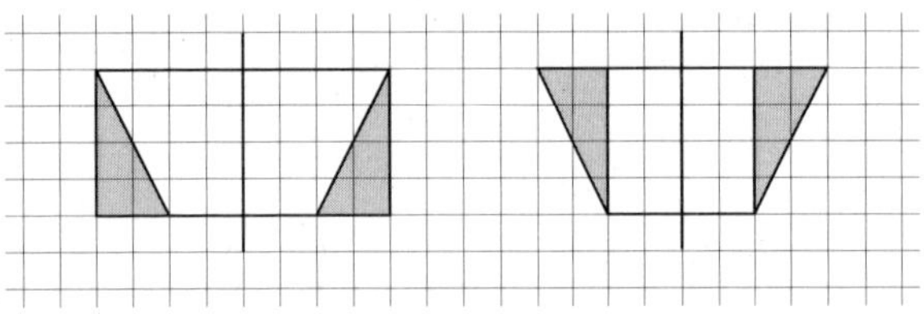

Dies kann noch deutlicher bei einem Zylinder mit ausgedrehtem Kegel gezeigt werden:

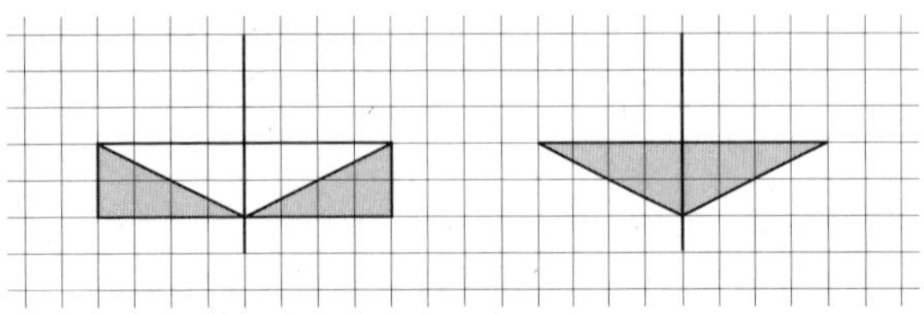

Beim Vergleich der Oberflächen sind Kegelstumpfmantel und Innenkonus sowie die Deckflächen (Planflächen) gleich, der Zylindermantel jedoch verschieden groß.

Vielleicht hat ein Schüler die Möglichkeit, aus einer Drechslerwerkstatt entsprechende Teile zu bekommen.

Seite 141

3

a) $h_s = 4{,}97\,\text{cm}$
$V = 601{,}0\,\text{cm}^3$; $O = 419{,}9\,\text{cm}^2$

b) Pyramide: $h_{s1} = 12{,}53\,\text{cm}$
Stumpf: $h_{s2} = 6{,}68\,\text{cm}$
$V = 555{,}6\,\text{cm}^3$; $O = 405{,}3\,\text{cm}^2$

c) $h_{s1} = 12{,}46\,\text{cm}$; $h_{s2} = 9{,}00\,\text{cm}$
$h_1 = 12{,}11\,\text{cm}$; $h_2 = 8{,}80\,\text{cm}$
$V = 3\,526{,}6\,\text{cm}^3$; $O = 1\,331{,}3\,\text{cm}^2$

d) $h_1 = 5{,}17\,\text{cm}$; $h_2 = 15{,}15\,\text{cm}$
$V = 3\,316{,}1\,\text{cm}^3$; $O = 1\,297{,}4\,\text{cm}^2$

e) $h_s = 6{,}22\,\text{cm}$
$V = 181{,}4\,\text{cm}^3$; $O = 340{,}3\,\text{cm}^2$

d) Pyramide: $h_{s1} = 17{,}57\,\text{cm}$
Stumpf: $h_{s2} = 17{,}68\,\text{cm}$
$V = 5\,415{,}9\,\text{cm}^3$; $O = 2\,466{,}2\,\text{cm}^2$

4

a) $s = 8{,}83\,\text{cm}$
$V = 6\,673{,}0\,\text{cm}^3$; $O = 1\,905{,}3\,\text{cm}^2$

b) $h_{St} = 8{,}26\,\text{cm}$; $h_K = 5{,}73\,\text{cm}$
$V = 1\,257{,}7\,\text{cm}^3$; $O = 604{,}7\,\text{cm}^2$

c) $h_1 = 13{,}96\,\text{cm}$; $h_2 = 13{,}35\,\text{cm}$
$V = 10\,683{,}8\,\text{cm}^3$; $O = 2\,471{,}4\,\text{cm}^2$

d) $h_K = 10{,}69\,\text{cm}$; $s_{St} = 12{,}00\,\text{cm}$
$V = 10\,418{,}4\,\text{cm}^3$; $O = 2\,990{,}1\,\text{cm}^2$

e) $s = 13{,}69\,\text{cm}$
$V = 474{,}7\,\text{cm}^3$; $O = 875{,}2\,\text{cm}^2$

f) $s = 9{,}90\,\text{cm}$
$V = 2\,132{,}9\,\text{cm}^3$; $O = 1\,554{,}0\,\text{cm}^2$

Seite 142

5

a) $d_2 = 16\,cm$; $V = 23\,344\,cm^3 = 23{,}344\,dm^3$

b) 65,364 kg

6

Am besten wird zur Vorbereitung der Aufgabe ein Container maßstabsgetreu in Seitenansicht gezeichnet. In die Skizze können dann gleich benötigte Maße als Zwischenergebnisse eingetragen werden:

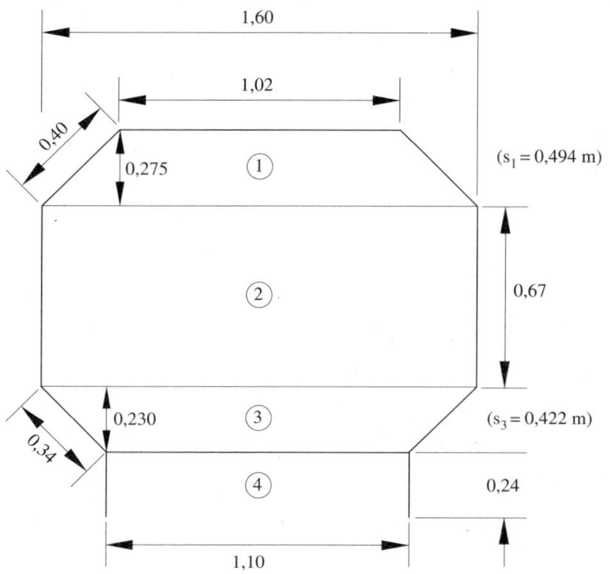

Postuliert wird durch die Aufgabenstellung, dass Front- und Seitenansicht gleich sind (quadratisches Prisma). Ferner sollte geklärt werden, dass es sich bei den Maßen 0,40 und 0,34 um die Höhe der Seitenfläche handelt (die Seitenansicht ist ein Parallelschnitt wie in technischen Zeichnungen) und nicht um die Länge der Seitenkante. Außerdem sollte man sich darauf einigen, dass realistisch betrachtet der Sockel nicht zum Volumen gerechnet werden kann.

Mit den vollständigen Angaben ergeben sich folgende Ergebnisse:

a) $V_1 = 0{,}480\,m^3$; $V_2 = 1{,}715\,m^3$; $V_3 = 0{,}424\,m^3$
$V = 2{,}62\,m^3$

b) Hier muss auch der Sockel berücksichtigt werden.
$A_1 = 1{,}040\,m^2$; $M_1 = 2{,}096\,m^2$; $M_2 = 4{,}288\,m^2$
$M_3 = 1{,}836\,m^2$; $A_4 = 1{,}210\,m^2$; $M_4 = 1{,}056\,m^2$
Blechbedarf: $A = 11{,}526\,m^2$

c) Materialvolumen: $34{,}6\,dm^3$
Der leere Container ist 271 kg schwer.

Korrektur im Schülerbuch:
Im Schülerbuch fehlen die Maße 1,02 und 1,10. Damit lässt sich die Aufgabe jedoch leichter berechnen.
Setzt man stattdessen den Neigungswinkel der Stümpfe mit 45° voraus, weichen die Ergebnisse geringfügig von den angegebenen ab.

7

a) $M_{St} = 2{,}964\,m^2$; $A_1 = 1{,}81\,m^2$; $A_{HK} = 0{,}770\,m^2$
Die zu polierende Fläche ist $5{,}54\,m^2$ groß.

b) $h = 0{,}554\,m$; $V_{St} = 0{,}741\,m^3$; $V_{HK} = 0{,}090\,m^3$
$V = 0{,}651\,m^3 = 651\,dm^3$
Der Brunnen wiegt 1 563 kg oder 1,563 t.

8

a) Stumpf:
$a_1 = 2{,}4\,m$
$a_2 = 1{,}5\,m$
$h_s = 1{,}962\,m$
$M_{St} = 22{,}955\,m^2$
Pyramide:
$h_s = 1{,}453\,m$
$M_P = 6{,}537\,m^2$
gesamtes Dach:
$M = 29{,}5\,m^2$ Platten

b) Prisma: $V_1 = 50{,}13\,m^3$
Stumpf: $V_{St} = 18{,}10\,m^3$
Pyramide: $V_P = 1{,}27\,m^3$
Umbauter Raum: $V = 69{,}5\,m^3$

Seite 143

9

O_{Rest} ist die gesamte Oberfläche des abgebildeten Restkörpers.

Pyramidenstumpf ohne Deckfläche:
$O_{St} = 220\,\text{cm}^2$

ausgearbeitete Pyramide:
$M_P = 30\,\text{cm}^2$
$h_{s_2} = 3{,}0\,\text{cm}$
$h_2 = 1{,}66\,\text{cm}$
$V = 14\,\text{cm}^3 \quad (13{,}8\,\text{cm}^3)$

10

Ansatz:
$V_{Rest} = V_{St} - V_Z = \frac{\pi}{3} h \left(r_1^2 + r_1 r_2 + r_2^2\right) - \pi r_2^2 h$

$\Rightarrow\ h = \frac{3V_{Rest}}{\pi\,(r_1^2 + r_1 r_2 - 2r_2^2)} = 2{,}6\,\text{cm} \quad (2{,}59\,\text{cm})$

$s = 3{,}96\,\text{cm}$
$M_{St} = 161{,}7\,\text{cm}^2;\ A_1 = 122{,}5\,\text{cm}^2;\ M_Z = 81{,}4\,\text{cm}^2$
$O = 366\,\text{cm}^2$

11 ✳

Ansatz:
$O_{ges} = a_1^2 + 4a_1 h + 2\,(a_1 + a_2)\,h_s + a_2^2$

gemischt-quadratische Gleichung für die Berechnung von a_2:

$a_2^2 + 14a_2 - 120 = 0$
$\Rightarrow\ a_2 = 6\,\text{cm}$

$h_{St} = 6{,}7\,\text{cm}$
$V_{St} = 437{,}7\,\text{cm}^3;\ V_1 = 500{,}0\,\text{cm}^3$
$V_{ges} = 938\,\text{cm}^3$

12

Ansatz:
$V_{ges} = V_{St} + V_Z = \frac{\pi}{3} h_{KSt} \left(r_1^2 + r_1 r_2 + r_2^2\right) + \pi r_2^2 h_Z$

gemischt-quadratische Gleichung für die Berechnung von r_2:

$r_2^2 + 2{,}818 r_2 - 65{,}409 = 0$
$\Rightarrow\ r_2 = 6\,\text{cm}$

$s = 9{,}36\,\text{cm}$
$O_{St} = 1\,192{,}9\,\text{cm}^2;\ M_Z = 363{,}2\,\text{cm}^2$
$O = 1\,556\,\text{cm}^2$

13

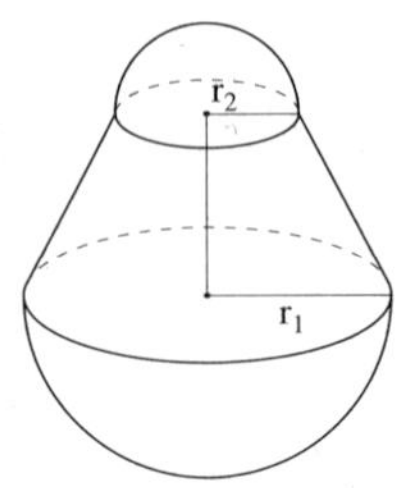

a) $V = \frac{25}{3}\pi e^3$

b) $s = e\sqrt{2}$
$O = O_{HK1} + M_{St} + O_{HK2}$
$= 2\pi \cdot 4e^2 + \pi(2e + e) \cdot e\sqrt{2} + 2\pi e^2$
$= 10\pi e^2 + 3\pi e^2\sqrt{2}$
$= \pi e^2(10 + 3\sqrt{2})$

14

a) Da $r_1 = 2r_2$, ist der Ergänzungskegel zum Stumpf gleich dem ausgesparten Kegel und somit können die Berechnungen über den Kegel K_1 mit der Höhe 2h geführt werden.

$$V_{Rest} = V_{K1} - 2V_{K2} = \frac{\pi}{3} \cdot 4r_2^2 \cdot 2h - 2 \cdot \frac{\pi}{3} r_2^2 h = 2\pi r_2^2 h$$

$$\Rightarrow \; h = \frac{V_{Rest}}{2\pi r_2^2} = 2e$$

b) $s_1 = 2\sqrt{5}e$

$$O = O_1 = \pi r_1^2 + \pi r_1 s_1 = 4\pi e^2 (1 + \sqrt{5})$$

Natürlich erhält man die gleichen Ergebnisse, wenn man wie bisher mit Teilkörpern rechnet, es ist nur mühsamer.

15 ✳ ✳

a) Für die Einzelhöhen erhält man:
$h_P = e\sqrt{3}$; $h_{St_1} = \frac{e}{2}\sqrt{2}$; $h_{St_2} = \frac{e}{2}$

b) Für die Grundkanten erhält man:
$a_P = 2e$; $a_{St_1} = 2e + e\sqrt{2}$; $a_{St_2} = 2e + e\sqrt{2} + e\sqrt{3}$

ges. Mantelfläche:

$$M = 2a_P h_{sP} + 2(a_P + a_{St_1}) h_{s_1} + 2(a_{St_1} + a_{St_2}) h_{s_2}$$
$$= 2 \cdot 2e \cdot 2e + 2(4e + \sqrt{2}e)e + 2(4e + 2\sqrt{2}e + \sqrt{3}e)e$$
$$= 2e^2(12 + 3\sqrt{2} + \sqrt{3})$$

c)
$$V = \frac{1}{3}a_P^2 h_P + \frac{1}{3}\left(a_{St_1}^2 + a_{St_1}a_P + a_P^2\right) h_{St_1} + \frac{1}{3}\left(a_{St_1}^2 + a_{St_1}a_{St_2} + a_{St_2}^2\right) h_{St_2}$$
$$= \frac{1}{3}\Big(a_P^2 h_P + a_{St_1}^2 h_{St_1} + a_{St_1}a_P h_{St_1} + a_P^2 h_{St_1} + a_{St_1}^2 h_{St_2} + a_{St_1}a_{St_2}h_{St_2} + a_{St_2}^2 h_{St_2}\Big)$$
$$= \frac{1}{3}\Big(4\sqrt{3} + 3\sqrt{2} + 4 + 2\sqrt{2} + 2 + 2\sqrt{2} + 3 + 2\sqrt{2} + 3 + 2\sqrt{2} + \sqrt{3} + \frac{1}{2}\sqrt{6} + \frac{9}{2} + 2\sqrt{2} + 2\sqrt{3} + \sqrt{6}\Big)e^3$$
$$= \frac{1}{3}\left(16{,}5 + 13\sqrt{2} + 7\sqrt{3} + \frac{3}{2}\sqrt{6}\right)e^3$$
$$= \frac{e^3}{6}\left(33 + 26\sqrt{2} + 14\sqrt{3} + 3\sqrt{6}\right)$$

7 Vermischte Aufgaben

Seite 144

Pyramidenstumpf

❐ ??? Randspalte

$a_2 = 0 \;\Rightarrow\; V = \frac{1}{3}ha_1^2$ (Pyramidenvolumen)

$a_2 = a_1 \;\Rightarrow\; V = a^2h$ (Prismenvolumen)

1

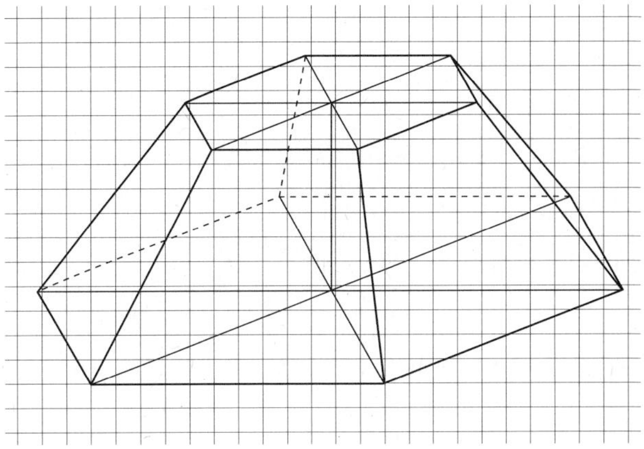

2

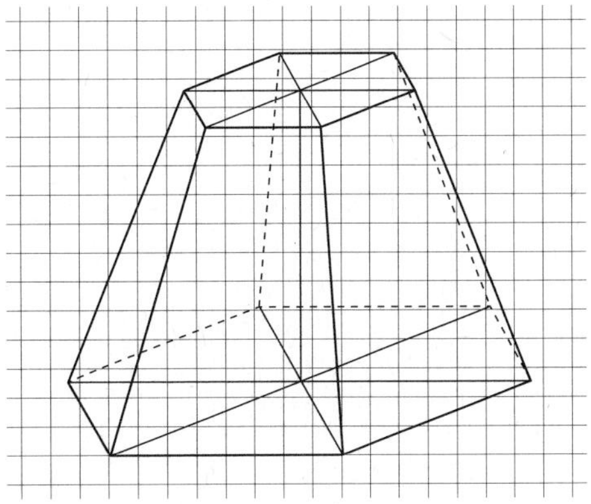

3 ✎

a) $h = 4\,cm$
$M = 140\,cm^2$
$O = 256\,cm^2$
$V = 208\,cm^3$

b) $h_s = 5\,cm$
$M = 100\,cm^2$
$O = 168\,cm^2$
$V = 112\,cm^3$

c) $a_2 = 15{,}72\,cm$
$M = 454\,cm^2$
$O = 750\,cm^2$
$V = 1\,218\,cm^3$

d) $a_1 = 10{,}15\,cm$
$h_s = 9{,}78\,cm$
$M = 247\,cm^2$
$O = 356{,}7\,cm^2$
$V = 404\,cm^3$

e) $a_1 = 9{,}54\,dm$
$h = 7{,}17\,dm$
$M = 207{,}0\,dm^2$
$O = 313{,}2\,dm^2$
$V = 343\,dm^3$

f) $a_1 = 2{,}09\,m$
$M = 7{,}2\,m^2$
$O = 12{,}1\,m^2$
$V = 2{,}3\,m^3$

4 ✳

	a_1	a_2	h	h_s	s	O	V
a)	*9*	*5*	15	15,1	15,3	529	*755*
b)	10	*3*	*9*	9,7	10,3	360	*417*
c)	*8,5*	4,2	*15*	15,2	15,3	475	*628*
d)	*7*	3,5	8,4	*8,6*	8,8	*241*	239
e)	2,8	*5,7*	6,8	*6,9*	7,0	*158*	127

5

a) $a_1 = 8{,}28\,cm$
$h_s = 5{,}83\,cm$
$O = 209\,cm^2$
$V = 177\,cm^3$

b) $a_2 = 5{,}48\,cm$
$a_1 = 11{,}04\,cm^2$
$O = 416\,cm^2$
$V = 531\,cm^3$

6 ✎

a) $a_1 = 13{,}11\,m$
$a_2 = 8{,}21\,m$
$h_s = 6{,}02\,m$
$O = 496\,m^2$
$V = 636\,m^3$

b) $a_1 = 0{,}64\,m$
$a_2 = 0{,}42\,m$
$h = 0{,}41\,m$
$h_s = 0{,}43\,m^2$
$O = 1{,}49\,m^2$
$V = 0{,}12\,m^3$

7

a) $h = 6{,}86\,cm$
$M = 213{,}8\,cm^2$
$O = 346{,}9\,cm^2$
$V = 420{,}3\,cm^3$

b) $h_s = 22{,}11\,cm$
$M = 1\,426\,cm^2$
$O = 2\,035\,cm^2$
$V = 6\,635\,cm^3$

c) $a_1 = 0{,}99\,m$
$M = 3{,}96\,m^2$
$O = 6{,}92\,m^2$
$V = 1{,}06\,m^3$

8

a) $a_1 = 5{,}74\,cm$
$h_s = 9{,}45\,cm^2$
$O = 331{,}3\,cm^2$
$V = 409{,}1\,cm^3$

b) $a_1 = 42{,}1\,cm$
$O = 120{,}1\,dm^2$
$V = 73{,}1\,dm^3$

9 ✳

a) $h = 5{,}26\,cm$
$h_s = 5{,}37\,cm^2$
$O = 98\,cm^2$
$V = 53\,cm^3$

b) $a_1 = 13{,}79\,cm$
$O = 298\,cm^2$
$V = 277\,cm^3$

Seite 145

❐ ??? Randspalte

Nein, da $\frac{a_1 - a_2}{2} = 4\,cm$ und damit größer als $h_s = 3{,}5\,cm$ ist!

Korrektur im Schülerbuch:
h_2 ist h_s.

10

a) $a_1 = 12{,}5\,cm$ (mit Strahlensatz oder Steigungswinkel)
$h_s = 7{,}08\,cm$
$V = 488\,cm^3$
$O = 429\,cm^2$

b) $h_{St} = 5{,}18\,cm$
$h_E = 2{,}22\,cm$
$V_E = 4{,}33\,cm^3$

11

$a_2 = 2{,}73\,\text{cm}$
$h = 4{,}39\,\text{cm}$
$V_{St} = 145\,\text{cm}^3$
$h_P = 6{,}3\,\text{cm}$

12

a) $a_1 = \frac{11}{2}\sqrt{2}e$
$a_2 = \frac{3}{2}\sqrt{2}e$
$h_s = 2\sqrt{6}e$
$O = 65e^2 + 56\sqrt{3}e^2$
$V = \frac{326}{3}e^3$

b) $a_1 = 2\sqrt{2}e$
$a_2 = \sqrt{2}e$
$h = e\sqrt{3}$
$h_s = \frac{e}{2}\sqrt{14}$
$O = 10e^2 + 6\sqrt{7}e^2$
$V = \frac{14}{3}\sqrt{3}e^3$

13

a) $V = \frac{76}{3}e^3$

b) $h = 4e$
$V = 342\sqrt{3}e^3$

14

$h_s = 4e$
$h = e\sqrt{7}\,\text{cm}$
$O = 228e^2$
$V = 52\sqrt{7}e^3\,\text{cm}$

Kegelstumpf

15

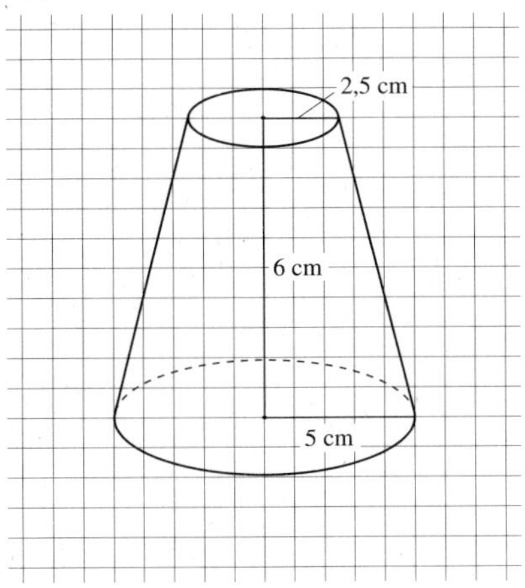

16

a) $h = 4\,\text{cm}$
$M = 110\,\text{cm}^2$
$O = 201\,\text{cm}^2$
$V = 163\,\text{cm}^3$

b) $s = 5\,\text{cm}$
$M = 188\,\text{cm}^2$
$O = 440\,\text{cm}^2$
$V = 352\,\text{cm}^3$

c) $s = 10{,}1\,\text{cm}$
$M = 333\,\text{cm}^2$
$O = 510\,\text{cm}^2$
$V = 872\,\text{cm}^3$

d) $h = 26{,}9\,\text{cm}$
$M = 1\,103\,\text{cm}^2$
$O = 1\,374\,\text{cm}^2$
$V = 3\,599\,\text{cm}^3$

e) $r_1 = 2{,}1\,\text{dm}$
$r_2 = 9{,}0\,\text{dm}$
$M = 345\,\text{dm}^2$
$O = 614\,\text{dm}^2$
$V = 776\,\text{dm}^3$

f) $r_2 = 0{,}4\,\text{m}$
$r_1 = 0{,}87\,\text{m}$
$M = 2{,}59\,\text{m}^2$
$O = 5{,}47\,\text{m}^2$
$V = 0{,}596\,\text{m}^3$

17

a) $r_1 = 8{,}5\,\text{cm}$
$r_2 = 3{,}5\,\text{cm}$
$s = 9{,}95\,\text{cm}$
$O = 641\,\text{cm}^2$
$V = 1\,029\,\text{cm}^3$

b) $r_1 = 11{,}0\,\text{cm}$
$r_2 = 3{,}89\,\text{cm}$
$O = 1\,527\,\text{cm}^2$
$V = 4\,197\,\text{cm}^3$

18

a) $r_1 = 96{,}8\,\text{mm}$
$s = 193{,}5\,\text{mm}$
$O = 1\,150{,}8\,\text{cm}^2$
$V = 2\,759{,}4\,\text{cm}^3$

b) $r_1 = 414\,\text{mm}$
$r_2 = 332\,\text{mm}$
$h = 203\,\text{mm}$
$s = 219\,\text{mm}$
$O = 139{,}800\,\text{dm}^2$
$V = 89{,}086\,\text{dm}^3$

19

	r_1	r_2	s	h	M	O	V
a)	*5*	3	*10*	9,8	*251*	358	503
b)	7,0	*2,0*	8,0	6,2	*226*	*393*	438
c)	*5,0*	*2,5*	6,5	6,0	153	251	*275*
d)	*3,6*	7,2	13,1	*12,6*	444,6	648,2	*1 197*
e)	4,0	*2,5*	*7,5*	7,3	153	*223*	247

Seite 146

20

$r_1 = 26\,cm;\ \ r_2 = 16\,cm$
$V_Z = 1\,662{,}53\,dm^3$
$V_{St} = 1\,693{,}95\,dm^3$

a) Das Zylindervolumen weicht um 1,85 % ab.
Das tatsächliche Volumen ist stets größer (vgl. Lösung zu Aufgabe 1, Schülerbuch, Seite 137).

b) $A_{\varnothing} = \frac{1}{2}(A_1 + A_2) = \frac{\pi}{2}\left(r_1^2 + r_2^2\right) = 1\,463{,}98\,cm^2$
$V_Z = 1\,756{,}78\,dm^3$
Der genaue Wert wird um 3,71 % verfehlt.

21

Gleichungssystem:

$$\frac{3V}{\pi h} = r_1^2 + r_1 r_2 + r_2^2 \qquad (1)$$
$$r_2 = \frac{2}{3} r_1 \qquad (2)$$

ergibt:

$$r_1 = \sqrt{\frac{27V}{19\pi h}} = 4{,}5\,cm$$

$r_2 = 3{,}0\,cm$
$s = 5{,}22\,cm$
$O = 215\,cm^2$

22

$V_{ges} = 314{,}2\,cm^3$

Die Volumen ähnlicher Körper verhalten sich wie die 3. Potenzen ihrer entsprechenden Strecken:

$$\frac{V}{V_{ges}} = \frac{x^3}{h^3} \Rightarrow x = \sqrt[3]{\frac{h^3}{V_{ges}} \cdot V} = \sqrt[3]{5{,}5 \cdot V}$$

nach 5 Std:
$V = 25\,cm^3 \quad \Rightarrow x = 5{,}16\,cm \Rightarrow h_{5\,Std} = 6{,}8\,cm$

nach 8 Std:
$V = 40\,m^3 \quad \Rightarrow x = 6{,}04\,cm \Rightarrow h_{8\,Std} = 6{,}0\,cm$

nach 12,5 Std:
$V = 62{,}5\,m^3 \quad \Rightarrow x = 7{,}01\,cm \Rightarrow h_{12{,}5\,Std} = 5{,}0\,cm$

23

Achsenschnitte:

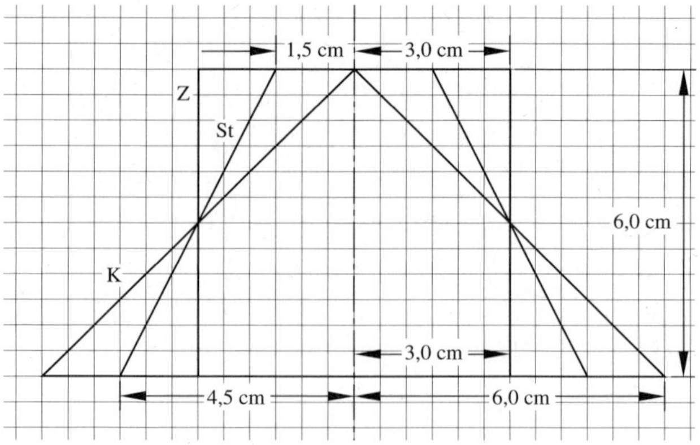

(Zeichnung im Schülerbuch ist nicht maßstäblich)

a) $V_Z = 54\pi\,cm^3 = 170\,cm^3$
$V_{St} = 58{,}5\pi\,cm^3 = 184\,cm^3$
$V_K = 72\pi\,cm^3 = 226\,cm^3$
$V_Z : V_{St} : V_K = 12 : 13 : 16$

b) $s_{St} = 3\sqrt{5}\,cm = 6{,}71\,cm$
$s_K = 6\sqrt{2}\,cm = 8{,}49\,cm$
$M_Z = 36\pi\,cm^2$
$M_{St} = 18\sqrt{5}\pi\,cm^2$
$M_K = 36\sqrt{2}\pi\,cm^2$
$M_Z : M_{St} : M_K = 2 : \sqrt{5} : \sqrt{8}$
Der Kegelmantel hat die größte Fläche.

c) Zeichnung s. o.
Alle Schnittflächen sind gleich groß:
$A_Z = A_{St} = A_K = 36\,cm^2$

Zusammengesetzte Körper

24

Teilberechnungen (von oben nach unten):

Teil	Seiten (mm)	Volumen (mm^3)	Flächen (mm^2)
Halbkugel	$r = 22$	22 301,1	3 041,1
Kegelstumpf	$r_1 = 22$; $r_2 = 12$ $h = 10$; $s = 14,1$	9 341,0	1 510,6
1. Zylinder	$r = 12$; $h = 25$	11 309,7	1 885,0
1. Kreisringplanfläche	$r_1 = 12$; $r_2 = 27,5$		1 923,4
2. Zylinder	$r = 27,5$; $h = 30$	71 274,9	5 183,6
2. Kreisringplanfläche	$r_1 = 27,5$; $r_2 = 15$		1 669,0
Kegel	$r = 15$; $h = 21,4$ $s = 26,2$	(–) 5 042,3	1 234,6
Gesamt:		109 184,4	16 447,3

Oberfläche: $O = 16\,450\,mm^2$
Volumen: $V = 109\,200\,mm^3$
Gewicht: 70,980 g

25

Pyramidenstumpf:
$a_1 = 0,42\,m$
$a_2 = 0,20\,m$
$h = 0,72\,m$
$h_s = 0,745\,m$
$O_{PSt} = 1,948\,m^2$
$V_{PSt} = 0,187\,m^3$

Kegelstumpf:
$r_1 = 0,364\,m$
$r_2 = 0,173\,m$
$h = 0,36\,m$
$s = 0,408\,m$
$M_{KSt} = 0,688\,m^2$
$A_1 = 0,416\,m^2$
$V_{KSt} = 0,085\,m^3$

Zylinder:
$r = 0,173\,m$
$h = 0,36\,m$
$M_Z = 0,391\,m^2$
$A_2 = 0,094\,m^2$
$V_Z = 0,034\,m^3$

Gesamtkörper:

$$O_{ges} = O_{PSt} - A_1 + M_{KSt} + M_Z - A_2 = 2,517\,m^2$$

$$V = V_{PSt} - V_{KSt} - V_Z = 0,068\,m^3$$

26

Zylinder:
$r_Z = \frac{3}{2}e$; $h_Z = 4e$; $V_Z = 9\pi e^3$

Innenkegelstumpf:
$r_1 = e$; $r_2 = \frac{e}{2}$; $h_{St} = 2e$; $V_{St} = \frac{7}{6}\pi e^3$

Kegel:

$$V_K = V - (V_Z - V_{St}) = \frac{9}{12}\pi e^3$$

$$r_K = \frac{3}{2}e$$

$$h_K = \frac{3V_K}{\pi r_K^2} = e$$

Gesamtkörper:
$h = h_K + h_Z = 5e$

Thema: An der Drehmaschine

Ziele:
- Anwendungsbezogene Berechnungen
- Rationalisierung und Schematisierung von Berechnungen
- Schaffung eines (beruflichen) Praxisbezugs

Methodische Hinweise:

Das Thema soll an ein praktisches Gebiet heranführen, in dem die gelernten Berechnungsmethoden sehr stark Anwendung finden. Vielleicht ergibt sich die Möglichkeit zum Besuch eines entsprechenden Betriebes. Dabei ist ein kleiner Handwerksbetrieb am Ort mindestens so interessant wie die Besichtigung eines CNC-Maschinenparks in einem Großbetrieb, auch unter dem Aspekt der eventuell gerade anstehenden Berufswahl.

Lösungen:

Seite 147

1 ✎

Berechnung der Einstellungswinkel $\frac{\alpha}{2}$ $\left(\text{mit } \tan\frac{\alpha}{2} = \frac{r_1 - r_2}{h}\right)$ und Volumen von links nach rechts:

	K-St. 1	Zyl. 1	K-St. 2	Zyl. 2	K-St. 3	K-St. 4
r_1/mm	6	15	15	6	6	13
r_2/mm	15	15	6	6	13	0
h/mm	7	22	5	11	13	15
$\tan\frac{\alpha}{2}$	$-\frac{9}{7}$	0	$\frac{9}{5}$	0	$-\frac{7}{13}$	$\frac{13}{15}$
$\frac{\alpha}{2}$	−52,1°	0°	60,9°	0°	−28,3°	40,9°
V/mm³	2573	15551	1838	1244	3853	2655

Volumen des Werkstücks: $V = 27{,}7\,\text{cm}^3$
Es wird etwa 218 g schwer.

2 ✳

Mit Hilfe geeigneter Teildreiecke lassen sich die Größen für die einzelnen Teilkörper berechnen.

Teilkörper von links nach rechts:

	K. 1	K-St. 1	K-St. 2	Zyl.	K. 2
r_1	7	7	7	7	7
r_2		4,45	4,45		
h	7	9,53	1,47	17,3	39,7
s	9,90	9,87	2,94		40,31
M	217,7	355,0	105,8	760,9	886,5
V	359,2	997,5	153,9	2663,1	2037,1

Zu bearbeitende Oberfläche: $O = 2326\,\text{mm}^2 = 23{,}26\,\text{cm}^2$
Volumen des Werkstücks: $V = 6211\,\text{mm}^3 = 6{,}211\,\text{cm}^3$
Aus Messing wird es 53,4 g schwer.

VI Sachrechnen (Wiederholung)

1 Prozentrechnen

Seite 150

❒ Einstiegsaufgabe

Es sind 36 von 100 Kästchen rot gefärbt,
also $\frac{36}{100} > \frac{1}{3}$

❒ Tarifbestimmungen

Der Beitragssatz für Führerscheinneulinge liegt derzeit bei 240 %. Dies sieht zumindest die gesetzliche Regelung vor. Allerdings weichen viele Versicherer zum Teil erheblich von dieser Maßgabe ab, insbesondere z. B. bei Bestehen eines sogenannten Bezugsvertrages, d. h. falls beispielsweise mit den Eltern bereits ein Vertrag besteht, liegt der Beitragssatz i. d. R. bei 120 %.

1

a) 16 DM
b) 6 km
c) 18 kg
d) 2 700 hl

2

a) 40 %
b) 25 %
c) 80 %
d) 15 %

3

a) 160 Fahrräder
b) 140 kg
c) 350 DM
d) 360 m

4

	a)	b)	c)	d)	e)
P	*220 m*	*4,5 kg*	0,42 l	*0,38 g*	*553 l*
p	*35 %*	71,4 %	*72 %*	86,4 %	*112 %*
G	629 m	*6,3 kg*	*0,58 l*	*0,44 g*	493,8 l

5

a) 48 DM
b) 72 %
c) 98,5 l

6

Schaden-freiheitsklasse	Beitrags-satz KH	Prämien-höhe
SF 18	30	147,48 DM
SF 17	30	147,48 DM
SF 16	35	172,06 DM
SF 15	35	172,06 DM
SF 14	35	172,06 DM
SF 13	35	172,06 DM
SF 12	40	196,64 DM
SF 11	40	196,64 DM
SF 10	40	196,64 DM
SF 9	45	221,22 DM
SF 8	45	221,22 DM
SF 7	50	245,80 DM
SF 6	55	270,38 DM
SF 5	60	294,96 DM
SF 4	65	319,54 DM
SF 3	70	344,12 DM
SF 2	85	417,86 DM
SF 1	**100**	**491,60 DM**
SF 1/2	125	614,50 DM
S	170	835,72 DM
O	Anfrage	—
M	275	1 351,90 DM

7

Straßenbahn, Bus, U-Bahn	79	⇒	8,9 %
Eisenbahn	58	⇒	6,6 %
Flugzeug	23	⇒	2,6 %
PKW	725	⇒	81,9 %

8

540 Schüler

9

171 Fahrer

Falls einige Schüler ungläubig auf ihre Taschenrechneranzeige (171.009772) blicken, sollte dieses Zustandekommen kurz geklärt werden (61,4 % wurde gerundet).

10

G	*1*	*1*	100
P	*1*	0,01	*1*
p	100 %	*1 %*	*1 %*

2 Vermehrter und verminderter Grundwert

Seite 151

1

a) 1,15 b) 1,22 c) 1,01
d) 1,004 e) 0,75 f) 0,15
g) 0,98 h) 0,957 i) 0,992

2

a) +20 % b) +7,5 % c) −35 %
d) −7,5% e) +9,25 % f) +150 %

3

a) 174,9 kg
b) 8,1 hl
c) 306 DM

4

a) 64 DM
b) 450 kg
c) 240 hl
d) 0,51 dm

5

	a)	b)	c)
Grundwert	*76 DM*	6,5 kg	0,8536 km
Veränderung	+5 %	*−4,0 %*	*+0,75 %*
veränderter Grundwert	*79,80 DM*	*6,24 kg*	*0,86 km*

6

a) q = 1,265
b) q = 1,2544
c) q = 1,196
d) q = 0,9715

7

a) 3 337,81 DM
b) 2 989,00 DM

8

3,30 DM —(+9,1 %)→ 3,60 DM —(+8,3 %)→ 3,90 DM

3,30 DM —(+18,2 %)→ 3,90 DM

9

a) 1 500,00 DM
b) 75,00 DM
c) 14,5 %

3 Mehrwertsteuer. Rabatt. Skonto

Seite 152

❒ Randspalte

Rechnungsbetrag	950,00 DM
15 %MwSt.	+ 142,50 DM
Zwischensumme	1 092,50 DM
2 % Skonto	– 21,85 DM
Endbetrag	1 070,65 DM

1

Preis ohne MwSt.	Betrag der MwSt.	Preis mit MwSt.
20,60 DM	3,09 DM	23,69 DM
67,20 DM	10,08 DM	77,28 DM
92,00 DM	*13,80 DM*	105,80 DM
222,20 DM	*33,33 DM*	255,53 DM
98,00 DM	14,70 DM	*112,70 DM*
729,00 DM	109,35 DM	*838,35 DM*

2

ursprüngl. Preis	Nachlass	neuer Preis
98,00 DM	19,60 DM	78,40 DM
26,50 DM	5,30 DM	21,20 DM
56,25 DM	11,25 DM	*45,00 DM*
140,63 DM	28,13 DM	*112,50 DM*
32,50 DM	*6,50 DM*	26,00 DM

3

Preis vor Abzug	Skonto	Preis nach Abzug
89,60 DM	*2 %*	87,81 DM
225,00 DM	*2 %*	*220,50 DM*
440,00 DM	3 %	*426,80 DM*
280,00 DM	*2,5 %*	*273,00 DM*
188,00 DM	2,5 %	*183,30 DM*

4

a) 140,88 DM
b) 426,08 DM
c) 727,31 DM
d) 108,76 DM

5

a) 82,00 DM
b) 232,00 DM
c) 944,00 DM

6

370,00 DM

7

135,93 DM

8

a) 27,1 %
b) 37,2 %

Preiskalkulation

Seite 153

1

a) 102,96 DM
b) 168,88 DM
c) 950,43 DM
d) 51,19 DM

2

a) 70,37 DM
b) 516,20 DM
c) 209,73 DM
d) 533,63 DM

3 ✎

Es ist ratsam, die Zwischensummen zu notieren.

	a)	b)	c)	d)
BP (DM)	25,00	*12,50*	*992,00*	*2 000,00*
GK (%)	*28*	*30*	8,70	95
GK (DM)	7,00	3,75	86,26	1 900,00
SK (DM)	32,00	16,25	1 078,26	3 900,00
GW (%)	31,25	*18*	*15*	8,14
GW (DM)	*10,00*	2,93	161,74	*317,39*
NP (DM)	42,00	19,18	1 240,00	4 217,39
MwSt. (DM)	6,30	2,88	*186,00*	632,61
EP (DM)	*48,30*	22,06	1 426,00	*4 850,00*

Durch Runden der Zwischenergebnisse ergeben sich z. T. geringfügige Abweichungen in den Endpreisen gegenüber der Kettenrechnung wie im einleitenden Beispiel. In der Praxis werden die Zwischenergebnisse aus verschiedenen Gründen, die hier zu weit führen würden, vor der Weiterrechnung gerundet.

4

67,74 DM

5

a) 372,21 DM
b) 51,50 DM und 11,2 %

6

a) Ansatz:
$x \cdot 1{,}22 \cdot 1{,}28 - x = 16{,}79$ DM
$x = 29{,}90$ DM
Bezugspreis: 29,90 DM

b) Geschäftskosten: 6,58 DM
Gewinn: 10,21 DM

c) Endpreis: 53,70 DM

7 ✳

Ansatz (x = GK(%)):

$$\left(1 + \frac{x}{100}\right)\left(1 + \frac{x-6}{100}\right) = 1{,}689$$
$$x = 33$$

Prozentsatz für Geschäftskosten: 33 %
Prozentsatz für Gewinn: 27 %

Lohn. Lohnabzüge

Seite 154

1

a) 2 363,05 DM

b) 3 453,53 DM

2

a) Bruttolohn: 4 436,51 DM
Nettolohn: 2 444,08 DM

b) Nettolohn: 1 660,08 DM

3

a) BL = (NL + LSt · 1,155) : 0,805
BL = 5 863,88 DM

b) BL = 3 496,30 DM

4

Lohnsteuer: 1 104,00 DM
p = 23 %

5

LSt = 1 080,00 DM

Ansatz:
0,548 BL = 0,805 BL – 1,155 LSt

⇒ BL = 4 853,70 DM

6

a) BL vorher: 4 982,40 DM; BL nachher: 5 106,96 DM
NL vorher: 2 846,19 DM; NL nachher: 2 870,53 DM

Nettolohnerhöhung: 0,855 %

b) LSt vorher: 20,24 %; LSt nachher: 21,03 %
NL vorher: 2 846,19 DM; NL nachher: 2 917,34 DM
BL vorher: 4 982,40 DM; BL nachher: 5 190,04 DM

Bruttolohnerhöhung: 4,17 %

4 Tabellen. Schaubilder

Seite 155

1

a) 1976: mögliche Koalitionen (ohne große Koalition):
1) CDU/CSU (48 %) und FDP (8 %)
2) SPD (43 %) und FDP (8 %)

1980: mögliche Koalitionen (ohne große Koalition):
1) CDU/CSU (45 %) und FDP (11 %) und evtl. Grüne (2 %)
2) SPD (43,5 %) und FDP (11 %) und evtl. Grüne (2 %)

1983: mögliche Koalitionen (ohne große Koalition):
1) CDU/CSU (49 %) und FDP (7 %)
2) CDU/CSU (49 %) und Grüne (5 %)
3) SPD (38%) und FDP (7 %) und Grüne (5 %) [„Ampelkoalition"]

1987: Koalitionen:
1) CDU/CSU (45 %) und FDP (9 %)
2) CDU/CSU (45 %) und Grüne (8 %)
3) SPD (37 %) und FDP (9 %) und Grüne (8%) [„Ampelkoalition"]

1990: Koalitionen:
1) CDU/CSU (44 %) und FDP (11,5 %)
2) CDU/CSU (44 %) und B90/Grüne (4 %) und Rep. (2 %) [„arithmetisch!"]
3) SPD (34 %) und FDP (11,5 %) und B90/Grüne (4 %)

1994: Koalitionen:
1) CDU und FDP und PDS
2) CDU und FDP und B90/Grüne
3) SPD und FDP und B90/Grüne

b)

CDU/CSU	$672 \cdot 41{,}5\,\% \cdot 14{,}8\,\% = 41{,}27 \Rightarrow$	41 Frauen
SPD	$672 \cdot 36{,}4\,\% \cdot 32{,}9\,\% = 80{,}48 \Rightarrow$	80 Frauen
FDP	$672 \cdot 6{,}9\,\% \cdot 17{,}0\,\% = 7{,}88 \Rightarrow$	8 Frauen
PDS	$672 \cdot 4{,}4\,\% \cdot 43{,}0\,\% = 12{,}71 \Rightarrow$	13 Frauen
Grüne	$672 \cdot 7{,}3\,\% \cdot 57{,}0\,\% = 27{,}96 \Rightarrow$	28 Frauen
		170 Frauen
		$\widehat{=}$ 25,3 %

2

a)

CDU:	33,9 %
SPD:	9,7 %
FDP:	1,0 %
B90/Grüne:	2,4 %
PDS:	9,6 %
Rep. :	0,8 %
Sonstige:	1,0 %

b)

CDU:	1 215 708
SPD:	347 858
FDP:	35 862
B90/Grüne:	86 068
PDS:	344 271
Rep. :	28 689
Sonstige:	35 862

c)

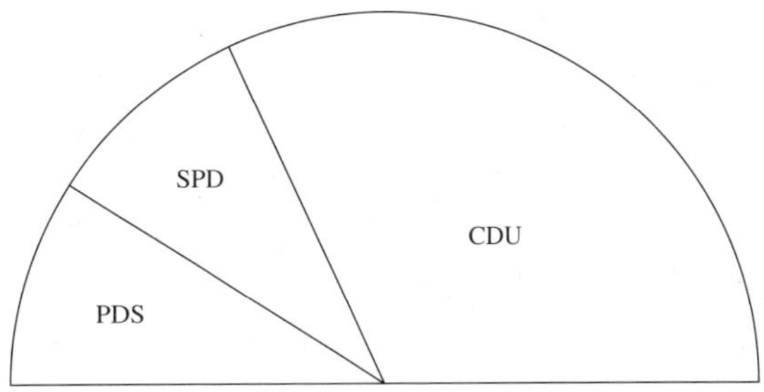

Da die kleinen Parteien an der 5 %-Hürde scheitern, muss der Stimmenanteil der gewählten Parteien auf 100 % der Sitze umgerechnet werden:

CDU: $\frac{58{,}1}{91{,}2} = \frac{x}{100} \Rightarrow x = 63{,}7\,\%$ ($\widehat{=}$ 114,7°)

SPD: $\frac{16{,}6}{91{,}2} = \frac{x}{100} \Rightarrow x = 18{,}2\,\%$ ($\widehat{=}$ 32,8°)

PDS: $\frac{16{,}5}{91{,}2} = \frac{x}{100} \Rightarrow x = 18{,}1\,\%$ ($\widehat{=}$ 32,5°)

d) Individuelle Lösung.

Seite 156

3

CDU	35,6 %	
SPD	25,3 %	
Freie Wähler	11,5 %	
Grüne	13,8 %	
REP	6,9 %	
FDP/DVP	3,4 %	
Sonstige	3,4 %	
Summe:	99,9 %	(durch Runden)

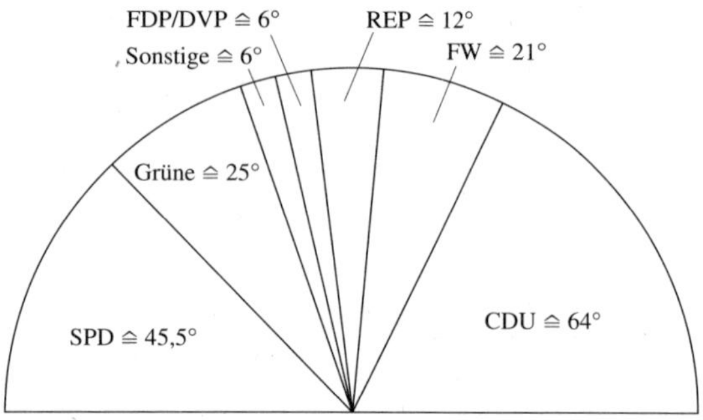

4

a) Summe: 481 Mio t SKE

Mineralöl:	40,1 % →	≙ 144,4°	für Prozentkreis
Steinkohlen:	15,9 % →	≙ 57,2°	
Erdgas:	17,1 % →	≙ 61,6°	
Kernenergie:	10,2 % →	≙ 36,7°	
Braunkohlen:	15,0 % →	≙ 54,0°	
Wasserkraft u. ä:	1,7 % →	≙ 6,1°	
	100,0 %	360,0°	

b) Hauptenergieträger waren in den westlichen Bundesländern Mineralöl (Exportabhängigkeit) und in den neuen Ländern Braunkohle („Selbstversorgung“ durch Abbaugebiete im Mitteldeutschen Revier und in der Niederlausitz). In der ehemaligen DDR gab es kein Kernkraftwerk zur Energiegewinnung. Durch das ausgeglichene Relief waren auch Wasserkraftanlagen nicht wirtschaftlich.

5

a) Anstieg 1975 bis 1987:
mit Preisanstieg: 94,8 %
ohne Preisanstieg: 29,1 %

Anstieg 1987 bis 1992:
mit Preisanstieg: 50,4 %
ohne Preisanstieg: 28,2 %

b) Mit Preisanstieg:
Ansatz: $1\,028 \cdot x^{17} = 3\,012$

$\Rightarrow x = \sqrt[17]{\frac{3\,012}{1\,028}} = 1{,}065$

$\Rightarrow$ 6,5 % pro Jahr

Ohne Preisanstieg:
Ansatz: $1\,028 \cdot x^{17} = 1\,701$

$\Rightarrow x = \sqrt[17]{\frac{1\,701}{1\,028}} = 1{,}030$

$\Rightarrow$ 3,0 % pro Jahr

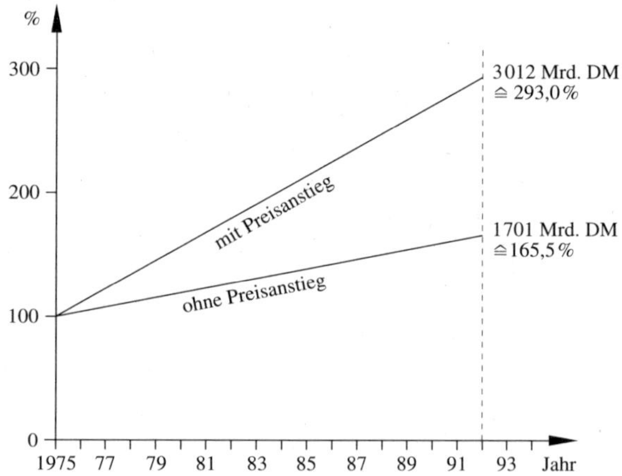

6

a) 1991: PRO7: 3,5 % ≙ 12,6°
SAT1: 10,0 % ≙ 36,0°
RTL: 13,5 % ≙ 48,6°
ZDF: 24,5 % ≙ 88,2°
ARD: 26,0 % ≙ 93,6°
restl. Sender: 22,5 % ≙ 81,0°

1994: PRO7: 11,5 % ≙ 41,4°
SAT1: 16,0 % ≙ 57,6°
RTL: 20,0 % ≙ 72,0°
ZDF: 14,5 % ≙ 52,2°
ARD: 13,5 % ≙ 48,6°
restl. Sender: 24,5 % ≙ 88,2°

b)

	PRO7	SAT1	RTL	ZDF	ARD
1987	—	2,0 %	1,5 %	39,5 %	41,0 %
1988	—	6,5 %	4,0 %	35,0 %	36,5 %
1989	—	8,0 %	10,0 %	31,0 %	32,0 %
1990	—	9,0 %	11,5 %	27,5 %	30,5 %
1991	3,5 %	10,0 %	13,5 %	24,5 %	26,5 %
1992	6,0 %	13,0 %	16,5 %	20,0 %	21,5 %
1993	9,0 %	15,0 %	18,0 %	17,5 %	17,0 %
1994	11,5 %	16,0 %	20,0 %	14,5 %	13,5 %

c) jährliche durchschnittliche Zuwachsrate:

PRO7: 2,7 % (1991 bis 1994)
RTL: 2,6 % (1987 bis 1994)
SAT1: 2,0 % (1987 bis 1994)

d) PRO7: von 3,5 % (1991) um +229 % (1994)
SAT1: von 2,0 % (1987) um +700 % (1994)
RTL: von 1,5 % (1987) um +1 233 % (1994)
ZDF: von 39,5 % (1987) um −63 % (1994)
ARD: von 41,0 % (1987) um −67 % (1994)

7

a) Es würden 6,4 % der gesamten Transportleistung auf die Bahn übertragen:

$$\frac{16{,}5\,\% + 6{,}4\,\%}{16{,}5\,\%} \Rightarrow 1{,}388$$

Das würde die Leistung der Bahn um 38,8 % steigern.

b) Es würden 6,5 % der gesamten Verkehrsleistung vom privaten PKW-Verkehr abgezogen:

$$\frac{82\,\% - 6{,}5\,\%}{82\,\%} \Rightarrow 0{,}92$$

Die Verkehrsleistung aller PKW müsste um 8,0 % gesenkt werden.

Raumschiff Erde

Seite 157

1

Bevölkerungsanteil der EU: ca. 6 % (6,17 %)

Im Uhrzeigersinn:

- die EU verbraucht etwa das $2\frac{1}{4}$-fache ihres eigentlichen Anteils (nach Bevölkerung) an der Weltenergie.
- in der EU fahren etwa das 5-fache ihres eigentlichen Anteils (nach Bevölkerung) am Weltbestand an Pkw.
- die EU ist für das etwa $2\frac{1}{2}$-fache des eigentlichen Anteils (nach Bevölkerung) am Welt-CO_2-Ausstoß verantwortlich.
- die EU verursacht etwa das 5-fache ihres eigentlichen Anteils an den Welt-FCKW-Emissionen.
- aus der EU kommt etwa das $11\frac{1}{2}$-fache ihres eigentlichen Anteils am Welt-Pestizid-Exportvolumen.
- in die EU geht etwa das $3\frac{1}{4}$-fache ihres eigentlichen Anteils am Welt-Tropenholzimportvolumen.
- die EU erzeugt etwa das $1\frac{1}{4}$-fache ihres eigentlichen Anteils an der Weltenergie.

2

a) 1986
1987 ↓ +0,8 %
1988 ↓ −5,5 %
1989 ↓ −10,8 %
1990 ↓ −24,3 %
1991 ↓ −19,8 %
1992 ↓ −9,2 %
1993 ↓ −12,2 %
1994 ↓ −72,0 %

b) Rechnerischer Ansatz:

$126\,000 \cdot x^8 = 14\,500$

$x = \sqrt[8]{\frac{14\,500}{126\,000}} \approx 0{,}763$

Dies entspricht einer Abnahme von 23,7 %.

3

a) D: 32,2 % der EU-Staaten
4,6 % der Welt

GB: 19,3 % der EU-Staaten
2,7 % der Welt

F: 12,6 % der EU-Staaten
1,8 % der Welt

b) Pro-Kopf-Berechnung:

Welt: 4,0 t / Kopf

EU: 8,3 t / Kopf

D: 12,2 t / Kopf
147 % der EU-Pro-Kopf-Emission,
305 % der Welt-Pro-Kopf-Emission

GB: 10,2 t / Kopf
123 % der EU-Pro-Kopf-Emission,
255 % der Welt-Pro-Kopf-Emission

F: 6,7 t / Kopf
81 % der EU-Pro-Kopf-Emission,
168 % der Welt-Pro-Kopf-Emission

4

a)

Europa:	13,4 %
Afrika:	12,2 %
Nordamerika:	5,2 %
Lateinamerika:	8,5 %
China:	21,4 %
Indien:	15,3 %
Restasien:	23,4 %
Ozeanien/Australien:	0,5 %

b)

	1970 – 1983	1983 – 1992	Durchschnitt
Europa	+6,8 %	+0,85 %	+0,3 %
Afrika	+49,4 %	+26,1 %	+2,9 %
N-Amerika	+13,6 %	+6,6 %	+0,9 %
L-Amerika	+37,1 %	+15,5 %	+2,1 %
China	+24,3 %	+12,5 %	+1,5 %
Indien	+29,2 %	+13,9 %	+1,8 %
Restasien	+42,3 %	+17,7 %	+2,4 %
Ozeanien/ Australien	+26,3 %	+8,3 %	+1,4 %

Berechnung des Durchschnitts:

Ansatz:

$$b_{1970} \cdot x^{22} = b_{1992}$$

$$\Rightarrow \quad x = \sqrt[22]{\frac{b_{1992}}{b_{1970}}}$$

$p\,\% = (x - 1) \cdot 100\,\%$

c) Rechnerischer Ansatz:

$$5\,292 \cdot 1{,}015^n = 10\,584$$

$$n \approx 46{,}6$$

In etwa 47 Jahren würde sich die Erdbevölkerung verdoppeln.

Anmerkung:
Auch ohne Logarithmen kann der Wert 47 durch Probieren schnell gefunden werden.

5

a)

Afrika

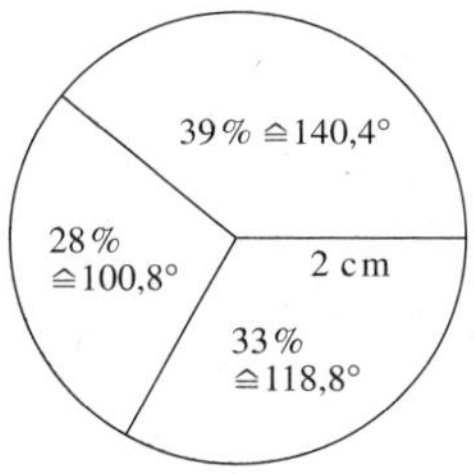

Lateinamerika

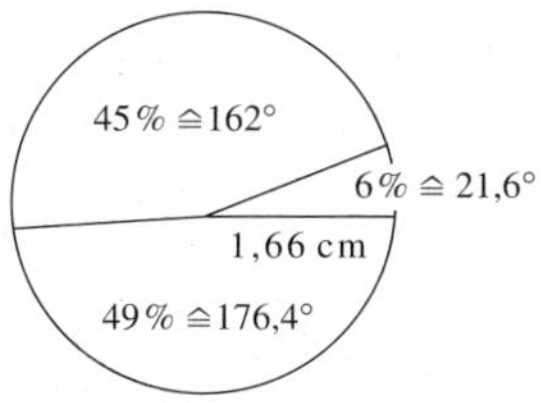

Asien

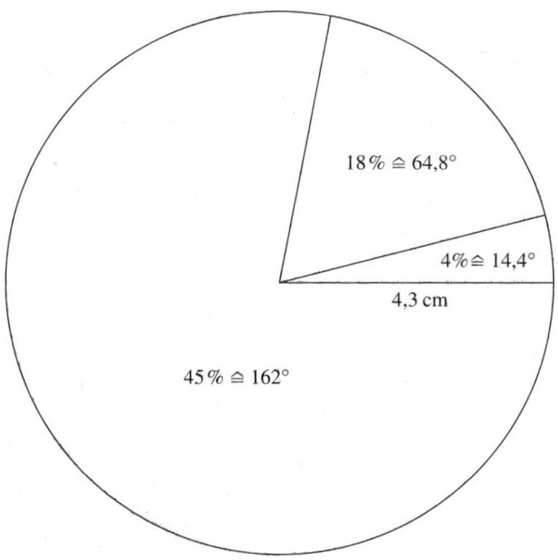

Anmerkung:

Die Einwohnerzahlen verhalten sich

$$\frac{\text{L.-Amerika}}{\text{Afrika}} = \frac{457}{662} = 0{,}69 : 1$$

$$\frac{\text{Asien}}{\text{Afrika}} = \frac{3\,046}{662} = 4{,}6 : 1$$

Die Radien der entsprechenden Kreise verhalten sich dann:

$$\frac{\text{L.-Amerika}}{\text{Afrika}} = \sqrt{0{,}69} \approx 0{,}83 : 1$$

$$\frac{\text{Asien}}{\text{Afrika}} = \sqrt{4{,}6} \approx 2{,}15 : 1$$

b) Gesamtentwicklung:

Viel schlechter:
$39\,\% \cdot 662$ Mio $+ 6\,\% \cdot 457$ Mio $+ 4\,\% \cdot 3\,046$ Mio
$= 407{,}44$ Mio $\widehat{=}\ 9{,}78\,\% \ \widehat{=}\ 35{,}2°$

Wenig verändert:
$28\,\% \cdot 662$ Mio $+ 45\,\% \cdot 457$ Mio $+ 18\,\% \cdot 3\,046$ Mio
$= 939{,}29$ Mio $\widehat{=}\ 22{,}55\,\% \ \widehat{=}\ 81{,}2°$

Viel besser:
$33\,\% \cdot 662$ Mio $+ 49\,\% \cdot 457$ Mio $+ 78\,\% \cdot 3\,046$ Mio
$= 2\,818{,}27$ Mio $\widehat{=}\ 67{,}67\,\% \ \widehat{=}\ 243{,}6°$

Korrektur im Schülerbuch:
(Die ursprüngliche Aufgabenstellung in Teilaufgabe b) führte zu einer sehr aufwendigen Lösung)

b) Stelle die Entwicklung zusammengefasst für die Gesamtbevölkerung der drei Kontinente in einem Kreisdiagramm dar.

5 Zinsrechnen

Seite 158

1

a) 10,15 DM b) 58,13 DM
c) 2,92 DM d) 289,17 DM
e) 10,25 DM

2

a) 2,00 DM b) 4,54 DM
c) 507,99 DM d) 10,82 DM

3

a) 4,5 % b) 2,0 %
c) 5,75 % d) 2,8 %

4

a) 690 DM b) 1 000,00 DM
c) 5 000 DM d) 9 250,00 DM

5

a) 7 Monate bzw. 210 Tage
b) 11 Monate bzw. 330 Tage
c) 36 Tage
d) 285 Tage

6

78,75 DM

7

12 000 DM

8

14,5 %

9

12,5 %

10

36 Tage

11

am 24. Juli, nach 99 Tagen

6 Zinseszins

Seite 159

❐ Randspalte

$$1\ \text{Pf} \cdot 1{,}01^{2\,000} = 4\,392\,862{,}10\ \text{DM} = 439\,286\,210\ \text{Pf}$$

$$1\ \text{Pf} \mathrel{\widehat{=}} 1{,}35\ \text{mm}$$

$$439\,286\,210\ \text{Pf} \mathrel{\widehat{=}} 593\,036\,380\ \text{mm} \approx 593\ \text{km}$$

Anmerkungen:

Die Höhe eines Pfennigs bestimmt man am besten durch Messen einer ganzen Rolle und Division durch die Anzahl (50).

Die ermittelten Werte übersteigen den 8-stelligen Anzeigenbereich des Schulrechners. Die Anzeige 4.392862 ¹⁰⁸ muss entweder als 439 256 210 interpretiert werden, oder man entlockt dem Taschenrechner die letzten beiden internen Dezimalstellen durch Subtraktion von $4 \cdot 10^8$.

1

a) 655,64 DM
b) 12 285,42 DM
c) 24 209,64 DM

2

a) 801,55 DM

b) 3 600,00 DM

c) 8 200,00 DM

3

a) 3,0 %

b) 3,1 %

c) 8,25 %

4

a) 2 239,41 DM

b) 24 500,00 DM

5

7,6 %

6

$1{,}05^6 \triangleq 1{,}340\ldots$ $\qquad$ $1{,}06^5 \triangleq 1{,}338\ldots$

Das höhere Endkapital ergibt sich, wenn das Kapital 6 Jahre lang zu 5 % verzinst wird.

7

377,29 DM

8

Rechnerischer Ansatz:

$K_0 \cdot 1{,}0375 \left(1 + 0{,}0375 \cdot \frac{10}{12}\right) = 1\,604{,}88 \text{ DM}$

Anfangskapital $K_0 = 1\,500{,}00$ DM

9

Rechnerischer Ansatz:

$1{,}09 \left(1 + 0{,}09 \cdot \frac{x}{12}\right) = 1{,}1227$

$x = 4$

Das Geld war 1 Jahr und 4 Monate angelegt.

Zuwachssparen

Seite 160

1

a) 9689,71 DM

b) 21,1 %

2

a) 16001,28 DM

b) 6,1 %

3

a) 9,0 %

b) am Ende des 1. Jahres: 1575,00 DM
am Ende des 2. Jahres: 1806,00 DM
am Ende des 3. Jahres: 2194,29 DM

c) 8,2 %

4

a) Ansatz:
$15\,000 \cdot q \cdot q \cdot 1{,}08 - 15\,000 = 3\,202{,}32$
$p\,\% = 6{,}0\,\%$ im 1. und im 2. Jahr

b) Ansatz:
$15\,000 \cdot q \cdot q \cdot 1{,}08 = 20\,000$
$p\,\% = 11{,}1\,\%$

5

Der Ansatz

$$16\,372{,}55 \cdot \left(1 + \frac{p}{100}\right) \cdot \left(1 + \frac{p+2}{100}\right) = 19\,272{,}54$$

führt zu der gemischt-quadratischen Gleichung

$$p^2 + 202p - 1\,571{,}25 = 0$$

$\Rightarrow$ $p\,\% = 7{,}5\,\%$ im 1. Jahr und $9{,}5\,\%$ im 2. Jahr.

6

Der Ansatz

$$5\,000 \cdot \left(1 + \frac{6{,}5-x}{100}\right) \cdot 1{,}065 \cdot \left(1 + \frac{6{,}5+x}{100}\right) = 6\,037{,}62$$

führt zu der rein quadratischen Gleichung

$$\frac{1}{10\,000}\left(106{,}5^2 - x^2\right) = \frac{6\,037{,}62}{1{,}065 \cdot 5\,000}$$

$\Rightarrow$ $x = 2{,}0$

$\Rightarrow$ $p_1\,\% = 4{,}5\,\%$ und $p_2\,\% = 8{,}5\,\%$

7

Der Ansatz

$$\left(1 + \frac{p}{100}\right)\left(1 + \frac{p+2}{100}\right) = 1{,}25$$

führt zu der quadratischen Gleichung

$$p^2 + 202p - 2\,300 = 0$$

$\Rightarrow$ $p\,\% = 10{,}8\,\%$

Der Zinssatz im 2. Jahr betrug also 12,8 %.

Ratensparen

Seite 161

1

a) nach Angebot A:

$K_3 = 1\,250\,\text{DM} \cdot (1{,}085^3 + 1{,}085^2 + 1{,}085)$
$= 4\,424{,}39\ \text{DM}$

nach Angebot B:

$K_3 = 1\,400\,\text{DM} \cdot (1{,}0675^3 + 1{,}0675^2 + 1{,}0675)$
$= 4\,792{,}95\ \text{DM}$

b)

Jahr	K_n von A	K_n von B	Vergleich
0	1 250,00 DM	1 400,00 DM	$K_0^{(B)} > K_0^{(A)}$
1	1 356,25 DM	1 494,50 DM	$K_1^{(B)} > K_1^{(A)}$
2	2 827,78 DM	3 089,88 DM	$K_2^{(B)} > K_2^{(A)}$
3	4 424,39 DM	4 792,95 DM	$K_3^{(B)} > K_3^{(A)}$
4	6 156,72 DM	6 610,97 DM	$K_4^{(B)} > K_4^{(A)}$
5	8 036,29 DM	8 551,71 DM	$K_5^{(B)} > K_5^{(A)}$
6	10 075,62 DM	10 623,45 DM	$K_6^{(B)} > K_6^{(A)}$
7	12 288,30 DM	12 835,03 DM	$K_7^{(B)} > K_7^{(A)}$
8	14 689,05 DM	15 195,90 DM	$K_8^{(B)} > K_8^{(A)}$
9	17 293,87 DM	17 716,12 DM	$K_9^{(B)} > K_9^{(A)}$
10	20 120,10 DM	20 406,46 DM	$K_{10}^{(B)} > K_{10}^{(A)}$
11	23 186,56 DM	23 278,40 DM	$K_{11}^{(B)} > K_{11}^{(A)}$
12	26 513,67 DM	26 344,19 DM	$K_{12}^{(A)} > K_{12}^{(B)}$
13	30 123,58 DM	29 616,92 DM	$K_{13}^{(A)} > K_{13}^{(B)}$
14	34 040,34 DM	33 110,56 DM	$K_{14}^{(A)} > K_{14}^{(B)}$

Der Sparbetrag von Angebot A übersteigt erst nach 12 Jahren den von Angebot B.

2

a) 4 200 DM

b) nach dem 1. Jahr: 294,00 DM
nach dem 2. Jahr: 608,58 DM
nach dem 3. Jahr: 945,18 DM
nach dem 4. Jahr: 1 305,34 DM

c) 360,16 DM
um 38,1 %

3

Rechnerischer Ansatz:

$[(x \cdot 1{,}045 + (x + 250)) \cdot 1{,}045 + (x + 250)] \cdot 1{,}045 = 3\,745{,}88$

1. Rate: 979,69 DM
2. Rate: 1 229,69 DM
3. Rate: 1 479,69 DM

4

Rechnerischer Ansatz:

$[[(x \cdot 1{,}04 + x) \cdot 1{,}055 + x] \cdot 1{,}07 + x] \cdot 1{,}07 = 20\,000$

$1{,}07\,(1{,}07\,(1{,}055\,(1{,}04 + 1) + 1) + 1)\,x = 20\,000$

jährlicher Betrag: 4 274 DM

5

Rechnerischer Ansatz:

$[2\,500 \cdot \left(1 + \frac{p}{100}\right) + 2\,500] \cdot \left(1 + \frac{p+1{,}5}{100}\right) = 5\,575{,}50$

führt zu einer gemischt-quadratischen Gleichung

$p_1\,\% = 6{,}5\,\%$
$p_2\,\% = 8{,}0\,\%$

6

Rechnerischer Ansatz:

$[6\,200 \cdot \left(1 + \frac{p}{100}\right) + 6\,200] \cdot \left(1 + \frac{p}{100}\right) = 13\,586{,}72$

führt zu einer gemischt-quadratischen Gleichung

$p\,\% = 6{,}25\,\%$

Darlehen. Tilgung

Seite 162

1

a)

Jahr	Restschuld Jahresanfang	Zinsen
1	90 000,00 DM	5 850,00 DM
2	87 750,00 DM	5 703,75 DM
3	85 353,75 DM	5 547,99 DM
4	82 801,74 DM	5 382,11 DM
5	80 083,86 DM	5 205,45 DM

Jahr	Tilgung	Restschuld Jahresende
1	2 250,00 DM	87 750,00 DM
2	2 396,25 DM	85 353,75 DM
3	2 552,01 DM	82 801,74 DM
4	2 717,89 DM	80 083,86 DM
5	2 894,55 DM	**77 189,31 DM**

b)

Jahr	Restschuld Jahresanfang	Zinsen
1	75 000,00 DM	5 437,50 DM
2	73 637,50 DM	5 338,72 DM
3	72 176,22 DM	5 232,78 DM
4	70 608,99 DM	5 119,15 DM
5	68 928,15 DM	4 997,29 DM
6	67 125,44 DM	4 866,59 DM
7	65 192,03 DM	4 726,42 DM

Jahr	Tilgung	Restschuld Jahresende
1	1 362,50 DM	73 637,50 DM
2	1 461,28 DM	72 176,22 DM
3	1 567,22 DM	70 608,99 DM
4	1 680,85 DM	68 928,15 DM
5	1 802,71 DM	67 125,44 DM
6	1 933,41 DM	65 192,03 DM
7	2 073,58 DM	**63 118,45 DM**

2

88 541,67 DM
(89 473,68 DM; 90 909,09 DM; 88 311,69 DM)

3

a) $(8{,}5\,\% + 3\,\%) \cdot 130\,000$ DM = 14 950,00 DM

b) 117 277,32 DM

c) 9,79 %

d) im 11. Jahr

e) 6 635,15 DM im 17. Jahr

Ein tabellarischer Tilgungsplan ist hier sicher sinnvoll. Falls ein Computer zur Verfügung steht, könnte auch ein Tabellenkalkulationsprogramm eingesetzt werden.

Jahr	Schuld J. A.	Zinsen	Tilgung	Schuld J. E.
1	130 000,00	11 050,00	3 900,00	126 100,00
2	126 100,00	10 718,50	4 231,50	121 868,50
3	121 868,50	10 358,82	4 591,18	117 277,32
4	**117 277,32**	9 968,57	4 981,43	112 295,89
5	112 295,89	9 545,15	5 404,85	106 891,05
6	106 891,05	9 085,74	5 864,26	101 026,78
7	101 026,78	8 587,28	6 362,72	94 664,06
8	94 664,06	8 046,45	6 903,55	87 760,51
9	87 760,51	7 459,64	7 490,36	80 270,15
10	80 270,15	6 822,96	8 127,04	72 143,11
11	72 143,11	6 132,16	8 817,84	63 325,28
12	63 325,28	5 382,65	9 567,35	53 757,93
13	53 757,93	4 569,42	10 380,58	43 377,35
14	43 377,35	3 687,07	11 262,93	32 114,42
15	32 114,42	2 729,73	12 220,27	19 894,15
16	19 894,15	1 691,00	13 259,00	6 635,15
17	6 635,15	563,99	**6 635,15**	0,00

4

Auszahlungsbetrag (auf volle DM gerundet): 56 842 DM.

Auf 16 542,33 DM belief sich die Summe der Zinsen bis zum 4. Jahr; die Restschuld beträgt dann 29 384,43 DM.

5

Rechnerischer Ansatz:

$$(36\,000 \cdot 1{,}09 - x) \cdot 1{,}09 - x = 0$$

$$x = 20\,464{,}88$$

Die Rate beträgt 20 464,88 DM

6

a) Der Ansatz

$$\left[250\,000 \cdot \left(1 + \tfrac{p}{100}\right) - 65\,000\right] \cdot \left(1 + \tfrac{p}{100}\right) - 65\,000 = 170\,000$$

führt zu der gemischt-quadratischen Gleichung

$$p^2 + 174p - 2\,000 = 0$$

$$p\,\% = 10{,}8\,\%$$

b) Tilgungsplan:

Jahr	Schuld J. A.	Zinsen	Tilgung	Schuld J. E.
1	250 000,00	27 000,00	38 000,00	212 100,00
2	212 100,00	22 896,00	42 104,00	169 896,00
3	169 896,50	18 348,77	126 651,23	123 244,77
4	43 244,77	4 670,43	43 244,77	0,00

Kleinkredit

Seite 163

1

a) Kreditbetrag: 3 300,00 DM
Zinsen: 272,25 DM
Bearbeitungsgebühr: 66,00 DM

3 638,25 DM

Rate: 243,00 DM
erste Rate: 236,25 DM

b) 338,25 DM

2

a) Rückzahlung: 11 870,00 DM
Kreditbetrag: 10 000,00 DM
Bearbeitungsgebühr: 250,00 DM

Zinsen 1 620,00 DM
mtl. Zinssatz: 0 45 %

b) 18,7 %

c) Ansatz:

$$10\,000 \cdot \left(1 + \frac{p}{100}\right) \cdot \left(1 + \frac{p}{100}\right) \cdot \left(1 + \frac{p}{100}\right) = 11\,870$$

$$p = 100(\sqrt[3]{1{,}187} - 1)$$

$$p\,\% = 5{,}88\,\%$$

3

a) Ansatz:

$$x + 30 \cdot 0{,}0065 \cdot x + 0{,}02 \cdot x = 29 \cdot 345{,}00 + 322{,}50$$
$$x = 8\,500$$

Es wurden 8 500,00 DM aufgenommen.

b) Ansatz:

$$8\,500 + 30 \cdot x \cdot 8\,500 + 0{,}03 \cdot 8\,500 = 10\,327{,}50$$
$$x = 0{,}0062$$

$p\,\% = 0{,}62\,\%$ p. M.

4

Rechnerischer Ansatz:

$$8\,400 + 8\,400 \cdot 0{,}0048 \cdot x + 210 = 495{,}76 + 520 \cdot (x - 1)$$
$$x = 18$$

Die Laufzeit beträgt 18 Monate.